Cyfoethogi'r Cyfathrebu

Cyfoethogi'r Cyfathrebu

Llawlyfr Ymarferol i Diwtoriaid
Cymraeg i Oedolion

Golygwyd gan
Christine Jones a Steve Morris

GWASG PRIFYSGOL CYMRU
2016

www.gwasgprifysgolcymru.org

Mae cofnod catalogio'r gyfrol hon ar gael gan y Llyfrgell Brydeinig.

ISBN   978-1-78316-908-5
e-ISBN   978-1-78316-909-2

CYMYSGEDD
O ffynonellau
cyfrifol
FSC   FSC® C013604
www.fsc.org

Cysodwyd gan Wasg Dinefwr, Llandybïe
Argraffwyd gan CPI Antony Rowe, Melksham

Cynnwys

Rhagair

Cyhoeddwyd *Cyflwyno'r Gymraeg: Llawlyfr i Diwtoriaid* yn 2000, y gyfrol gyntaf o'i math a'r gyntaf i gynnwys nifer o benodau ymarferol, hanesyddol a methodolegol fel arf i hysbysu a chynorthwyo arfer tiwtoriaid Cymraeg i Oedolion yn y dosbarth a'r tu hwnt. Yn ystod y pymtheng mlynedd ers ei chyhoeddi, mae'r newidiadau yn y maes wedi bod yn sylweddol. Erbyn hyn, mae'r nifer sy'n dilyn gyrfa broffesiynol yn y maes wedi cynyddu ac mae yno ymarferwyr cydnabyddedig a phrofiadol (a nifer ohonynt yn gyfranwyr i'r gyfrol hon) sy'n gallu cynnig arweiniad a hyfforddiant i'r rhai sy'n ystyried gyrfa o'r fath. Hefyd, mae 'Cymraeg i Oedolion' wedi dod yn fodiwl y mae modd ei ddilyn fel rhan o'r rhaglen astudio ar gyfer gradd yn y Gymraeg mewn rhai o'n prifysgolion. Mae'r datblygiadau canolog hyn wedi digwydd yr un pryd â thuedd gyffredinol i weld y maes fel un hanfodol a chreiddiol yn ymdrechion y Llywodraeth i wrthdroi'r shifft ieithyddol a chreu mwy o siaradwyr Cymraeg.

Cododd y syniad am gyfrol i ddilyn ac i adeiladu ar gyfraniad 'Cyflwyno'r Gymraeg' yn nhrafodaethau'r Gweithgor Ymchwil Cymraeg i Oedolion (GYCiO). Mae'n arwyddocaol o'r berthynas agos rhwng ymchwil yn y maes a'r awydd i gyfrannu'n ymarferol at ddatblygiad Cymraeg i Oedolion mai yn y gweithgor hwn y trafodwyd y gyfrol newydd hon ac mai aelodau o GYCiO yw nifer o'r awduron. Ceir yma hefyd rai o'r penodau gwreiddiol (wedi'u diweddaru) sydd yn dal yr un mor berthnasol heddiw ag yr oeddynt pan gawson nhw eu cyhoeddi'n gyntaf. Penderfynwyd ei bod yn bwysig eu cynnwys yn y gyfrol hon gan eu bod yn trafod elfennau creiddiol sy'n berthnasol o hyd i diwtoriaid Cymraeg i Oedolion. Mae'r awduron yn ymdrin â nifer o bynciau a fydd o gymorth ymarferol, uniongyrchol i ymarferwyr yn y maes, e.e. meithrin sgiliau cyfathrebu penodol, cynllunio gwers, y wers gyntaf a gweithgareddau cyfathrebol. Yn ogystal â hynny, roeddem yn awyddus i adlewyrchu blaenoriaethau a datblygiadau newydd ac am y rheswm hwnnw, ceir penodau sy'n ymwneud ag asesu, dysgu anffurfiol ac e-ddysgu. Ailwampiwyd y bennod sy'n trafod dulliau a methodolegau dysgu a cheisir gosod maes Cymraeg i Oedolion yng nghyd-destun ymchwil a pholisi iaith cyfoes. Cynhwysir atodiad byr ar y Cymhwyster Cenedlaethol i Diwtoriaid Cymraeg i Oedolion.

Mae nifer o unigolion, a ddaeth i'r maes yn wreiddiol fel tiwtoriaid a chanddynt rôl dysgu yn bennaf, wedi ymestyn ac ehangu'r 'pwll' o arbenigedd sydd ar gael erbyn hyn a gwelir bod ein tiwtoriaid (llawn a rhan amser) a'n hymarferwyr yn weithgar neu'n ymwneud â chyrff dylanwadol lle mae modd iddynt elwa a dysgu oddi wrth waith ymarferwyr profiadol eraill sy'n gweithio mewn cymunedau ieithyddol amrywiol, e.e. ALTE, IATEFL a BAAL. Mae hyn yn galonogol iawn ac yn arfer y mae'n bwysig ei feithrin a'i ddatblygu yn y dyfodol fel ein bod ni ym maes Cymraeg i Oedolion yn cael budd o'r hyn a ddysgwn gan arbenigwyr byd-eang ac yn addasu ein gwybodaeth at anghenion ein maes ni. Yn yr un ffordd, os meiddiwn ddweud hynny, gall ein gwaith a'n llwyddiannau yn ein cyd-destun ieithyddol ni ein hunain hysbysu a bod o fudd i rai o'r arbenigwyr yma hefyd.

Ein nod wrth gynhyrchu'r gyfrol hon, felly, yw rhoi llawlyfr cyfoes a chyfredol i gynorthwyo tiwtoriaid a myfyrwyr Cymraeg i Oedolion wrth iddynt ddatblygu eu sgiliau a'u gwybodaeth a hynny ar lefel ymarferol yn ogystal ag academaidd. Gwelir hi hefyd yn gyfraniad pellach i'r proffesiynoli sydd wedi bod ar waith yn ystod y pymtheng mlynedd diwethaf. O graffu ar y llyfryddiaethau yn y gyfrol, gwelir sut mae nifer o'r enwau mawr ym maes ieithyddiaeth gymhwysol wedi dylanwadu ar y modd rydym ni wedi datblygu ein harfer yn ein maes ni. Gellir gosod y gyfrol hon a phenodau ei hawduron ym maes ieithyddiaeth gymhwysol (yn ei ystyr ehangach) yn y Gymraeg. Ein nod yw gweld y tueddiadau a'r proffesiynoli hyn yn parhau a'n gobaith yw y bydd y gyfrol hon yn cyfrannu at wireddu'r nod hwnnw.

Yn olaf, hoffem gofnodi ein diolch a'n dyled enfawr i staff Gwasg Prifysgol Cymru am eu trylwyredd, eu harweiniad a'u hamynedd.

Christine Jones a Steve Morris

Cyfranwyr

Julie Brake
Mae Julie Brake wedi gweithio ym maes dysgu Cymraeg drwy gydol ei gyrfa gan ddechrau fel tiwtor iaith ym Mhrifysgol Cymru, Llanbedr Pont Steffan. Mae ganddi brofiad sylweddol ym maes Cymraeg i Oedolion ar ôl gweithio fel tiwtor Cymraeg i Oedolion am nifer o flynyddoedd cyn cael ei phenodi'n diwtor-drefnydd Cymraeg i Oedolion i Gyngor Sir Ceredigion. Gadawodd Geredigion i ymgymryd â swydd Uwch-ddarlithydd yn y Gymraeg ym Mhrifysgol Glyndŵr, Wrecsam, lle mae'n gweithio ar hyn o bryd. Mae wedi ysgrifennu sawl gwerslyfr dysgu Cymraeg i ddysgwyr ar bob lefel, ac mae ganddi ddiddordeb arbennig mewn amgylcheddau dysgu rhithiol.

Phyl Brake
Ar ôl graddio o Goleg Prifysgol Dewi Sant, Llanbedr Pont Steffan, ym 1977, bu Phyl Brake yn ymchwilio i iaith lafar siaradwyr Cymraeg Plwyf Pencarreg yn Sir Gaerfyrddin, gan ennill gradd MA yn 1980. Rhwng 1977 ac 1980, bu'n gweithio i'r Bwrdd Gwybodau Celtaidd gan astudio iaith lafar siaradwyr Cymraeg Cymoedd y Rhondda. Ym 1980, ymunodd ag Adran Dysgu Cymraeg Prifysgol Cymru lle gweithiai o Brifysgol Cymru, Llanbedr Pont Steffan. Rhwng 1992 a 2006, bu'n gyfrifol am raglen Cymraeg i Oedolion Prifysgol Aberystwyth. Mae nawr yn cydlynu rhaglen Cymraeg i Oedolion y sefydliad hwnnw yng Ngheredigion. Dros y blynyddoedd, mae Phyl wedi cyhoeddi cyfrolau ar ddysgu Cymraeg a gloywi'r Gymraeg. Mae hefyd yn gyfarwyddwr Ymddiriedolaeth Nant Gwrtheyrn.

Emyr Davies
Dr Emyr Davies yw Swyddog Arholiadau Cymraeg i Oedolion CBAC. Graddiodd yn y Gymraeg ym Mhrifysgol Cymru Aberystwyth, a chwblhau ei ddoethuriaeth yno, gan astudio ar gyfer

Uwch Ddiploma mewn Ieithyddiaeth yng Ngholeg Prifysgol Dulyn yn ddiweddarach. Bu'n ddarlithydd yng Ngholeg y Drindod, Caerfyrddin, am un mlynedd ar ddeg, cyn symud i weithio i CBAC. Mae'n awdur cyrsiau ac adnoddau amrywiol, ac yn rheolwr ar brojectau niferus ar gyfer y maes. Fe yw cynrychiolydd yr arholiadau Cymraeg yn ALTE (Cymdeithas i Brofwyr Ieithoedd yn Ewrop), a chadeirydd pwyllgor gwaith ALTE ar hyn o bryd.

Elwyn Hughes

Ar ôl graddio mewn Ffrangeg a Ieithyddiaeth, dechreuodd Elwyn Hughes weithio fel Cynorthwy-ydd i Chris Rees yng Nghanolfan Dysgu Cymraeg Prifysgol Cymru, Caerdydd, ym 1978. Symudodd i Brifysgol Bangor ym 1985 yn gyfrifol am gyrsiau Cymraeg i Oedolion y Brifysgol yn y Gogledd ac, yn ystod ei gyfnod yno, mae wedi ysgrifennu nifer o werslyfrau ar gyfer pob lefel ynghyd â chyfrolau o ganllawiau i diwtoriaid. Ef hefyd yw cadeirydd Gweithgorau Arholiadau Cymraeg i Oedolion CBAC.

Christine Jones

Dr Christine Jones yw Deon Cynorthwyol y Gyfadran Addysg a Chymunedau a Phennaeth Ysgol y Gymraeg ac Astudiaethau Dwyieithrwydd ym Mhrifysgol Cymru Y Drindod Dewi Sant. Mae ganddi ddoethuriaeth ym maes cymdeithaseg iaith ac, yn ogystal â chyhoeddi yn y maes hwn, mae'n awdur a golygydd nifer doreithiog o ddeunyddiau addysgu i ddysgwyr. Hi hefyd fu golygydd fersiwn gwreiddiol y llyfr hwn a gyhoeddwyd o dan y teitl *Cyflwyno'r Gymraeg* (2000). Mae Christine wedi cynllunio ac addysgu ystod eang o fodylau iaith ar bob lefel, yn cynnwys modylau ar-lein, a bu'n Arholwr Allanol y Cymhwyster Cenedlaethol i diwtoriaid rhwng 2008 a 2012 a hefyd yn aelod o'r Grŵp a luniodd yr adroddiad *Codi Golygon* (2013) ar ddyfodol Cymraeg i Oedolion.

Siôn Meredith

Siôn Meredith yw Cyfarwyddwr Cymraeg i Oedolion Prifysgol Aberystwyth ers 2006. Enillodd radd anrhydedd BA yn y Gymraeg o Brifysgol Cymru (Bangor) yn 1987, a Thystysgrif Prifysgol Cymru ar gyfer Tiwtoriaid Cymraeg i Oedolion yn 1989. Ar gychwyn ei yrfa, rhwng 1987 ac 1993, bu'n gweithio i fudiad CYD gan sefydlu canghennau ledled Cymru a threfnu llu o weithgareddau cymdeithasol i ddod â siaradwyr Cymraeg a dysgwyr ynghyd. Bu'n gweithio hefyd i elusen ryngwladol Tearfund, ac mae'n gwasanaethu fel pregethwr lleyg yn yr Eglwys yng Nghymru. Mae'n darlledu eitemau *Munud i Feddwl* ar BBC Radio Cymru yn rheolaidd.

Steve Morris
Mae Steve Morris yn gweithio ym maes Cymraeg i Oedolion ym Mhrifysgol Abertawe ers 1981. Ar ôl gweithio yn yr Adran Addysg Gydol Oes, cafodd ei benodi'n Uwch-ddarlithydd ac yn Athro Cysylltiol yn Adran y Gymraeg, Academi Hywel Teifi. Yn ddiweddar, mae wedi gweithio ar nifer o brosiectau ymchwil yn ymwneud â'r maes, e.e. creu geirfa graidd A1/A2 gyda'r Athro Paul Meara, creu geirfa graidd B1, a Chanolfannau Cymraeg a Rhwydweithiau Cymdeithasol Oedolion sy'n dysgu'r Gymraeg. Mae'n gyd-ymchwilydd ar brosiect £1.8 miliwn CorCenCC i greu corpws cenedlaethol o Gymraeg cyfoes.

Helen Prosser
Helen Prosser yw Cyfarwyddwr Strategol y Ganolfan Dysgu Cymraeg Genedlaethol, ac yn y swydd hon mae'n arwain y gwaith o greu adnoddau newydd ar gyfer maes Cymraeg i Oedolion. Cafodd gyfle i roi cynnig ar ddysgu Cymraeg i Oedolion am y tro cyntaf ar gwrs haf Llanbedr Pont Steffan, dan arweiniad y diweddar Chris Rees. Mae wedi gweithio yn llawn amser ym maes Cymraeg i Oedolion ers 1985 mewn nifer o swyddi gwahanol – fel Tiwtor-Drefnydd ym Mhrifysgol Abertawe, fel Swyddog Cenedlaethol Cymraeg i Oedolion, fel Cyfarwyddwr Dysgu ym Mhrifysgol Caerdydd ac fel Pennaeth Canolfan Cymraeg i Oedolion Morgannwg.

Chris Reynolds
O Hirwaun yn wreiddiol y daw Chris Reynolds, a dysgodd y Gymraeg ar ôl gadael yr ysgol yn aelod o ddosbarth enwog 'Y Bod'. Bu'n gweithio ym maes Cymraeg i Oedolion ers dros ugain mlynedd, yn gyntaf fel Swyddog y Dysgwyr i'r Eisteddfod Genedlaethol, cyn

symud at waith uniongyrchol y maes dysgu. Yn dilyn cyfnod o weithio fel Swyddog Datblygu gyda Chonsortiwm Cymraeg i Oedolion Gorllewin Morgannwg, mae Chris wedi bod yn gyfrifol am hyfforddiant ac ansawdd gyda Chanolfan y De-Orllewin am y deng mlynedd diwethaf.

Geraint Wilson-Price
Â'i wreiddiau teuluol yn Sir Feirionnydd, addysgwyd Geraint Wilson-Price yng Ngholeg Prifysgol Cymru Aberystwyth, gan raddio yn y Gymraeg a'r Lladin cyn cwblhau cwrs TAR. Wedi cyfnod fel darlithydd cynorthwyol yn y Gymraeg yn yr Adran Wyddeleg yng Ngholeg Prifysgol Iwerddon, Galway, gweithiodd fel Cynorthwy-ydd i Chris Rees, sylfaenydd yr Wlpan. Bu'n Diwtor-Drefnydd Cymraeg i Oedolion i Gyngor Sir Gwent, cyn cael ei benodi'n Gyfarwyddwr Canolfan Cymraeg i Oedolion Gwent yn 2006. Mae newydd gwblhau MA Arweinyddiaeth a Rheolaeth, gan arbenigo ym maes Cymraeg i Oedolion.

Dulliau Dysgu a'r Dosbarth Iaith
Emyr Davies

Nod y bennod hon yw rhoi cipolwg ar y dulliau a ddefnyddiwyd wrth ddysgu iaith i oedolion dros y blynyddoedd hyd heddiw, a'u rhoi yn eu cyd-destun theoretig. Edrychir ar oblygiadau'r dulliau gwahanol o safbwynt y tiwtor ac o safbwynt y dysgwr, gan feddwl am fanteision ac anfanteision posibl. Ceisir olrhain yn fras sut mae dulliau dysgu Cymraeg i Oedolion wedi datblygu ochr yn ochr â dulliau dysgu Saesneg neu ieithoedd tramor.

Mae rhai arbenigwyr yn gwahaniaethu rhwng termau megis 'methodoleg' (*methodology*), 'dull' (*method*) a 'chyrchddull' (*approach*), ond fe'u defnyddir fel cyfystyron yn y bennod hon. Beth a olygir wrth 'ddull' dysgu? O safbwynt y tiwtor, mae'n cyfeirio at yr hyn y mae'r tiwtor yn ei wneud yn ystod y sesiynau dysgu; o safbwynt y dysgwr, mae'r dull dysgu'n cyfeirio at y strategaethau y mae'n eu defnyddio er mwyn dysgu'r iaith darged, ei chofio a'i defnyddio. Wrth reswm, nod y cyntaf yw hwyluso'r ail. Gan mai llawlyfr i diwtoriaid yw'r gyfrol hon, rhoddir y sylw pennaf i'r hyn y mae'r tiwtor yn ei wneud yn y dosbarth Cymraeg i Oedolion.

Dylid tynnu sylw at un rhagdybiaeth o'r dechrau: nad oes y fath beth ag *un* dull perffaith i'w gael. Pe bai'r fath ffon hudol yn bodoli, byddai rhywrai eisoes wedi dod o hyd iddi, a byddai bywyd yn llawer haws i'r tiwtor Cymraeg. Dylai tiwtoriaid Cymraeg fod yn ymwybodol o'r dulliau gwahanol a ddefnyddiwyd yn y gorffennol a'u dylanwad ar ddulliau heddiw. Mae gan bob un fanteision ac anfanteision, a dim ond wrth fod yn ymwybodol o'r dulliau posibl y gall y tiwtor ddethol ffyrdd o weithio sy'n addas i'r dysgwyr yn y dosbarth. Dim ond braidd gyffwrdd â'r llu o lyfrau ar y pwnc sydd ei angen i weld bod llawer o ddulliau gwahanol yn cael eu hybu a bod pob agwedd ar waith y tiwtor yn destun trafod ac anghydweld. Byddai rhai'n dadlau mai proses naturiol yw dysgu ail iaith, lle bydd unigolyn yn cymathu'n raddol â'r gymuned y mae'n byw ynddi a'i hiaith, ac felly nad oes y fath beth â 'dull' yn bodoli. Mae'n bosibl fod hynny yn digwydd mewn cymunedau uniaith cadarn; ond mae'r cymunedau uniaith Gymraeg, lle roedd gorfod i fewnfudwyr ddysgu er mwyn goroesi, wedi hen ddiflannu. Yn aml, y cwrs Cymraeg yw'r unig allwedd sydd gan y dysgwr i'r gymuned a'r iaith darged, felly mae'n rhaid penderfynu sut i wneud y defnydd gorau o'r amser y mae'r dysgwr yn ei dreulio yn y dosbarth iaith. Y ddau gwestiwn sylfaenol y mae'n rhaid i 'ddull' eu hateb yw: (i) sut mae rhannu iaith yn ddarnau neu'n 'gamau' synhwyrol i'w dysgu'n raddol; a (ii) sut mae cyflwyno'r darnau hynny i ddysgwyr. Mae'r cyntaf yn dibynnu ar sut y canfyddir 'iaith', ac mae'r ail yn dibynnu ar ganfyddiadau o sut mae pobl yn dysgu.

Wrth drafod dysgu iaith, tynnir sylw'n aml at y gred fod plant yn ei chael hi'n hawdd caffael iaith, a hyd yn oed ail a thrydedd iaith yn gynnar. Cyferbynnir hynny â'r ymdrech fawr sy'n ofynnol gan y rhan fwyaf o oedolion i gyrraedd lefel debyg. Cred rhai fod y 'gynneddf iaith' yn graddol ddiflannu wrth i blant dyfu, ond nid felly y mae mewn gwirionedd.

> Pwynt trafod:
> Beth yw'r gwahaniaeth rhwng dysgu iaith fel plentyn a dysgu iaith fel oedolyn?

Mae plant yn cael llawer mwy o gyswllt goddefol, ac yn 'caffael' yr iaith neu'r ieithoedd o'u cwmpas yn anymwybodol. Ar un ystyr, mae nifer yr oriau cyswllt yn llawer mwy nag y mae oedolyn mewn dosbarth yn eu cael. Y ffaith amdani yw bod dysgu ychydig *am* iaith yn galluogi oedolion i ddefnyddio'r sgiliau sydd ganddynt mewn ffordd fwy effeithiol, ac mae gan oedolion sgiliau gwybyddol aeddfetach, sydd (yn ôl rhai) yn eu gwneud yn ddysgwyr gwell. Mae'n amlwg fod manteision o ddysgu'n gynnar o safbwynt rhai agweddau, e.e. ffonoleg (acen), ac mae'r cof tymor byr yn dirywio wrth heneiddio. Mae hwn yn destun trafod ymhlith ymchwilwyr o hyd, a chryn wahaniaeth barn am y cyfnod 'tyngedfennol' pryd (yn ôl rhai) gall plant ddysgu ieithoedd yn ddiymdrech bron.

Ffaith arall yw mai iaith leiafrifol yw'r Gymraeg, a bod y rhan helaethaf o ddigon o'r dysgwyr yn siarad Saesneg fel iaith gyntaf, neu o leiaf yn ei siarad yn rhugl. Mae rhai eithriadau wrth gwrs, a dysgwyr y Wladfa yn amlwg yn eu plith. Fodd bynnag, mae goblygiadau o ran dulliau dysgu i'r ffaith fod bron pawb yn y dosbarth yn siarad un iaith gyffredin fawr, a'r iaith darged yn un y mae'n rhaid chwilio am gyfleoedd i'w defnyddio. Mae hyn yn gwneud gwaith y tiwtor Cymraeg i Oedolion yn fwy o her na'r gwaith o ddysgu Saesneg i fewnfudwyr, er enghraifft.

Mae ymdrechion i ddysgu iaith a dysgu iaith i eraill drwy ddulliau gwahanol (heblaw am y cymathu 'naturiol') yn digwydd ers canrifoedd. Fel arfer, mae'r dulliau hynny'n adlewyrchu'r canfyddiadau o iaith a oedd yn bodoli ar y pryd, ac fe welir dylanwad y dulliau hyn ar gyrsiau hyd heddiw. Mae llyfrau sylweddol yn olrhain twf y dulliau gwahanol dros y byd (gw. yn arbennig Richards a Rodgers, 2014) ac mae'r rhain wedi dylanwadu ar ddulliau dysgu Cymraeg ar adegau gwahanol ac i raddau gwahanol. Nid pwrpas y bennod hon yw archwilio hanes dysgu Cymraeg fel ail iaith. Fodd bynnag, gellir cyffredinoli trwy ddweud nad oedd Cymraeg i *Oedolion* yn bod fel maes cyn pumdegau a chwedegau'r ugeinfed ganrif. Bu dysgu Cymraeg fel ail iaith yn digwydd mewn ysgolion wrth gwrs, ond gwasgaredig ac amaturaidd oedd yr ymdrechion i ddysgu oedolion cyn hyn, rhywbeth a welid fel gweithgaredd hamdden. Dim ond trwy waith yr arloeswyr cynnar y daeth y posibilrwydd o ddysgu Cymraeg fel oedolyn yn realiti, o fewn cyrraedd pawb. Yna, daeth dulliau dysgu'n destun trafod, a bu'n rhaid cymryd Cymraeg i Oedolion fel maes o ddifrif. Felly, a chadw hyn o gefndir mewn cof, dyma edrych yn fras ar rai o'r prif ddulliau dysgu gwahanol, eu gwreiddiau theoretig a'u perthnasedd heddiw.

Y Dull Gramadeg a Chyfieithu

Mae gwreiddiau theoretig y dull hwn i'w gweld yn y traddodiad ysgolheigaidd o ddysgu'r ieithoedd clasurol. Canfyddid iaith fel system o reolau gramadegol i'w dysgu ar y cof, ynghyd â rhestri geirfa hirfaith. Y nod oedd galluogi'r dysgwr i ddarllen llenyddiaeth glasurol yn yr iaith darged, felly roedd y pwyslais yn gyfan gwbl ar ddarllen ac ysgrifennu. Roedd cyfieithu o'r iaith darged ac iddi'n allweddol, a chywirdeb gramadegol oedd yr unig faen prawf. Wrth weithredu'r dull hwn, byddai'r tiwtor yn esbonio rheolau gramadegol, a chyfrwng y dysgu fyddai iaith gyntaf y dysgwyr, nid yr iaith darged. Byddai gofyn i'r dysgwyr gymhwyso rheolau gramadeg i ffurfio testunau cywir, a dysgu rhestri geirfa digyswllt ar y cof. Yn Gymraeg, lle ceir gwahaniaeth rhwng yr iaith lafar a'r iaith lenyddol, ffurfiol, golygai hyn fod dysgwyr yn clywed ffurfiau a oedd wedi hen ddiflannu o lafar gwlad, fel 'euthum' a 'bûm' a bod yr enghreifftiau testunol wedi eu dethol o'r Beibl neu o weithiau llenyddol. Byddai hynny'n creu bwlch pellach rhwng yr hyn a ddysgid ar gyrsiau ac iaith y gymuned darged.

Prin fod neb yn cymeradwyo'r dull hwn erbyn heddiw, er bod ei ddylanwad yn bellgyrhaeddol. Dim ond ychydig o ddysgwyr sy'n gallu cymhwyso rheolau haniaethol gramadeg i gynhyrchu iaith ar lafar nac yn ysgrifenedig. Nid yw dweud bod 'gwrthrych uniongyrchol berf gryno'n treiglo'n feddal' yn golygu dim i lawer o ddysgwyr (na thiwtoriaid o ran hynny). Mae jargon gramadegol yn rhwystr enfawr i lawer, a chyfieithu'n sgìl tra arbenigol. Un o ragdybiaethau'r dull hwn oedd mai rhywbeth i academyddion oedd dysgu iaith, nad oedd o fewn cyrraedd y rhan fwyaf o bobl. Fodd bynnag, y feirniadaeth fwyaf ar y dull 'gramadeg a chyfieithu' yw ei fod yn diystyru'r sgiliau llafar yn llwyr, a nod pennaf dysgu Cymraeg i oedolion yw creu siaradwyr Cymraeg.

> Pwynt trafod:
> Oes lle i ramadeg a chyfieithu yn y dosbarth iaith heddiw?

Er bod rhai dulliau diweddarach wedi ceisio *gwahardd* sôn am ramadeg o gwbl, yn rhannol mewn ymateb i'r dull academaidd hwn, mae'r rhan fwyaf o addysgwyr heddiw'n derbyn *bod* lle i esboniadau gramadegol wrth ddysgu oedolion, cyhyd bod hynny'n cael ei wneud yn ofalus, yn hygyrch ac yn ddijargon.

Y Dull Union

Dull a gafodd beth dylanwad yng Nghymru oedd y 'dull union', a hwn yn wrthgyferbyniad llwyr â'r dull 'gramadeg a chyfieithu'. Y theori y tu cefn i'r dull hwn oedd bod angen i'r dosbarth efelychu'r broses o ddysgu'r iaith gyntaf a thrwy drochi dysgwyr yn yr iaith darged y gellid cyrraedd y nod. Roedd rhaid i'r tiwtor drosglwyddo ystyr trwy feim a llun – fel pe na bai'n medru iaith gyntaf y dysgwyr o gwbl. Mae'n bosibl y gallai'r tiwtor mwyaf dyfeisgar reoli'r iaith a gyflwynid a'i graddio, ond ffordd gwmpasog iawn o fynd ati oedd y dull union. Byddai diffyg unrhyw esbonio na threfn yn digalonni llawer o ddysgwyr, yn enwedig oedolion, gan nad oedd y dull union yn graddio iaith mewn unrhyw ffordd. Gellir disgrifio'r dull fel ceisio paentio tŷ trwy daflu bwcedeidiau o baent ato – mae'n bosibl cyrraedd y nod, ond ei bod yn ffordd wastraffus iawn o fynd ati. Mae rhai agweddau cadarnhaol ar y dull union, e.e. y pwyslais ar siarad ac ynganu, a'r pwyslais ar ddefnyddio'r iaith darged fel cyfrwng.

Pwynt trafod:
Faint o Saesneg ddylai'r tiwtor Cymraeg ei ddefnyddio wrth ddysgu?

Hyd heddiw, anogir tiwtoriaid i ddefnyddio'r iaith darged fel cyfrwng i'r dysgu, gan osgoi troi at y Saesneg neu esbonio popeth yn Saesneg ar ôl esbonio yn Gymraeg. Felly, mae *agweddau* ar bob dull i'w gweld ar waith yn y dosbarth iaith o hyd ac yn cael eu cymeradwyo fel arfer da.

Y Dull Clywlafar

Datblygodd y dull clywlafar (*audiolingual*) i ddechrau er mwyn dysgu carfan benodol o oedolion, sef aelodau'r fyddin Americanaidd yn ystod yr Ail Ryfel Byd, gan fod angen llu o bobl a oedd yn medru siarad â phobl frodorol mewn nifer o wledydd. Seiliwyd y dull ar ganfyddiad 'strwythurol' o iaith, a oedd yn ei ddiffinio fel cyfres linol o elfennau, ynghyd â rheolau ynghylch disodli'r elfennau hynny. Yn ogystal â hyn, roedd theorïau 'ymddygiadol' mewn bri yn America ar y pryd. Yr egwyddor sylfaenol tu cefn i'r rhain oedd mai trwy ddynwared a ffurfio arferion yr oedd dysgu unrhyw beth, a chymhwyswyd hynny i ddysgu iaith gan y seicolegydd

B. F. Skinner. Felly datblygodd yn ddull dysgu dylanwadol iawn erbyn pumdegau'r ugeinfed ganrif. Roedd y pwyslais ar y sgiliau llafar a defnyddio'r iaith darged fel cyfrwng, fel gyda'r dull union. Fodd bynnag, roedd ieithyddiaeth strwythurol yn caniatáu i addysgwyr rannu'r iaith darged yn frawddegau ac yn dablau disodli, a gyflwynid ar ffurf driliau iaith. Wrth ddadansoddi'r iaith darged, byddai'r llunwyr cyrsiau'n canolbwyntio ar agweddau ar yr iaith honno a oedd yn cyferbynnu ag iaith gyntaf y dysgwyr, neu'n wahanol iawn iddi. Hynny yw, tueddid i ganolbwyntio ar y gwahaniaethau ieithyddol rhwng, dyweder, y Saesneg a'r Gymraeg, yn hytrach na defnyddio amlder fel prif egwyddor wrth ddethol patrymau i'w dysgu. Roedd y labordy iaith yn rhan bwysig o'r dull hwn hefyd, yn rhoi cyfle i'r dysgwr ailadrodd a gwrando ar ei lais ei hun. Buddsoddwyd llawer o arian mewn labordai i ysgolion a cholegau yn nechrau'r saithdegau (i ddysgu ieithoedd eraill yn ogystal â'r Gymraeg) a llawer o'r offer hynny'n segur cyn pen fawr o dro.

Rhan bwysig o'r dull dysgu oedd y dril iaith: byddai'r dysgwyr yn dynwared brawddegau cywir, ac felly'n osgoi sefydlu gwallau. Trwy ailadrodd cyson, byddai'r dysgwyr yn cofio brawddegau a sut i ddisodli elfennau er mwyn ffurfio brawddegau cwbl newydd.

> Pwynt trafod:
> Sut mae cyflwyno elfennau iaith sy'n gwbl newydd i ddosbarth o ddysgwyr?

Bu'r dull clywlafar yn ddylanwad pwysig ar ddulliau dysgu yng Nghymru, yn arbennig ar y cyrsiau Wlpan. Fe welir hyn yn y 'dull dwyieithog', sef ffurf ar ddril iaith a ddefnyddir yn aml hyd heddiw. Mae nifer o amrywiadau ar ddrilio, ond yn ei hanfod mae'n golygu dethol brawddeg fer i'w hymarfer ac i adeiladu arni. O ddethol brawddeg syml fel 'Es i i'r siop', byddai'r tiwtor yn gofyn i bawb yn y dosbarth ailadrodd mewn corws, cyn gwahodd unigolion i ddweud y frawddeg. Ar ôl sicrhau bod pawb wedi cael cyfle, byddai'r tiwtor yn newid un elfen yn y frawddeg, e.e. 'Es i i'r dre' ac yn y mynd drwy'r un broses eto. Ar ôl cyflwyno rhyw bedair o frawddegau felly, byddai'r dysgwyr yn cael eu gosod mewn parau i ymarfer y brawddegau gan ddisodli'r elfen briodol. Yna, byddai'r tiwtor yn symud ymlaen at batrwm arall, gan adeiladu'n gydlynus ar y stôr o batrymau a gwybodaeth a oedd gan y dysgwyr yn barod. Dril llafar oedd hwn i fod – ni chaniateid i ddysgwyr *weld* y frawddeg ar fwrdd tan yn hwyrach. Amrywiad arall (a oedd yn rhan o'r 'dull dwyieithog' yng Nghymru) oedd defnyddio sbardunau Saesneg er mwyn cadarnhau'r ystyr a chynhyrchu brawddeg gyfan yn yr iaith darged, e.e.

Tiwtor: . . . to town
Dysgwr: Es i i'r dre

ac yn y blaen. Rôl y tiwtor oedd bod yn ddriliwr patrymau ac yn fodel o gywirdeb ac ynganu dilys i'r dysgwr ei ddynwared. Mewn cyrsiau Cymraeg, yn enwedig ar gyrsiau dwys, doedd dim angen i'r tiwtor boeni *pa* batrymau i'w drilio gan fod y rheiny wedi'u pennu'n barod yn y llyfr cwrs.

Beirniadwyd cyrsiau clywlafar am nad oeddynt yn rhoi digon o bwyslais ar ddefnydd tebygol y dysgwr o'r iaith darged yn y byd go iawn, a'u bod yn gallu bod yn fecanyddol anniddorol, gyda dysgwyr yn aml yn llafarganu brawddegau heb syniad beth oedd eu hystyr, a heb feithrin yr hyder i ddefnyddio'r iaith mewn sefyllfa real. Er mai drilio oedd y nodwedd fwyaf adnabyddus, dim ond un agwedd ar y dull dysgu oedd hyn. Roedd deialogau i'w dysgu, er mwyn rhoi'r patrymau ar waith mewn rhyw fath o gyd-destun. Roedd gofyn dod â siaradwyr brodorol i mewn i'r dosbarth i'r dysgwyr eu clywed a'u holi, ac roedd hynny'n rhan bwysig o lwyddiant y dull hwn. Yn yr un modd, rhan fechan o ddull dysgu'r Wlpan yw'r dril, ond mae'n rhan bwysig – y nod yw *galluogi'r* dysgwr i ymgymryd â gweithgareddau, fel eu bod yn hyderus wrth gyflawni tasgau a gwneud pethau mwy *ystyrlon* nag ailadrodd ac ymarfer ffurfiau.

Un dylanwad arall ar gyrsiau yng Nghymru oedd y syniad o rannu iaith yn sefyllfaoedd, e.e. yn y caffi, amser brecwast, yn y feddygfa ac ati, a'r dull dysgu sefyllfaol (*situational language teaching*). Yma, cyflwynid sefyllfaoedd gwahanol trwy ddeialogau byrion i'w dysgu ar lafar. Roedd hyn o leiaf yn gydnabyddiaeth fod yr iaith darged i'w defnyddio yn y byd go iawn, ond hap a damwain i raddau helaeth oedd cysylltu patrwm â sefyllfa; nid oedd yn ystyried bod yr un patrymau iaith weithiau'n perthyn i sawl sefyllfa wahanol, a bod llawer o elfennau iaith na ellid mo'u gwasgu'n hawdd i sefyllfa benodol. Bu'n rhaid aros nes sefydlu dulliau cyfathrebol cyn mynd i'r afael â'r broblem o rannu'r iaith darged yn ddarnau ystyrlon a oedd hefyd yn adlewyrchu'r defnydd y byddai'r dysgwyr yn ei wneud ohoni yn y byd go iawn.

Dulliau Cyfathrebol

Daeth y 'chwyldro' cyfathrebol i drawsnewid dulliau dysgu a meddylfryd addysgwyr o saithdegau'r ugeinfed ganrif ymlaen. Cyfeirir at 'ddulliau' yma, gan fod cymaint o amrywiadau a dehongliadau fel nad oes y fath beth ag *un* 'dull cyfathrebol'. Dechreuodd y symudiad hwn yn Lloegr yn y lle cyntaf a thrwy waith Cyngor Ewrop, er mwyn hwyluso ymfudo rhwng gwledydd y Gymuned Ewropeaidd newydd.

Symudodd y pendil oddi wrth ramadeg, patrymau brawddegol a sefyllfaoedd, a'r allweddair i bob dim oedd 'cyfathrebu'. Yn hytrach na rhannu iaith yn gategorïau gramadegol, ei graddio'n batrymau brawddegol neu eu clystyru'n sefyllfaoedd, rhennid iaith yn ôl yr hyn roedd darnau o iaith yn ei *gyflawni*. Hynny yw, rhennid iaith yn ôl 'ffwythiannau' (*functions*), e.e. gofyn am rywbeth, ymddiheuro, perswadio rhywun i wneud rhywbeth ac yn y blaen; a hefyd yn ôl 'tybiannau' (*notions*), sef categori mwy haniaethol, e.e. amser, amlder ac yn y blaen. Bu'r model hwn o iaith yn ddylanwadol iawn, a gwelir llyfrau cwrs hyd heddiw wedi eu rhannu'n unedau ffwythiannol. Ceir llawer o amrywiadau ar y model cyfathrebol ac ymdrechion i ddiffinio beth a olygir wrth gyfathrebu, ac esblygiad o'r model ffwythiannol hwn a welir yn y fframwaith Ewropeaidd, y CEFR (*Common European Framework of Reference*), sydd yn ddylanwadol iawn erbyn heddiw.

O gadw at y safbwynt cyfathrebol pur, dim ond cyflwyno'r brawddegau a fyddai'n ddefnyddiol i'r dysgwr ar y pryd a wneid; er enghraifft, pe bai'r tiwtor yn cyflwyno 'rhaid i mi... [wneud rhywbeth]', ni fyddai'r maes llafur cyfathrebol yn caniatáu cyflwyno 'rhaid i ti...' neu 'rhaid iddyn nhw...' yn yr un sesiwn – categori gramadegol yw'r rhagenwau a'r personau gwahanol, a'r amrywiadau ar yr arddodiad. Y feirniadaeth ar y ffordd 'gyfathrebol bur' o rannu maes llafur oedd ei bod yn ddi-drefn, yn gyfres o ymadroddion digyswllt nad oedd yn galluogi dysgwyr i gymhwyso iaith i gyddestunau gwahanol. Fodd bynnag, mae'r rhan fwyaf o gyrsiau cyfathrebol, gan gynnwys cyrsiau Cymraeg erbyn heddiw, *yn* rhoi sylw i'r patrwm ac yn adeiladu ar batrymau a ddysgwyd, yn ogystal ag iaith sy'n ateb y nod ffwythiannol neu destunol.

Beth felly sy'n nodweddu cyrsiau cyfathrebol, o safbwynt yr hyn sy'n digwydd yn y dosbarth iaith? Mae cyfathrebu'n golygu rhyngweithio – rhwng dysgwyr a'i gilydd, dysgwyr a'r tiwtor, a rhwng dysgwyr a'r gymuned darged. Felly, mae'r gweithgareddau yn y dosbarth yn ceisio efelychu hynny a'r pwyslais ar sgiliau llafar yn amlwg iawn. Mae cyfnewid gwybodaeth real yn agwedd bwysig ar gyfathrebu; hynny yw, does dim diben ailofyn 'Beth yw'ch enw chi?' os yw'r holwr yn gwybod yr ateb yn barod. Awydd i efelychu'r defnydd naturiol y mae'r dysgwr yn debygol o'i wneud o'r iaith yn y byd go iawn sydd wrth wraidd hyn. Y cyfathrebu mwyaf naturiol wrth gwrs yw sgwrsio rhydd annibynnol, ac mae hynny'n rhywbeth y ceisir ei feithrin mewn dosbarthiadau iaith hyd heddiw. Mae'r munudau o sgwrs yn holi'r dysgwyr 'Beth wnaethoch chi dros y penwythnos?', neu 'Beth wyt ti'n mynd i'w wneud yfory?', yn werthfawr iawn.

Mae gweithgareddau eraill sy'n nodweddu'r dulliau cyfathrebol yn rhan bwysig o arfogaeth y tiwtor iaith o hyd. Amlinellir rhai enghreifftiau isod. Nid yw'r rhestr hon yn gyflawn o gwbl, ond maent yn fodd o amlygu rhai egwyddorion a gysylltir â'r dulliau cyfathrebol.

(i)   Mae holiaduron yn ddefnyddiol ac yn hawdd eu cynnal. Yma, mae'r dysgwyr yn mynd o gwmpas y dosbarth gan holi'i gilydd, er mwyn cael hyd i wybodaeth benodol, e.e. 'Dych chi wedi bod yn... [enw gwlad]?' Ar ôl gorffen, rhaid rhannu'n barau neu grwpiau i rannu'r wybodaeth a gasglwyd. Yna, gall y tiwtor holi ymhellach, a gofyn sgil-gwestiynau i'r dysgwyr. Wrth reswm, ni fydd y dysgwyr yn gallu gofyn y cwestiynau

na dweud yr atebion heb fod wedi ymarfer ymlaen llaw; yn y
rhan fwyaf o gyrsiau Cymraeg, mae'r ymarfer hwnnw'n
digwydd mewn dril, er mwyn i'r dysgwyr deimlo'n ddigon
hyderus i allu cyflawni'r gweithgaredd. Bydd y tiwtor yn mynd
o gwmpas yn helpu ac yn sbarduno wrth i'r gweithgaredd fynd
yn ei flaen yn ogystal.

(ii) Mae gweithgareddau 'bwlch gwybodaeth' yn gyffredin ac yn
ddefnyddiol. Fel arfer, rhennir y dosbarth yn barau, ac mae
gan Bartner A wybodaeth y mae angen iddo ei gyfnewid â
Phartner B. Er enghraifft, gall fod yn rhestr o brisiau ar
fwydlen, lle bydd gan Bartner A hanner y prisiau, a Phartner B
yr hanner arall. Rhaid i'r ddau gyd-drafod er mwyn cael yr
wybodaeth a'r fwydlen gyflawn. *Efelychu* defnydd real o iaith
a wneir, er bod y fwydlen a'r sefyllfa'n un a gynlluniwyd gan
y tiwtor.

(iii) Gweithgaredd defnyddiol arall yw 'gosod pethau yn eu trefn'.
Gwaith pâr yw hwn fel arfer eto, ac yma rhaid i'r ddau
ddysgwr drafod rhestr o bethau amrywiol a'u rhoi mewn trefn
benodol. Gan amlaf, mae hwn yn weithgaredd ar lefel uwch
na'r dosbarth dechreuwyr. Er enghraifft, gall y rhestr
ddisgrifio nodweddion tŷ, (pris, maint, cyfleustra, lleoliad ac
ati). Rhaid i'r parau gyd-drafod y nodweddion a'u rhoi yn
nhrefn eu pwysigrwydd i'r prynwr. Ar ôl gorffen, gellir
rhannu'r penderfyniadau â'r dosbarth cyfan ac estyn y
drafodaeth ymhellach. Er mai enghraifft o weithgaredd
cyfathrebol yw hwn, mae hefyd yn enghraifft o 'dasg', sydd
yn rhan ganolog o ddull a hyrwyddir gan rai addysgwyr
heddiw, sef 'dysgu trwy dasgau' (gw. isod). Nid oes ffiniau
pendant rhwng dulliau a'i gilydd, ac amrywiadau ar ddulliau a
arddelid yn y gorffennol a geir heddiw'n aml iawn.

Mae'r gweithgareddau uchod yn canolbwyntio ar drafod *ystyr*, er
bod y patrymau a'r eirfa angenrheidiol yn gyfyngedig, ac wedi eu
cynllunio gan y tiwtor. Fodd bynnag, mae rhai gweithgareddau'n
canolbwyntio ar 'ffurf', ac mae'r rhain hefyd yn rhan o'r ymbarél

cyfathrebol. Dyma rai enghreifftiau, eto heb fod yn rhestr gyflawn o'r gweithgareddau posibl:

(i)   Gweithgaredd cyfarwydd yw'r un lle mae'n rhaid i'r dysgwyr ddyfalu beth a ddewiswyd gan rywun arall – mewn gwaith pâr neu fel dosbarth. Bydd gan y ddau bartner restri, e.e. bwydydd gwahanol, ac ar ôl dewis tua phum bwyd gwahanol i'w 'hoffi', rhaid i'r naill bartner holi'r llall i gael hyd i'r atebion a ddewiswyd: 'Wyt ti'n hoffi pasta?', 'Wyt ti'n hoffi salad?' ac yn y blaen. Trwy ofyn cwestiynau am yn ail am ddewisiadau'r llall, y cyntaf i gael yr atebion i gyd sy'n ennill y gêm. Does dim *cyfathrebu* na chyfnewid gwybodaeth fel y cyfryw'n digwydd yma; mae'n amlwg fod y gweithgaredd yn canolbwyntio ar ffurf neu batrymau penodol. Ond, mae'n esgor ar lawer iawn o ailadrodd hwyliog.

Pwynt trafod:
Ydy gemau'n ddefnyddiol wrth ddysgu Cymraeg i Oedolion?

(ii)   Mae gemau o bob math yn ddefnyddiol ac mae oedolion yn barod iawn i gymryd rhan ar y cyfan, unwaith iddyn nhw ddeall pwrpas y chwarae. Gall gemau trac fod o ddefnydd, ac mae digon o enghreifftiau o'r rhain i gyd-fynd â'r cyrsiau Cymraeg i Oedolion gwahanol. Er enghraifft, ar bob sgwâr ar y trac gellir rhoi llun yn cyfleu math o dywydd gwahanol; nod y gêm yw cynhyrchu'r frawddeg berthnasol, e.e. 'Mae hi'n braf,' 'Mae hi'n wyntog'. Un agwedd bwysig ar chwarae gemau yw mai'r iaith darged yw cyfrwng y chwarae. Felly, rhaid cyflwyno'r ymadroddion angenrheidiol i alluogi'r dysgwyr i wneud hynny, e.e. 'dy dro di', 'taflwch y dis', ac yn y blaen. Mae chwarae gemau iaith yn amlwg iawn yn y sector cynradd, ond maen nhw'n weithgareddau defnyddiol i bob oed, sy'n atgyfnerthu iaith ac yn rhoi cyfleoedd naturiol i ailadrodd.

Wrth weithredu'r dull cyfathrebol yn ddigyfaddawd, ni fyddai'r tiwtor yn cyflwyno gramadeg na phatrymau o gwbl, dim ond yn hwyluso gweithgareddau tebyg i'r uchod. Prin yw'r rhai sy'n arddel y dull digyfaddawd hwn erbyn heddiw; gwelir bod cyflwyno rhai patrymau a chanolbwyntio ar ffurfio cwestiynau neu frawddegau, yn ogystal â rhoi peth sylw i ramadeg, yn rhagangenrheidiau i fedru cyfathrebu'n llwyddiannus.

Dulliau Eraill

Mae nifer o ddulliau eraill wedi tyfu dros y blynyddoedd, ac mae ganddynt oll eu dilynwyr a'u lladmeryddion. Dim ond cip ar y dulliau hyn a roddir yma; mae manylion a chyfeiriadau pellach i'w cael yn llyfr Richards a Rodgers (2014). Mae llawer o'r dulliau'n ceisio efelychu agweddau ar yr hyn sy'n digwydd wrth i blentyn gaffael ei iaith gyntaf, a gwreiddir rhai ohonynt mewn meysydd theoretig amgen, fel seicoleg.

Fel yr awgryma'r enw, mae 'ymateb corfforol cyflawn' (*Total Physical Response* neu *TPR*) yn ddull sy'n seiliedig ar symud. Fe'i datblygwyd yn America gan James Asher ac eraill. Y syniad sylfaenol yw mai gorchmynion rhiant a glywir gan blentyn gan amlaf, a bod hyn yn gofyn am weithred gorfforol wrth ymateb i'r gorchmynion hynny – felly hefyd y dysgwr o oedolyn, yn ôl y dull hwn. Mae'r dysgwr yn oddefol (dim ond gwrando ar orchmynion yn ystod y camau cyntaf) ac yn dysgu trwy broses fwy 'naturiol' na'r dulliau sy'n gofyn i'r dysgwr ddadansoddi iaith. Mae'r dysgwr hefyd yn fwy tebygol o gofio geirfa a darnau eraill o iaith os yw'n cysylltu'r iaith honno â symudiadau penodol. Er nad oes llawer yn arddel y dull hwn fel yr *unig* ffordd o ddysgu, mae dylanwad y syniadau'n amlwg ar ddulliau eraill, e.e. mae symud yn bwysig yn y dosbarth iaith, ac ufuddhau i orchmynion yn ffordd hawdd o ddangos dealltwriaeth. Er tegwch, fel ffordd o ategu dulliau mwy confensiynol y bwriadwyd *TPR* o'r cychwyn, nid fel ateb i bob dim.

Seilir Awgrymeg (*Suggestopedia*) ar waith Georgi Lozanov o Fwlgaria a ddechreuwyd yn saithdegau'r ugeinfed ganrif. Fe'i gelwid yn 'ddysgu cyflym' ac mae'n honni bod modd i ddysgwyr ddysgu llawer mwy yn llawer cynt na thrwy ddulliau eraill. Nodwedd amlycaf Awgrymeg (yn ei ffurf wreiddiol o leiaf) yw bod y dysgwyr yn ymlacio'n llwyr drwy wrando ar gerddoriaeth glasurol ag iddi rythmau penodol. Yna, mewn cyflwr goddefol, mae'r dysgwr yn gwrando ar y tiwtor yn cyflwyno geirfa, deialogau a thestunau storïol diddorol, a rhywsut yn mewnoli'r iaith ac yn dysgu heb fod yn ymwybodol o hynny. Mae'r amgylchedd dysgu'n bwysig yn y dull hwn (cadeiriau ac ystafell gyfforddus), a rhaid i'r dysgwyr *gredu* yn y dull er mwyn llwyddo. Rhanedig yw'r farn am effeithiolrwydd Awgrymeg; er bod ei ladmeryddion yn frwd drosto, ymylol fu ei ddylanwad ar ddulliau dysgu ieithoedd yn gyffredinol.

Estyniad mwy diweddar o'r dulliau cyfathrebol yw 'dysgu trwy dasgau', (*task-based learning* neu *task-based language teaching*). Yma, y nod yw galluogi dysgwyr i gyflawni tasgau o'r math y mae angen iddynt eu cyflawni yn y byd go iawn, yn hytrach na meistroli ffurf ieithyddol. Dadleuir bod hyn yn galluogi'r dysgwr unigol i ganolbwyntio ar yr iaith sydd ei hangen arno/arni i wneud pethau sy'n berthnasol iddo/iddi. Mae sylw'r dysgwr ar ystyr a phwrpas yr iaith, yn hytrach nag ar ymarfer patrymau a'u dysgu. Pa fath o dasgau a olygir, a sut mae cynllunio gwers ar sail y dull hwn? Rôl y tiwtor yw gosod tasgau ag iddynt nodau penodol i ddysgwyr (fel arfer mewn parau neu grwpiau) eu cyrraedd trwy drafod â'i gilydd. Mae pwyslais ar y sgiliau llafar, ond ceisir cyfuno sgiliau yn hytrach na'u gwahanu – eto'n adlewyrchu bywyd go iawn. Trwy ddadansoddi anghenion a diddordebau'r dysgwyr, deuir i adnabod y *math* o dasg a fyddai'n eu cymell i ddysgu, gan ddefnyddio adnoddau dilys lle bo modd. Er enghraifft, byddai'r grŵp yn cael tudalennau 'Digwyddiadau' o bapur newydd ac yn gorfod cynllunio penwythnos ar y cyd. Mae gofyn rhagbaratoi'r dasg a'i chynllunio'n ofalus, yn ogystal â rhoi cyfle i adrodd yn ôl, gan dynnu sylw at nodweddion neu gwestiynau iaith sy'n digwydd codi. Er bod lladmeryddion y dull hwn yn daer ei fod yn llwyddo, mae'n rhoi baich sylweddol ar y tiwtor i baratoi'r tasgau priodol, a hynny'n anodd pan fydd grwpiau o ddysgwyr ag anghenion a diddordebau gwahanol iawn i'w gilydd yn y dosbarth.

Rhan o'r un meddylfryd yw dysgu trwy integreiddio cynnwys ac iaith (*Content and Language Integrated Learning* neu *CLIL*). Mae'r dull hwn eisoes yn rhan annatod o ddysgu Cymraeg fel ail iaith yn y sector cynradd, lle dysgir pynciau ar draws y cwricwlwm trwy gyfrwng yr iaith darged. Erbyn hyn, mae'n tyfu'n rhan bwysig o arferion dysgu ieithoedd i bob oedran mewn llawer o wledydd. Y nod yw dysgu meysydd neu bynciau eraill trwy gyfrwng yr iaith darged, e.e. fel bod y wers chwaraeon neu wyddoniaeth yn digwydd trwy'r Gymraeg. Mae hyn yn esgor ar gyfathrebu naturiol, lle mae'r dysgwr yn canolbwyntio ar ystyr a chynnwys yn hytrach nag ar ffurf. Wrth reswm, bydd gofyn dysgu geirfa arbenigol ar brydiau ond mae manteision pendant i'r dull hwn o gynnal diddordeb a chymhelliant y dysgwr. Rhaid i'r tiwtor roi 'sgaffaldau' neu strwythurau i alluogi'r dysgwr i drin y pwnc dan sylw – nid yw cyfieithu'r union ymadroddion a ddefnyddir wrth ddysgu'r pwnc yn iaith gyntaf y dysgwyr yn debygol o lwyddo. Gall fod yn anodd lle nad oes gan y tiwtor arbenigedd i ddelio â'r maes pynciol, ac fel gyda dysgu trwy dasgau, gall olygu llawer iawn o waith paratoi. Ychydig o ddylanwad a gafodd y dull hwn ar y dosbarth Cymraeg i Oedolion hyd yn hyn, gan fod oedolion mor wahanol i'w gilydd o ran meysydd diddordeb, ond mae'n ychwanegu at yr *amrywiaeth* o ddulliau a ddylai fod wrth benelin y tiwtor, yn enwedig ar lefelau uwch.

Edrych tua'r dyfodol

Pwynt trafod:
A fydd technoleg yn disodli'r tiwtor a'r dosbarth Cymraeg?

Mae'n ffaith wybyddus fod gan ddysgwyr unigol eu ffyrdd unigol o ddysgu, felly mae'n amlwg nad oes *un* dull dosbarth yn mynd i fod yn addas i bawb. Dylai'r tiwtor ddod i adnabod anghenion y dosbarth ac arddull dysgu'r unigolion o fewn y dosbarth, gan addasu'r deunydd a'r dulliau wrth ystyried hynny. Felly mae meithrin tiwtoriaid deallus ac ymroddedig yn mynd i fod yn hanfodol o hyd, waeth beth y gall y cyfryngau a'r dechnoleg ddiweddaraf ei gynnig. Mae darpariaeth i ddysgwyr wedi bod ar y radio a'r teledu ar hyd y blynyddoedd, a chyfresi amrywiol wedi mynd a dod. Atgyfnerthu'r gwaith dysgu yn y dosbarth y mae'r cyfryngau hynny'n ei wneud fel arfer, gan mai cynnig adloniant y maen nhw yn y lle cyntaf. Gwelwyd ymdrechion mwy diweddar i ddatblygu deunydd dysgu ategol a deunydd hunan-ddysgu, gan ddefnyddio apiau, gwefannau, dysgu trwy Skype neu gyfryngau cymdeithasol. Mae'r cyfryngau hyn yn newid yn gyflym, ac mae'n bwysig fod y Gymraeg yn cael ei chynnwys yn y datblygiadau hynny. Yn yr un modd mae rhai canolfannau wedi bod yn datblygu dulliau dysgu cyfunol, lle bo rhan o'r gwaith dysgu'n digwydd ar y cyfrifiadur neu drwy'r we a rhan yn digwydd mewn dosbarth mwy traddodiadol. O safbwynt 'dull', y duedd yw bod y dulliau dysgu'n efelychu'r hyn sy'n digwydd yn y dosbarthiadau arferol, yn hytrach na bod y llwyfan neu'r cyfrwng electronig wedi chwyldroi ein syniadau am *sut* mae dysgu... hyd yn hyn beth bynnag. Mae hunan-ddysgu, neu ddysgu heuristig, yn faes ynddo'i hun ac iddo bosibiliadau masnachol, ond sydd y tu hwnt i gwmpas y bennod hon.

Cloi

Er bod y bennod hon yn ymrannu'n daclus yn ddulliau gwahanol, mae'r darlun go iawn yn llawer mwy anhrefnus a'r llinynnau'n gwau trwy'i gilydd mewn cyd-destunau gwahanol, ar gyfnodau gwahanol. Dim ond golwg sydyn ar y maes a roddir yma. I gloi, gellir ategu'r hyn a ddywedwyd ar ddechrau'r bennod, ac yn y gyfrol sy'n rhagflaenu hon: mewn gwirionedd, does dim ffon hudol y gellir ei rhoi i diwtor na dysgwr er mwyn dysgu Cymraeg dros nos, na'r un cwrs na dull sy'n gweddu i bawb yn ddiwahân. Dylai'r tiwtor fod yn gwybod am y technegau dysgu sydd yn bosibl, gan beidio â dilyn y llyfr cwrs yn ddifeddwl. Waeth beth fo'r dull dysgu, bydd angen ymrwymiad, amser ac ymdrech o du'r dysgwr a'r tiwtor i ddysgu Cymraeg. Ond pan fydd y dysgu'n llwyddo, mae'n waith sy'n cyfoethogi bywydau'r naill a'r llall.

Llyfryddiaeth

B. Adamson, 'Fashions in Language Teaching Methodology', yn A. Davies a C. Elder (goln.), *The Handbook of Applied Linguistics* (Rhydychen: Blackwell, 2004) tt. 604–22

D. Mac Giolla Chríost, P. Carlin, S. Davies, T. Fitzpatrick, A. P. Jones, J. Marshall, S. Morris, A. Price, R. Vanderplank, C. Walter ac A. Wray, *Adnoddau, dulliau ac ymagweddau dysgu ac addysgu ym maes Cymraeg i Oedolion: astudiaeth ymchwil gynhwysfawr ac adolygiad beirniadol o'r ffordd ymlaen* (Prifysgol Caerdydd: Llywodraeth Cymru, 2012)
http://www.caerdydd.ac.uk/cymraeg/subsites/welshforadultsresearch/reports/130416-research-study-cy.pdf [Cyrchwyd 3 Awst 2015]

J. C. Richards a T. S. Rodgers, *Approaches and Methods in Language Teaching*, 3ydd argraffiad (Caegrawnt: Gwasg Prifysgol Caergrawnt, 2014).

H. H. Stern, *Fundamental Concepts of Language Teaching* (Rhydychen: Gwasg Prifysgol Rhydychen, 1983).

Cynllunio Gwers
Chris Reynolds

Cyflwyniad

Petaswn i'n cyflwyno'r bennod yma mewn deg eiliad mae H. Douglas Brown (2001: 149–51) yn nodi popeth sydd ei angen mewn gwers:

> *While variations are plentiful, seasoned teachers agree on what the essential elements of a lesson plan should be.*
>
> *1. Goal(s)*
>
> *2. Objectives*
>
> *3. Materials and Equipment*
>
> *4. Procedures*
>
> *5. Evaluation*
>
> *6. Extra-Class Work*

Yn ei lyfr mae Brown yn ehangu ar y pwyntiau hyn, ond yn fras dyma hanfod cynllun gwers. Gwelwn ni nes ymlaen sut mae barn tiwtoriaid Cymraeg i Oedolion y De-Orllewin yn ffitio'r fframwaith hwn ond gan fod mwy na deg eiliad gyda fi hoffwn ystyried barn rhai o arbenigwyr y maes dysgu iaith a thrafod eu sylwadau.

Yn gyntaf felly, beth yw cynllunio?

> *[P]lanning is essentially a thinking skill. Planning is imagining the lesson before it happens* (Scrivener, 2005: 123)

Hynny yw, mae'n fater o ystyried beth rydych chi'n mynd i'w ddysgu a sut rydych chi'n ei gyflwyno. Mae hynny'n wir am ba bynnag ddull, neu gyfuniad o ddulliau, rydych chi'n bwriadu eu defnyddio. Fel mae Scrivener (2005: 123) yn ei ddweud, 'Before you go into a lesson, it helps to be clear about what you want to do.'

Mae'n egwyddor mor sylfaenol does dim angen mynd ymhell i ganfod cytundeb. Dywed Harmer (2007: 365), 'the overriding principle is that we should have an idea of what we hope our students will achieve in class, and that this should guide our decisions about how to bring it about'. Mae'n parhau, '**most** teachers do think about what they are going to teach before they go into the lesson'. Hoffwn i feddwl bod **pob** tiwtor Cymraeg i Oedolion o leiaf yn ystyried beth maen nhw'n bwriadu ei ddysgu cyn cyrraedd y dosbarth, hyd yn oed os nad ydyn nhw'n cofnodi'r cynllun yn ffurfiol, ond mwy am hynny nes ymlaen.

Yn fwy penodol, mae cynllunio gwersi yn golygu ystyried y cynnwys a threfnu'r camau gweithredu. Yn ôl Deane (2002: 147), 'Planning a programme of learning is a complex process. It involves deciding on objectives, content, activities and assessment of learning in the long, medium and short term.' Mae hefyd yn golygu ystyried y rheswm sydd y tu ôl i'r camau, hynny yw pam rydych chi'n dysgu yr hyn rydych chi'n ei ddysgu. 'For every lesson you teach, and for every activity within that lesson, it is useful to be able to state what the aims are, i.e. what's the point of doing it? What will the students get out of it?' (Scrivener 2005: 135)

Oes angen cynllunio?

Y dyddiau hyn, mae'r rhan fwyaf o gyrsiau wedi'u paratoi'n drylwyr ac mae canllawiau i ddangos sut mae cyflwyno'r unedau'n fanwl. Serch hynny, rydych chi fel tiwtor yn gyfrifol am ddatblygiad grŵp o ddysgwyr. Mae eisiau i chi ystyried datblygiad pob un yn unigol, sut mae trosglwyddo gwybodaeth iddyn nhw a'u hannog i ddefnyddio'r iaith. Ac yn y pen draw rydych chi'n mynd i sefyll o flaen cynulleidfa am gwpl o oriau ac mae'n gymorth mawr i chi petaech chi wedi cynllunio o flaen llaw; 'it makes no sense to go into any situation without having thought about what we are going to do.' (Harmer 2007: 364)

Oes angen cynllun gwers?

Mae'n gŵyn gyffredin bod gormod o waith papur ym maes Cymraeg

i Oedolion ac mewn ymweliad dosbarth rwyf wedi clywed tiwtoriaid
profiadol yn datgan eu bod wedi cyrraedd y pwynt lle mae
cynllunio'n ffurfiol yn ddiangen; mae profiad yn gymorth mawr i
diwtor, ond serch hynny, mae bwrw golwg dros gynnwys uned ac
ystyried aelodau'r dosbarth wastad yn talu ffordd.

Mae Schellekens (2007: 145) yn nodi pwysigrwydd y cynllun
gwers i bawb: 'For new teachers the lesson plan is an essential
lifeline... more experienced teachers also rely heavily on the
planning stage because it is a crucial first step to good teaching and
learning.'

Er mwyn tanlinellu'r pwynt, hoffwn gyfeirio at egwyddorion a
nodwyd yn hen gwrs hyfforddiant tiwtoriaid Cymraeg i Ooedolion
a noddwyd gan ELWa (Uned 'Paratoi Gwersi' t.16), sydd yn sail o
hyd i uned 'Cynllunio a Pharatoi Gwersi' Cwrs y Cymhwyster
Cenedlaethol:

> *Hyd yn oed pan fydd canllawiau i'w cael ar gyfer cwrs, bydd
> angen ysgrifennu cynllun gwers. Mae creu cynllun yn rhan
> anhepgor o baratoi gwers, am nifer o resymau:*
>
> - *bydd tiwtor yn teimlo'n fwy hyderus a thawel ei feddwl
>   yn y dosbarth pan fo ganddo gynllun gwers i gyfeirio
>   ato*
>
> - *mae'n cynnwys cofnod o sbardunau, enghreifftiau a
>   chyfarwyddiadau y bydd eu hangen ar y tiwtor yn y
>   wers*
>
> - *mae'r cynllun yn ganllaw defnyddiol wrth amseru
>   camau gwers*
>
> - *mae ysgrifennu cynllun yn sicrhau eich bod yn rhoi
>   ystyriaeth fanwl i nodau'r wers*
>
> - *o edrych ar y cynllun, gallwch weld yn glir a ydy'r wers
>   yn cynnwys pob cam angenrheidiol, neu ormod o
>   weithgareddau ar gyfer hyd y wers*
>
> - *gellir cyfeirio yn ôl at y cynllun a'i ailddefnyddio yn y
>   dyfodol.*

Mae cynllun gwers felly'n dystiolaeth eich bod chi wedi rhoi rhywfaint o feddwl i'r hyn rydych chi'n bwriadu ei ddysgu. Mae'n gymorth i chi gadw 'ar drac' pan ydych chi'n cyflwyno ac yn y pen draw mae'n gymorth i chi gynllunio gwersi tebyg yn y dyfodol.

Mae'n debyg bod gan bob sefydliad dempled cynllun gwers ac mae disgwyl fel arfer i chi gynllunio'ch gwersi gan ddefnyddio'r templed perthnasol. Mae cynnwys cynlluniau gwersi yn amrywio o le i le ond ym maes Cymraeg i Oedolion maen nhw'n dilyn yr un trywyddau i bob pwrpas.

Gan dderbyn felly fod angen cynllunio o flaen llaw, hoffwn ystyried dau gwestiwn. Beth sydd angen ei ystyried wrth gynllunio? Ac, wrth greu cynllun gwers, pa gamau ddylai fod yn rhan o wers?

Barn Tiwtoriaid Cymraeg i Oedolion

Fel rhan o gynhadledd hyfforddiant i diwtoriaid dan nawdd Canolfan Cymraeg i Oedolion y De-Orllewin ym mis Hydref 2014, cynhaliwyd gweithdy i ganfod barn tiwtoriaid profiadol ar gynllunio gwersi. Gofynnwyd iddyn nhw drafod mewn grwpiau y ddau gwestiwn uchod a chreu rhestr o bwyntiau fel canllawiau i diwtoriaid.

Yn gyntaf rhestrir isod ganlyniadau'r drafodaeth ar beth sydd angen ei ystyried wrth gynllunio.

A. Ystyriaethau wrth gynllunio

1. Y cwrs/Nod ac amcanion y wers

Neu, fel arall, beth sy angen ei gyflwyno, neu beth yw cynnwys yr uned? Mae cwricwlwm y rhan fwyaf o gyrsiau maes Cymraeg i Oedolion wedi'u trefnu o flaen llaw gyda thiwtoriaid yn dilyn cynlluniau gwaith sydd yn dilyn maes llafur unedol cwrslyfr. Ond fel mae Meek (2005: ii) yn ei nodi, 'Mae llond trol o weithgareddau a thasgau yn y llyfr cwrs ei hun ac yn y canllawiau hyn i'r tiwtor roi'r patrymau a ddysgwyd ar waith. Dylid dethol o'r rhain, yn hytrach na defnyddio'r cyfan.' Mae Jones (1993: 149) yn rhybuddio, 'Bydd yn rhaid i bob athro, felly, newid, adnewid, hepgor a dileu ac yn ychwanegu at y deunyddiau gwreiddiol, yn unol â'i sefyllfa a'i weledigaeth ef ei hun. Dysgu marw sy'n cerdded yn beiriannol o'r naill uned ddysgu i'r llall.'

Felly wrth edrych ar unedau'r cwrs a chynllunio'ch gwers mae eisiau i chi ystyried pa weithgareddau i'w cynnwys. Mae Schellekens (2007: 145) yn awgrymu'r canllawiau hyn:

> some core indicators which are often found in sound lesson plans:
>
> - challenging tasks which are achievable over time
> - tasks which create real interest and communication
> - a good variety of well-placed activities and materials
> - a blend of activities which involve the four skills
> - learning which gradually becomes more complex and which extends the learners'skills.

2. Y dysgwyr

Wrth ystyried y dysgwyr mae nifer o ffactorau mae angen i chi feddwl amdanyn nhw wrth i chi gynllunio eich gwers:

- Pa wybodaeth sydd gan y dysgwyr eisoes? Sut maen nhw'n ymdopi gyda'r gwaith hyd yn hyn?
- Absenoldebau: sawl un oedd yn absennol yn y wers flaenorol ac felly oes angen mynd dros y gwaith eto?
- Anghenion arbennig: oes angen paratoi adnoddau atodol, newid dulliau cyflwyno neu newid trefn yr ystafell oherwydd anghenion arbennig y dysgwyr?

O gwrs hyfforddi ELWa: '*y peth pwysig yw bod ymwybyddiaeth gan y tiwtor o'r math o ffactorau a all effeithio ar allu'r aelodau i gyflawni.*' (Uned 'Paratoi Gwersi' t.13)

3. Adnoddau

Yn syml mae eisiau i chi ystyried:

    i.   beth sydd ei eisiau arnoch chi?

ii.   ydy'n addas / ydy'n gweithio?

iii. ydy'r adnoddau gyda chi ar gyfer y wers?

Taflenni/cardiau fflach

Oes angen llungopïo taflenni? Ac os oes, sawl copi? Mae'n werth ychwanegu cwpl o gopïau rhag ofn bod y dysgwyr dych chi heb eu gweld ers misoedd yn penderfynu mynychu'r noson honno.

Hefyd mae'n fuddiol trefnu unrhyw gopïo ychydig o flaen llaw. Wrth adael y llungopïo tan y munudau cyn gwers mae peryg mawr i bethau fynd o chwith. Mae'n bosib bod ystafell y llungopïwr dan glo, neu does dim digon o bapur yn y peiriant, neu fod y peiriant yn gwrthod gweithio am ba reswm bynnag. Ydych chi'n hyderus yn defnyddio'r peiriant? Mae'n hawdd gwthio'r botwm 'colladu' anghywir sydd yn golygu bod gyda chi domen o gopïau sydd angen eu sortio tra boch chi'n ceisio cyflwyno gwers.

Ydy'r cardiau fflach yn ddigon mawr i weld yng nghefn yr ystafell? Ydyn nhw'n ddigon eglur? Wrth lungopïo lluniau mae eisiau i chi gadw'r llun gwreiddiol yn gyfleus. Dylech chi geisio gwneud pob copi o'r llun gwreiddiol petai modd er mwyn sicrhau'r ansawdd gorau posib. Mae gwneud copi o gopi sydd yn gopi o gopi (a.y.y.b.) yn gallu golygu bod y llun yn aneglur erbyn ei ddefnyddio a'i gopïo am yr ugeinfed tro.

Technoleg

Mae unrhyw declyn trydanol â photensial i achosi problemau.

Er enghraifft, os ydych chi'n defnyddio cryno-ddisgiau, ydy'r ddisg yn gweithio'n iawn? Ydych chi'n gwybod sut i gyrraedd dechrau'r trac arbennig rydych chi am ei ddefnyddio? Ydy'r peiriant yn gweithio? Oes digon o sŵn? Ydy'r CD yn y cês, neu ydy e mewn peiriant arall rhywle yn y tŷ/car? Mae'n werth gwirio hyn i gyd o flaen llaw.

- Chwaraeydd MP3: Oes digon o fywyd yn y batri? Ydy'r cebl cywir gyda chi i'w gysylltu? Ydy'r sain yn ddigon uchel? Ydych chi'n gwybod lle mae'r ffeil iawn?

- Gliniadur: Yr un cwestiynau. Ydy'r plyg gyda chi rhag ofn

bod y batri ddim mor llawn ag roeddech chi'n ei feddwl? Ac os ydych chi'n defnyddio ffeiliau ar gof bach, ydy'r cof bach cywir gyda chi? Ydy'r feddalwedd yn iawn? Hynny yw, ydy'r rhaglen rydych chi wedi creu eich ffeil arni'n gweithio ar y gliniadur sydd gyda chi? (e.e. fersiynau gwahanol Word/ Windows). Os ydych chi'n defnyddio gliniadur y sefydliad, oes peryg o gael 'firws'? Oes angen gwifren i gysylltu â thaflunydd?

- Bwrdd gwyn rhyngweithiol: Fel pob teclyn electronig mae angen gwybod ei fod yn gweithio. Ydy pob gwifren wedi'i chysylltu'n iawn, ac ydych chi'n gwybod sut i droi'r sain ymlaen? Ydy'r bwrdd wedi'i wirio (calibration)? Oes gyda chi fynediad i'r sustem? Efallai bod angen ID neu fanylion mewngofnodi?

Cwestiwn sylfaenol efallai ond ydych chi'n hyderus yn ei ddefnyddio? Mae cyfleoedd hyfforddiant ar gael trwy sefydliadau addysg a hefyd mae llwyth o fideos ar YouTube yn gallu dangos y ffordd i chi. Rhaid ystyried hefyd, ydy e'n ddefnyddiol ac yn cyfrannu at beth rydych chi'n ei wneud yn y wers? Mae defnydd da o dechnoleg yn ychwanegu cymaint at wers, ond mae defnydd gwael dibwrpas yn wastraff.

Cyfarpar mwy traddodiadol: bwrdd gwyn. Oes digon o bennau gyda chi, ac oes digon o inc ynddyn nhw? A chyn defnyddio pen ar fwrdd gwyn, gwell gwirio nad yw e'n *'permanent marker'*!

Yn y pen draw mae eisiau gofyn i chi eich hunan: 'Oes "plan B" gyda fi?' Petai'r wers gyfan yn dibynnu ar weithgaredd bwrdd gwyn rhyngweithiol neu CD/DVD, ydych chi wedi cynllunio rhag ofn bod y dechnoleg yn torri?

Yr ystafell

Ydy'r ystafell yn gyfleus i chi gynnal gwers iaith? Ac os nad yw hi, oes rhywbeth gallech ei wneud er mwyn gwella'r sefyllfa (e.e. symud byrddau/cadeiriau). Ydy pawb yn gallu gweld y bwrdd gwyn (rhyngweithiol)?

Mae hefyd eisiau i chi ystyried faint o le sydd gyda chi i symud o gwmpas yr ystafell er mwyn monitro gweithgareddau neu gynnal sgwrsio grŵp.

4. Dulliau cyflwyno

Rydych chi wedi ystyried 'beth' rydych chi'n ei gyflwyno uchod, ond nawr mae eisiau i chi ystyried 'sut'.

Pa ddulliau cyflwyno? Trafodir dulliau dysgu ym mhennod 1, ond wrth gynllunio'r wers mae eisiau i chi feddwl am ba elfennau o'r dull rydych chi'n ei ddefnyddio rydych chi'n eu cynnwys yn eich camau cyflwyno, e.e. Gwaith pâr/grŵp? Faint o ddrilio? Gwrando a Deall? ac ati.

Mae eisiau ystyried pa dechnegau asesu ar gyfer dysgu rydych chi'n eu cynnwys yn eich gwers a sut rydych chi'n gwahaniaethu ac yn cynnig her i bob dysgwr ar eu lefel gallu.

5. Unrhyw broblemau a ragwelir o flaen llaw?

Wrth gynllunio rydych chi'n penderfynu pa eitemau/patrymau sydd yn rhan o'r wers; mae'n fuddiol ystyried pa bethau gall fynd o chwith. Edrychwch ar gynnwys gramadeg yr uned; pa gwestiynau sydd yn codi? A pha gwestiynau sydd yn debygol o godi gyda'ch dysgwyr? Os ydych chi'n rhagweld unrhyw broblemau, rydych chi'n fwy parod i'w hateb. 'Trying to anticipate pupils' misconceptions and the mistakes they are likely to make helps circumvent potential problems' (Deane 2002: 163)

6. Amseriad y wers

Mae canllawiau llawer o gyrsiau yn cynnig awgrymiadau ynglŷn â faint mae gweithgareddau yn eu cymryd ond mae'n fuddiol cofio geiriau Wringe (1989: 32) wrth gynllunio:

> Though it is important to make clear estimates of the time required by various activities, however, these need to be flexible. There's no point in hurrying on when an activity is proving profitable, or allowing it to drag on once pupils have drawn all possible benefit from it.

Mae'n arfer eithaf cyffredin i baratoi mwy o weithgareddau nag sydd eu heisiau mewn gwers, gan dderbyn ei fod yn well peidio â chyflawni pob gweithgaredd yn hytrach na chyrraedd diwedd eich gweithgareddau â phum/deg munud i'w llenwi. 'If your planned lesson ends early, have some back up activity ready to insert... if your lesson isn't completed as planned, be ready to gracefully end a class on time and, on the next day, pick up where you left off' (Brown 2001: 153).

Serch hynny mae'n bwysig, yn enwedig ar gyrsiau dwys, eich bod chi'n cyflwyno pob eitem ieithyddol sydd gyda chi dan sylw.

7. Defnydd o'r iaith darged

Mae'r dysgwyr yn dod i'r dosbarth i ddysgu'r Gymraeg, ac i rai, am ba reswm bynnag, dyma'r unig gyswllt sydd gyda nhw â'r iaith. Mae'n bwysig felly eich bod chi'n ystyried yn fanwl sut rydych chi'n defnyddio'r iaith darged a sut rydych chi'n annog y dysgwyr i ddefnyddio'r iaith.

B. Cynllunio Gwersi: Cynnwys Cyffredin

Rhestrir isod brif gamau cynllun gwers cyffredin fel y nodwyd gan diwtoriaid y De-Orllewin. Rwyf wedi ychwanegu sylwadau er mwyn ehangu'r drafodaeth ar rai o'r camau. Mae'n bwysig nodi nad yw'n orfodol bod pob cam yn codi ym mhob gwers, ac mae trefn y camau'n amrywio o wers i wers ac o lefel i lefel.

1. Croesawu/Holi hynt a helynt pawb/Y gofrestr – ymateb trwy ddweud rhywbeth yn Gymraeg. Cynnig gwybodaeth am weithgareddau allanol (e.e. bore clonc, Sadwrn Siarad, Y Bont, a.y.y.b.)

Y sesiwn gyntaf mewn unrhyw wers. Dyma le mae'r dysgwyr yn cael cyfle i ddefnyddio a chynnig patrymau y tu hwnt i strwythur ffurfiol y wers. Mae hefyd yn gyfle i diwtoriaid ymestyn eu dysgwyr rhyw ychydig heb eu poeni'n ormodol am gywirdeb. Cyfathrebu sydd yn bwysig yma.

Yn wahanol i amserlen gaeth ysgolion rydyn ni'n derbyn nad yw aelodau dosbarth yn cyrraedd yr un pryd, felly mae'r munudau cyn dechrau'r wers yn gyfle pwysig i drafod/gweithio gydag unigolion: diweddaru eu cynllun dysgu unigol/taith iaith, neu ymateb i gwestiynau

2. Mynd dros y gwaith cartref/Unrhyw broblemau sy'n codi o'r gwaith cartref

Dyma gyfle i weld sut mae'r dysgwyr wedi caffael ar waith yr uned flaenorol. Gallwch ddefnyddio technegau asesu ar gyfer dysgu er mwyn sicrhau bod pawb yn cael cyfle i gyfrannu a chael budd o'r sesiwn.

3. Adolygu'r uned flaenorol

Yn sail i fwrw ymlaen. Yn aml iawn mae cynnwys cyrsiau wedi'i strwythuro fel bod cynnwys uned yn adeiladu ar waith yr uned flaenorol. Mae'n fuddiol i bob dysgwr fod yn gyfarwydd â sail y gwaith cyn symud ymlaen.

4. Cyflwyno'r uned newydd
i. Nod y wers/Amcanion y wers – yn ddwyieithog

Mae'n help mawr i'r dysgwyr wybod beth maen nhw'n ei ddysgu fel eu bod yn gallu paratoi eu hunain yn feddyliol. Ond cyflwyniad dwyieithog? Mae hyn yn dibynnu ar lefel/gallu'r dosbarth. Ar y dechrau, mae ambell air o Saesneg yn gallu bod o gymorth i sicrhau dealltwriaeth (a dyna'r hyn sydd ei angen yn y pen draw) ond wrth gwrs mae angen osgoi'r temtasiwn i gyfieithu popeth air am air. Os yw'r tiwtor yn esbonio popeth yn Gymraeg ac wedyn yn cynnig cyfieithiad llawn i'r Saesneg, mae'n gallu gwastraffu llawer o amser, a hefyd creu sefyllfa lle mae'r dysgwyr yn gwybod bod y Saesneg yn dilyn ac felly'n cau clustiau (ddim yn fwriadol o reidrwydd) i'r Gymraeg.

ii. Cyflwyno/adolygu geirfa'r uned

Mae'r hen arfer o restri geirfa newydd yn rhan o unedau cyrsiau CiO. Os mai nod yr uned yw cyflwyno ac ymarfer patrwm, mae cyflwyno geirfa newydd yr un pryd yn gallu amharu ar y broses. Mae'n ormod dysgu patrwm newydd ar ben ceisio cofio llwyth o eiriau newydd. Erbyn hyn mae rhai cyrsiau (e.e. Cymraeg i'r Teulu) wedi mabwysiadu'r egwyddor o gyflwyno geirfa'r uned wythnos ymlaen llaw. Mae hyn yn rhoi cyfle i'r dysgwyr ddysgu'r eirfa angenrheidiol cyn y wers ac felly yn eu galluogi i ganolbwyntio ar y patrwm dan sylw. Peth bach fyddai mabwysiadu'r egwyddor hon yn eich dysgu ar gyfer pob cwrs.

iii. Cyflwyno patrymau: canllawiau cyffredin

Ceir trafodaeth fanylach ar ddulliau cyflwyno ym mhennod 1, ond hoffwn gyfeirio at egwyddorion a grybwyllir yn rhan o gwrs y cymhwyster cenedlaethol.

Camau gwers:

1. *Adolygu* – *mae cam hwn yn rhoi hyder i'r dysgwyr gan eu bod yn dechrau'r wers gyda gwaith cyfarwydd. Mae hefyd, fel arfer, yn eu paratoi ar gyfer gwaith fydd yn dod yn y wers.*

2. *Cyflwyno/modelu* – *wrth reswm, rhaid cyflwyno iaith darged cyn gallu gwneud gwaith ailadrodd, cyfieithu a disodli arni (dril) a symud ymlaen i'w hymarfer.*

3. *Drilio* – *bydd angen i'r dysgwyr wrando ar yr iaith darged a'i hailadrodd sawl tro cyn iddynt fedru ei defnyddio mewn gwaith parau/grwpiau.*

4. *Ymarfer parau/grwpiau* – *ar ôl drilio, bydd y dysgwyr yn barod i ddechrau defnyddio'r iaith yn annibynnol (h.y. heb ailadrodd ar ôl y tiwtor, a heb arweiniad cyson ganddo). Gan mai trwy ddefnyddio'r iaith ar gyfer cyfathrebu mae meithrin hyder a rhugledd (yn hytrach na thrwy ei hailadrodd yn unig), y cam ymarfer parau/grwpiau ddylai ffurfio asgwrn cefn gwers.*

5. *Asesu anffurfiol/crynhoi* – *mae crynhoi'r iaith darged ar ddiwedd y wers yn sicrhau bod y dysgwyr yn gadael y dosbarth â'r iaith darged yn glir yn eu cof.*
    (Dyfyniad o safle 'blackboard' y Cymhwyster Cenedlaethol, Prifysgol Caerdydd)

Mae'n gymorth cofio fod Smalley a Morris (1993: 43–4) yn cynnig canllaw ar gyfer cyflwyno cynnwys ieithyddol gwers:

As a rough and ready guide it is no bad thing to recall the mnemonic which states that in every lesson there must be the following four elements.

Something old (i.e. revision of past work)

Something new (i.e. presentation of new work)

Something for fun (i.e. song, game, role-play)

Something to do (e.g. written work, pair work, oral presentation)

5. Egwyl – siarad yn Gymraeg

Yn gyntaf mae angen i chi fel tiwtor (yn dilyn cyfarwyddyd eich Canolfan) benderfynu a oes angen egwyl. Mae storïau am diwtoriaid ar lefel Mynediad yn esgusodi eu hunain o egwyl/dysglaid er mwyn osgoi sefydlu'r arfer o gymysgu gyda'r dysgwyr gan wybod nad oes digon o iaith ganddyn nhw er mwyn sgwrsio yn y Gymraeg. Mae technegau/strategaethau ar gael er mwyn hybu'r defnydd o'r Gymraeg yn ystod egwyl, er enghraifft gemau adolygu geirfa, holiaduron, tiwtor yn gosod testun sgwrsio a.y.y.b. Cwestiwn arall wrth gwrs yw: a oes rhaid i'r dysgwyr gadw at y Gymraeg yn ystod egwyl? Mae dosbarth dwy awr yn hir i rai ac weithiau mae oedolion angen 'switsho i ffwrdd' am ryw ychydig er mwyn cael saib. Fel tiwtor rydych chi'n dod i adnabod eich dysgwyr yn ystod y cwrs, byddwch chi'n dod i adnabod eu hanghenion a phryd i'w hannog i sgwrsio a phryd mae angen saib arnyn nhw.

6. Cadw gweithgareddau wrth gefn

Wrth gynnal sesiwn gwaith pâr/gwaith grŵp, oni bai bod eich amseru'n berffaith mae'n anorfod bod rhai'n gorffen tra bo'r gweddill yn parhau gyda'r gweithgaredd. Mae'n fuddiol iawn cadw stoc o weithgareddau byr, gemau iaith ac ati er mwyn osgoi'r cyfle iddyn nhw ymarfer eu Saesneg trwy drafod *Eastenders*, pêl-droed neu beth bynnag.

7. Sicrhau bod pawb yn weithredol

Mae'r wers i bawb, ac mae'n hanfodol i bawb gymryd rhan. Wrth gynllunio'n ofalus, gallwch chi sicrhau bod eich dysgu yn cynnig cyfle teg i bawb gyfrannu.

8. Cyflwyno gwaith cartref

Dyma le mae'r dysgwyr yn gyfrifol am eu dysgu eu hunain. Nid yw'n ymarferol bosib i ddysgu iaith mewn gwersi wythnosol heb y gwaith cadarnhau y tu fas i'r dosbarth. I raddau, dyma le mae'r gwaith dysgu go iawn yn digwydd. Os nad yw'r dysgwr yn atgoffa ei hunan o'r gwaith, hawdd iawn yw anghofio. Mae gwaith cartref yn cadarnhau patrymau/geirfa, mae'n cynnig cyfle i'r tiwtor fonitro cynnydd y dysgwyr, ac mae'n sicrhau rhagor o oriau cyswllt â'r iaith. Yng ngeiriau Smalley a Morris (1993: 46), 'an essential part of the lesson because it is in fact an extension of the lesson'.

9. Sicrhau ein bod ni'n asesu'n barhaus

Er mwyn sicrhau dysgu effeithiol, mae eisiau i chi fel tiwtor wybod sut mae eich dysgwyr yn deall y gwaith dan sylw. Ydyn nhw'n deall y patrymau? Ydyn nhw'n cofio'r gwaith blaenorol? Ac ydyn nhw'n datblygu a defnyddio'r iaith fel rydych chi'n gobeithio?

10. Crynodeb/crynhoi'r wers ar y diwedd

Peidiwch colli'r cyfle i amlinellu gwaith y wers ar y diwedd er mwyn sicrhau bod y dysgwyr yn gadael y dosbarth yn hyderus gyda'r wybodaeth o beth maen nhw newydd ei ddysgu.

Hoffwn i ychwanegu un cam arall nas crybwyllwyd yn y gweithdy, sef **hunanwerthuso.** Dywed Wringe:

> Like formal lesson planning there is a tendency to regard self-evaluation and record keeping... as something appropriate to students in initial training only... Arguably the very least teachers ought to do... is to make a brief dated note of how the lesson has been spent, as a point of reference for future planning and assessment. The likely alternative to such a critical review is to blunder and fudge one's way through the same imperfect performance time after time.
>
> Wringe (1989: 39–40)

Mae eisiau i ni tiwtoriaid fod yn onest gyda ni ein hunain ond does dim rhaid i'r broses fod yn un negyddol. Os aiff pethau'n dda mae'n werth nodi pam, fel ein bod ni'n gallu ail-greu'r gweithgaredd yn llwyddiannus yn y dyfodol. Ond os nad oedd y gweithgaredd wedi llwydo cystal mae'n fuddiol ystyried paham, fel bod modd gwella erbyn y tro nesaf i chi gyflwyno'r gweithgaredd. Dywed Deane:

> It is crucial that after each lesson, the teacher reflects on the learning that has happened in the lesson and on the effectiveness of the teaching... the positive points must figure as prominently as areas for improvement so that they can be built upon.
>
> Deane (2002: 164)

Mae'n bosib cynnal yr un gweithgaredd gyda dau grŵp gwahanol a chael ymateb cwbl groes i'w gilydd. Edrychwch ar sut gwnaethoch chi gyflwyno a gweld a oedd unrhywbeth yn wahanol. Serch hynny, rhaid derbyn weithiau bod pethau yn digwydd am resymau y tu hwnt i'ch rheolaeth. Ond yn y pen draw, fel mae Wringe yn ei nodi, mae hunanwerthuso ar ddiwedd gwers yn fuddiol i bob tiwtor, ac nid i fyfyrwyr yn unig.

Perthynas cynllunio a dysgu

> *As a general rule: Prepare thoroughly. But in class, teach the learners, not the plan.*
>
> Scrivener (2005: 123)

Unwaith rydych chi wedi cynllunio'ch gwers, mae angen bod yn hyblyg wrth ei chyflwyno. Bydd yn rhaid ymaddasu os bydd angen. 'Dylai'r ffocws bob amser fod ar y dysgu a'r cynnydd y mae disgyblion unigol yn ei wneud, a rhaid gallu addasu unrhyw gynllun i ymateb i anghenion grwpiau gwahanol o ddysgwyr' (Keane 2012).

Mae cynllunio yn chwarae rhan bwysig wrth geisio rhagweld y potensial i grwydro. 'The lesson needs to be rehearsed through the eyes of a pupil. Will everything be as simple/difficult as imagined?' (Deane: 163)

Ond yn y pen draw, mae ymateb y dysgwyr yn effeithio ar sut rydych chi'n cyflwyno'ch gwers. Weithiau mae pethau'n digwydd yn y dosbarth sydd yn eich tynnu chi oddi ar eich cynllun. Weithiau mae angen mynd dros eitem ieithyddol ychwanegol, cynnig esboniad manwl, neu efallai gadael i sgwrs fynd yn ei blaen oherwydd ei bod yn cynnig cyfle i'r dysgwyr ddefnyddio'r iaith ymhell tu hwnt i beth roeddech chi'n ei ddisgwyl. Beth bynnag sydd yn digwydd, mae angen hyblygrwydd i fynd '*off-piste*'.

Mae Hunt (1999) yn disgrifio'r broses cynllunio gwersi fel taith mewn car: 'On the way, you might have to change direction because of roadworks, accidents or heavy traffic – or perhaps because another road looks more attractive and enticing.'

Noda Harmer (2007: 364) sut mae hyn yn gallu effeithio ar ddatblygiad y dysgwr: 'If we predetermine what is going to happen before it has taken place, we may be in danger not only of missing what is right in front of us but, more importantly, we may also be closing avenues of possible evolution and development.'

Yn syml iawn, fel dywed Scrivener uchod, rydych chi'n dysgu'r dysgwyr, nid y cynllun. Y bobl sydd o'ch blaenau chi a'u hymateb nhw i'r wers yw'r flaenoriaeth.

Felly mae'r cynllun ysgrifenedig da i fod yn gymorth i chi ddysgu; nid yw'n sgript i chi ei ddilyn gair am air. Wrth gyflwyno rydych chi'n asesu sefyllfa'r dosbarth yn barhaus ac yn ymwybodol o'r cyfeiriadau gwahanol mae'r wers yn gallu eu dilyn, 'What we take into the lesson, in other words, is a proposal for action, rather than a lesson blueprint to be followed slavishly... Classrooms are dynamic environments.' (Harmer 2007: 364)

I gloi

Wrth fynd trwy'r bennod hon rwy'n gobeithio eich bod chi wedi cael eich ysgogi i feddwl ychydig am sut rydych chi'n paratoi eich gwersi. Mae'n bosib iawn bod llawer iawn o hyn yn gyfarwydd iawn i chi eisoes, wedi'r cyfan, geiriau tiwtoriaid profiadol Cymraeg i Oedolion sydd yma. Ond hyd yn oed i'r tiwtoriaid mwyaf profiadol weithiau mae'n fuddiol mynd dros bethau yn eich meddyliau unwaith yn rhagor. I orffen, hoffwn ddiolch i diwtoriaid Canolfan

Cymraeg i Oedolion y De-Orllewin am eu caniatâd i ddefnyddio ffrwyth eu gwaith nhw yn y bennod hon. Nhw sydd wedi creu asgwrn cefn y bennod.

Llyfryddiaeth

H. D. Brown, *Teaching by Principles: An Interactive Approach to Language Pedagogy* (Efrog Newydd: Longman,2001).

M. Deane, 'Planning MFL Learning', yn A. Swarbrick (gol.), *Aspects of Teaching Secondary Modern Foreign Languages: Perspectives on Practice* (Milton Keynes: Y Brifysgol Agored (2002), tt. 147–65.

A. Keane (Prif Arolygydd Ei Mawrhydi dros Addysg a Hyfforddiant yng Nghymru, 2012) 'Newyddion Estyn' (Cylchgrawn ar lein: Tachwedd 2012). http://www.estyn.gov.uk/cymraeg/newyddion/taflenni-newyddion/ Neges-oddi-wrth-y-Prif-Arolygydd [Cyrchwyd 14 Rhagfyr 2014]

J. Harmer, *The Practice of English Language Teaching*, 4ydd argraffiad (Harlow: Pearson Longman 2007).

R. Hunt, 'Lesson Planning', *English Teaching Professional*, 10 (1998).

G. W. Jones, *Agweddau ar Ddysgu Iaith* (Llangefni: Canolfan Astudiaethau Iaith, 1993).

E. Meek, *Cwrs Mynediad: Canllawiau i Diwtoriaid* (Caerdydd: CBAC, 2005).

P. Schellekens, *The Oxford ESOL Handbook.* (Rhydychen: Gwasg Prifysgol Rhydychen, 2007).

J. Scrivener, J., *Learning Teaching: a Guidebook for English Language Teachers*, 2il argraffiad (Macmillan Books for Teachers, 2005).

A. Smalley a D. Morris, *The Modern Language Teacher's Handbook* (Cheltenham: Stanley Thornes, 1993).

C. Wringe, *The Effective Teaching of Modern Languages* (Llundain: Longman, 1989).

Y Wers Gyntaf
Geraint Wilson-Price

Heb amheuaeth, y wers gyntaf yw'r wers bwysicaf – nid yn unig i'r tiwtor, ond i'r dysgwyr hefyd. Hwn fel arfer yw'r cyfle cyntaf i'r tiwtor gwrdd â'r dosbarth newydd a chreu argraff dda arnynt, a dangos iddynt eu bod i gyd ar ddechrau'r llwybr a fydd yn arwain at lwyddo i ddysgu siarad Cymraeg. Mae'n bwysig *pwysleisio* eich bod chi'n swnio'n bositif o'r cychwyn cyntaf. Eu nod yw dysgu Cymraeg a'ch neges chi iddynt yw byddant yn llwyddo!

Mae'n bosibl yr ymddengys llawer iawn o'r hyn y sonnir amdano yn y bennod hon yn ddim byd mwy na synnwyr cyffredin. Ond wedi dweud hyn, mae'r sylfeini hyn yn holl bwysig i lwyddiant y dysgu. Yn aml iawn gellir olrhain methiant tymor hir gyda'r dysgu i ddiffyg sylw i nifer o bethau sylfaenol ar ddechrau'r cwrs. Gobeithir tynnu sylw at y sylfeini hyn yn y bennod hon a dangos eu pwysigrwydd, nid yn unig yn y wers gyntaf ond ar hyd y cyfnod dysgu.

Felly, er bod teitl y bennod hon yn cyfeirio at y wers gyntaf oll, mae'r ystyriaethau y cyfeirir atynt yn y bennod yn ddilys am yr holl amser a dreulir yn yr ystafell ddosbarth. Ac oherwydd hyn rhaid eu cadw mewn cof yn ystod yr holl gyfnod dysgu. Yn gyntaf oll, rhaid cofio ei bod yn bwysig ennill cefnogaeth y dysgwyr. Hynny yw, er bod y rhan fwyaf o'r dysgwyr yn mynychu cwrs o'u gwirfodd, mae nifer gynyddol erbyn hyn yn dysgu oherwydd eu gwaith. Ac er eu bod, efallai, eisiau dysgu Cymraeg, gellid tybio bod rhai yn teimlo dan rywfaint o bwysau gan eu penaethiaid i'w dysgu, er mwyn cyflawni dyletswyddau ychwanegol yn Gymraeg. Digon hawdd yw hi felly i rai unigolion beidio â rhoi'r ymdrech angenrheidiol sydd ei hangen i gael y gorau o'r dosbarth.

Hyd yn oed gyda'r rheiny sydd yn mynychu dosbarth yn gwbl wirfoddol, mae'n angenrheidiol bod y tiwtor yn ennill eu cefnogaeth i'r broses ddysgu. Os nad yw'r dysgwyr yn hapus mae'n ddigon naturiol iddynt bleidleisio gyda'u traed a rhoi'r gorau i'r dysgu.

Mae rhaid i'r tiwtor allu dangos yn glir ei fod yn llwyr gredu y gall y dosbarth lwyddo i feistroli'r Gymraeg a'i fod yn mynd i gefnogi'r dysgwyr gant y cant yn ystod y cwrs. Mae uniaethu â'r dysgwyr yn eu proses ddysgu mor bwysig.

Brwdfrydedd

Os dychmygwch fod dosbarth ar eu mwyaf brwd ar ddechrau cwrs, nid oes dim byd mwy diflas i ddosbarth na wynebu tiwtor heb lawer o frwdfrydedd neu ddim brwdfrydedd o gwbl. Mae dysgwyr ar ddechrau cwrs, er eu bod yn awyddus i ddysgu, yn debyg iawn o fod yn teimlo'n ofnus, neu o leiaf yn nerfus. Pwy a ŵyr pa brofiadau gwael y maent wedi'u cael o'r byd dysgu a hefyd, efallai, profiadau diflas wrth ddysgu'r Gymraeg yn yr ysgol? Mae'n hynod bwysig felly i'r tiwtor fod yn gwbl frwdfrydig am ei waith. Mae gweld a chlywed tiwtor sy'n frwd am ei waith yn helpu i greu awyrgylch brwd yn y dosbarth, yn ogystal â chodi calonnau pan mae'r dosbarth yn teimlo'n isel ynglŷn â'r dysgu, rhywbeth sy'n debyg iawn o ddigwydd o dro i dro. Mae brwdfrydedd yn heintus ac, wrth reswm, mae tiwtor brwd yn creu dosbarth brwd.

Bywiogrwydd

Yn naturiol, mae bywiogrwydd yn gysylltiedig yn agos iawn â brwdfrydedd. Ond yr hyn a olygir wrth ddefnyddio'r term dysgu bywiog yw tiwtor nad yw'n gadael i bethau fynd yn undonog. Hynny yw, mae tiwtor bywiog yn sylweddoli nad yw dosbarth yn mynd i fodloni ar wneud yr un hen ymarferion a gweithgareddau trwy'r amser.

Wrth gwrs, mae'n naturiol bod llawer o weithgareddau iaith yn mynd i fod yn debyg i'w gilydd gan fod angen yr elfen o ailadrodd patrymau a geirfa. Ond cyfrinach tiwtor bywiog yw'r gallu i ddefnyddio amrywiaeth o weithgareddau i gynorthwyo'r dysgu. Mae amrywiaeth o weithgareddau a dulliau dysgu'n cadw'r dosbarth rhag teimlo bod pethau'n undonog. Mae tiwtor da yn defnyddio amrywiaeth eang o weithgareddau yn ystod y cyfnod dysgu. Ac er bod natur llawer o weithgareddau'n debyg, mae'r tiwtor yn gofalu i'w gwneud rhywfaint yn wahanol er eu bod yn ymarfer yr un patrwm yn y bôn.

Yn ogystal, gellir dweud bod tiwtor bywiog yn gwybod sut i reoli cyflymdra'r dysgu. Mae'n gwybod pryd i arafu a phryd i gyflymu pethau. Mae'n ymwybodol o allu ac anghenion y dosbarth wrth iddynt symud ymlaen. Peth pwysig i diwtor ei gofio yw pryd i symud ymlaen a phryd i oedi rhywfaint am esboniad neu eglurhad. Wrth gynnig esboniad neu eglurhad gramadegol dylai fod yn ymwybodol o gyfyngiadau'r dysgwyr o ran gallu a gwybodaeth ramadegol rhag cymhlethu pethau'n ormodol. Nid yw'n angenrheidiol neu'n ddymunol i diwtor geisio esbonio pob dim yn ramadegol. Dylid cofio nad yw'r mwyafrif mawr o'r boblogaeth bellach yn hyddysg yng ngramadeg dysgu ieithoedd.

Mae bywiogrwydd tiwtor hefyd yn cael ei adlewyrchu yn y ffordd mae'r dosbarth yn symud o amgylch yr ystafell ddysgu. Nid yw'n bodloni ar adael i'r dosbarth aros yn eu seddau gan weithio gyda'r un partneriaid. Mae am weld aelodau'r dosbarth yn codi, cerdded o gwmpas a siarad â'i gilydd. Wrth wneud hyn, mae'r dysgwyr yn eu tro yn dod yn llawer mwy effro. Os gwneir hyn o'r wers gyntaf oll, bydd y dysgwyr yn llawer mwy parod i siarad â'i gilydd gan eu bod yn nabod ei gilydd gymaint yn well wrth symud o gwmpas. Mae'n haws o lawer i diwtor drefnu gweithgareddau gwaith pâr a gwaith grŵp os yw'r dysgwyr yn gyfarwydd â symud o gwmpas. Wrth reswm, os disgwylir i'r dosbarth symud, yn yr un ffordd ni ddisgwylir i'r tiwtor aros yn yr un man ond yn hytrach bod ar ei draed neu'n symudol cymaint ag sy'n bosibl yn ystod y wers. Os yw'r tiwtor yn fywiog wrth natur, mae'n debyg iawn y bydd y dosbarth yn fodlon bod yn un sydd am symud, newid partneriaid a bod, ar y cyfan, yn fywiog wrth ddysgu.

Cydeimdeimlad

Sonnir uchod am ennill hyder y dosbarth er mwyn iddynt allu credu ynoch fel tiwtor fydd yn eu harwain ar y llwybr tuag at fod yn siaradwyr rhugl. Dylent deimlo eu bod yn cael eu tywys yn ofalus gan y tiwtor. Mae'n bwysig eu bod yn teimlo bod y tiwtor yn cydymdeimlo â nhw wrth iddynt wneud ymdrechion mawr i feistroli'r Gymraeg.

Mae'n hanfodol bod y dysgwyr yn cael cydymdeimlad gan diwtor a bod eu hymdrechion yn cael eu gwerthfawrogi. Maent yn ymdrechu i ddysgu iaith nad yw'n debyg o bell ffordd i'r Ffrangeg na'r Almaeneg a ddysgwyd o bosibl ganddynt yn yr ysgol. Yn yr un modd gwahanol iawn ar y cyfan yw dulliau dysgu maes Cymraeg i Oedolion a byddai o werth i diwtor bwysleisio hyn.

Mae'n bosibl tynnu sylw'r dysgwyr at y ffaith bod y tiwtor ei hunan yn ymwybodol bod rhai cystrawennau'n fwy anodd na'i gilydd a'i fod yn cydymdeimlo â'r dysgwyr oherwydd hyn. Bydd y tiwtor yn gwybod pa mor bwysig yw dysgu rhywbeth cyn bwrw ymlaen at bethau eraill, a gall benderfynu ar faint o amser y dylid ei dreulio yn ymdrin â chystrawennau penodol sy'n achosi problemau. Dylai'r tiwtor gydnabod wrth y dosbarth bod rhywbeth yn anodd. Wrth wneud hyn, mae'r dosbarth yn sylweddoli nad eu hanwybodaeth na'u harafwch meddwl sydd ar fai ond bod hyn oll yn rhan o'r broses ddysgu.

Yn ogystal â chydymdeimlo â'r dosbarth ynglŷn â phroblemau penodol, mae'n bwysig bod y tiwtor yn gallu canmol ymdrechion pawb; hyd yn oed os nad yw'r ateb yn gwbl gywir, dylid canmol yr ymdrech a wneir. Rhaid gwneud defnydd helaeth o ymadroddion fel y canlyn: 'Da iawn', 'Iawn', 'Dim ots' ac, efallai'r un gorau, 'Peidiwch â phoeni'! Nid i'r fath raddau eu bod yn dod yn ddi-ystyr, ond bod y dosbarth yn teimlo bod eu hymdrechion yn haeddu canmol. Byddai'n well byth i'r dysgwyr petai'r tiwtor yn gallu cynnig sylwadau a fyddai'n rhoi cyfle iddynt ateb yn fwy cywir neu'n eu gwahodd i ehangu ar eu hatebion cyntaf. Gan ddefnyddio ychydig o anogaeth neu gynnig rhan o'r ateb, mae'n bosibl i'r tiwtor gael llawer mwy o'r dysgwyr a chodi hyder yr un pryd, yn enwedig gan y rhai sy'n ei chael yn anoddach. Mae'r tiwtor yno i dywys y dysgwyr ar hyd llwybr caregog a dylai'r dysgwyr allu teimlo bod y tiwtor nid yn unig yn eu harwain, ond mae ei fod gyda nhw ar hyd y daith, yn cynnig cymorth ac anogaeth pan fo angen. Mae'r rôl 'fugeiliol' hon i waith y tiwtor yn gwbl hanfodol. Gellir, hyd yn oed, edrych ar y dysgu fel 'partneriaeth', gyda'r naill bartner yn helpu'r llall i gyrraedd y nod. Dim ond gyda chydweithrediad pawb mae'n bosibl ei gyrraedd.

Personoliaeth y tiwtor

Yn ystod holl gyfnod y dysgu mae personoliaeth y tiwtor yn

allweddol. Ar ddechrau cwrs nid yw'r tiwtor fel arfer yn adnabod y dysgwyr ac, wrth reswm, mae'n cymryd amser i ddod i adnabod y dosbarth fel unigolion.

Wrth ddod i adnabod y dysgwyr, mae'n naturiol i diwtor 'chwarae'n saff' i ryw raddau. Mae rhyw faint o bellter naturiol yn mynd i fod rhwng y tiwtor a'r dosbarth ac yn ddigon teg mae'r dysgwyr, wrth gofio'u dyddiau ysgol, yn debyg o deimlo'r pellter hwnnw'n fwy. Ni ddylid disgwyl cau'r bwlch naturiol hwn yn gyfan gwbl, gan fod y tiwtor â rôl benodol o arwain a dysgu'r dosbarth ac, er mwyn cyflawni hyn yn dda, mae angen y bwlch naturiol. Afraid dweud mai'r tiwtor yw'r bos yn yr ystafell ddosbarth!

Heb os mae tiwtor yn gallu dylanwadu ar y dysgu gyda'i bersonoliaeth. Mae'n anodd iawn, wrth reswm, ddisgrifio personoliaeth y tiwtor delfrydol. Ond efallai mae'n werth nodi rhai pethau i'w hystyried wrth sôn am bersonoliaeth ac ymddygiad tiwtor wrth ei waith:

1. Mae gwenu'n bwysig iawn, yn enwedig yn y wers gyntaf wrth gwrdd â dysgwyr am y tro cyntaf.
2. Mae chwerthin yn helpu i greu awyrgylch dysgu ymlacio braf.
3. Dylid trin y dysgwyr fel oedolion aeddfed ac nid fel disgyblion ysgol.
4. Os yw tiwtor yn gyfeillgar, nid yw hynny o angenrheidrwydd yn amharu ar y dysgu.
5. Mae'n bosibl bod yn gyfeillgar ac yn dal i fod yn sicr o'ch lle fel tiwtor/arweinydd i'r dosbarth.
6. Nid yw chwerthin yn golygu nad oes dysgu'n digwydd.
7. Mae canmol ymdrechion yn codi hyder.
8. Rhaid bod yn ofalus gyda hiwmor ond os defnyddir hiwmor yn dda, gall fod o gymorth mawr i'r dysgu.
9. Nid yw bywiogrwydd yn golygu y dylai'r tiwtor wneud y siarad i gyd. Mae'n werth i diwtor ofyn i'w hunan ar ddiwedd y wers: 'Pwy siaradodd fwyaf yn y wers – fi neu'r dysgwyr?'
10. Er bod cydymdeimlad a chefnogaeth i'ch dysgwr yn eich rôl fel tiwtor yn bwysig – cofiwch mai chi'r yw'r bos!

Mae'r ystyriaeth ynglŷn â hiwmor yn un ddiddorol. Mae rhaid wrth hiwmor a chwerthin mewn dosbarth. Ond pan sonnir am chwerthin, mae rhaid bod yn ofalus. Dim ond trwy ddod i adnabod eich dosbarth yn dda iawn y byddwch chi'n gwybod pa fath o hiwmor i'w ddefnyddio yn yr ystafell ddosbarth. Yn aml dywedir nad yw'n dderbyniol chwerthin am ben rhywun sy'n gwneud camgymeriad, ac ar yr olwg gyntaf mae hon yn rheol y dylid ei pharchu. Nid yw chwerthin yn gas ar neb yn dderbyniol. Ond mae chwerthin yn rhywbeth angenrheidiol yn yr ystafell ddosbarth. Gall dosbarth chwerthin am ben y tiwtor, wrth gwrs, wrth iddo wneud camgymeriad. Ond yn amlach na pheidio mae gan dosbarth 'gymeriadau', efallai un sy'n gwneud yr un camgymeriad dro ar ôl tro, a hwnnw'n un 'dwl'. Mae'r camgymeriad hwnnw'n dod yn rhyw fath o jôc y dosbarth ac mae pawb yn chwerthin am hynny. Nid chwerthin am ben unigolyn a wneir yma ond chwerthin gyda'i gilydd am ben y camgymeriad. Y peth pwysicaf yw bod pawb yn gwybod nad oes unrhyw beth cas am y chwerthin hwn. Yn anad dim, mae angen i chi adnabod eich dosbarth yn dda er mwyn defnyddio hiwmor yn effeithiol ac yn llwyddiannus.

Mae hyn i gyd yn cyfrannu at 'hwyl' cyffredinol y dosbarth. Ac os oes un peth sy'n gwbl angenrheidiol mewn dosbarth, 'hwyl' yw honno. Heb yr 'hwyl' angenrheidiol mae'r dysgu'n gallu troi'n ddiflas yn gyflym. Pe gofynnid i unrhyw ddosbarth llwyddiannus ddisgrifio'u gwersi, heb amheuaeth 'hwyl' fyddai'n un o'r geiriau amlycaf i ddisgrifio'r dosbarth. Mae rhaid wrth 'hwyl'. Os oes 'hwyl' yn y dosbarth, mae'r dysgwyr yn mwynhau, ac os ydynt yn mwynhau, mae'r dysgu'n dod yn haws o lawer i bawb.

Awyrgylch Cymraeg ac ymestyn defnydd o'r Gymraeg

Afraid dweud erbyn hyn mai dysgu *siarad* Cymraeg yw prif nod pob cwrs Cymraeg i oedolion. Ac mae angen sicrhau bod eich dysgwyr yn gwybod hyn hefyd o'r cychwyn cyntaf a'ch bod chi'n mynnu defnydd o'r Gymraeg gymaint ag sy'n bosibl gan bawb. Mae'n syndod faint o ddysgwyr sy'n ymdrechu i osgoi siarad gan godi ysgyfarnog trwy ofyn cwestiynau di-rif yn Saesneg *am* yr iaith yn hytrach na dysgu siarad yr iaith ei hunan. Dylai'r tiwtor sylweddoli hefyd bod y tueddiad hwn i osgoi siarad sydd gan rai dysgwyr i ddilyn eu hagenda bersonol eu hunain yn amharu'n wael ar y dysgu i weddill y dosbarth. Mae gan y tiwtor rôl bwysig yma i wneud yn siŵr bod holl bwyslais y dysgu yn yr ystafell ddosbarth ar *siarad* Cymraeg.

I'r perwyl hwn, rhaid sicrhau y crëir awyrgylch Cymraeg yn y dosbarth o'r cychwyn cyntaf. Dylid pwysleisio'n gryf (ac yn ddiplomataidd!) o'r dechrau mai Cymraeg yw prif iaith, os nad unig iaith, yr ystafell ddosbarth, ac yn ogystal â hyn disgwylir i'r dosbarth geisio defnyddio'r hyn sydd ganddynt y tu allan i'r dosbarth. Dylent sylweddoli nad iaith yr ystafell ddosbarth yn unig yw'r Gymraeg ond yn rhywbeth y dylid ei ymarfer a'i ddefnyddio gymaint â phosibl.

Mae gan y tiwtor rôl hynod bwysig bellach ynglŷn ag annog dysgwyr i ddefnyddio'r Gymraeg y tu allan i'r ystafell ddosbarth. Fel rhan o gynyddu oriau cyswllt â'r Gymraeg, dylid gwneud yn siŵr o'r cychwyn bod y dysgwyr yn gwbl ymwybodol o bwysigrwydd defnyddio'r Gymraeg yn allanol. Mae'r rhaglenni o weithgareddau dysgu anffurfiol, fel y'u gelwir, ynghyd â'r cyrsiau atodol fel ysgolion undydd a chyrsiau penwythnos a.y.y.b, yn rhan annatod o'r broses ddysgu. O ddechrau'r cwrs mae'n hanfodol bod y tiwtor yn eu hannog i'w mynychu gan roi pwys mawr ar eu gwerth. Dylid tynnu sylw atynt fel rhywbeth fydd yn eu gwir helpu. Mae mynd i'r fath ddigwyddiadau yn eu cwmni'n fodd o'u hennill i'r syniad gan dderbyn bod swildod a nerfusrwydd yn gallu bod yn broblem. Ond yn aml iawn, unwaith mae'r dysgwyr yn arfer â'r syniad o fynychu digwyddiadau y tu allan i'r ystafell ddosbarth, mae'n bosibl gweld yr hyder yn codi a'u Cymraeg yn datblygu'n dda.

Yn yr un modd dylid tynnu sylw'r dosbarth at y doreth o ddeunyddiau sydd ar gael ar y we i'w defnyddio i gynyddu'r oriau cyswllt â'r Gymraeg y tu allan i'r ystafell ddosbarth. Mae'r cyfeirio at ddeunyddiau allanol a sut maent yn gallu eu helpu yn fodd o geisio sicrhau bod dysgwyr yn cymryd cyfrifoldeb am eu dysgu eu hunain a'u bod nhw ddim yn gwbl ddibynnol ar y tiwtor. Yn ogystal mae defnydd o'r rhwydweithiau cymdeithasol (megis Facebook a Twitter) yn gyfrwng ychwanegol i'r dysgwyr gynyddu eu cyswllt â'r Gymraeg. Yn aml mae tiwtoriaid yn creu tudalen Facebook caeëdig i'r dosbarth sy'n hwyluso'r cyfathrebu rhwng aelodau'r dosbarth. Oherwydd ei natur gaeëdig, mae'r tudalen Facebook yn caniatáu i'r dysgwyr sgwrsio â'i gilydd yn breifat o olwg pawb arall.

I helpu creu awyrgylch Gymraeg yn y dosbarth, mae'n werth dysgu rhai ymadroddion defnyddiol o'r cychwyn cyntaf i'r dosbarth eu defnyddio pan fo angen, e.e.

Beth yw .... **yn Gymraeg?**
Sut dych chi'n dweud .... **yn Gymraeg?**
Beth yw'r gair Cymraeg am .... **?**

Mae'n werth nodi'r rhain ar y bwrdd gwyn yn gynnar iawn yn y cwrs er mwyn sicrhau eu defnydd.

Mae defnydd o gyfarwyddiadau neu esboniadau syml yn ddwyieithog o ddechrau'r cwrs yn cryfhau nod y cwrs. Yn fuan iawn, unwaith mae'r dysgwyr yn dod i ddeall rhywbeth, mae'n bosibl gollwng y cyfieithiad Saesneg.

Nid yw hyn yn golygu bod Saesneg yn mynd i ddiflannu'n gyfan gwbl o'r ystafell ddosbarth. Mae ei hamlygrwydd yn dibynnu'n fawr iawn ar ddwyster y cwrs. Ar rai cyrsiau, nodir pryd yn union y dylid peidio â defnyddio Saesneg yn yr ystafell ddosbarth. Ond wedi dweud hyn, rhaid bod yn ymarferol (ac yn ddiplomataidd!). Os oes angen defnyddio Saesneg at ryw bwrpas, mae rhaid. Ond dylai tiwtor cydwybodol geisio sicrhau mai'r Gymraeg yw prif iaith y dosbarth. Mae'n haws o lawer gollwng defnydd o'r Saesneg na chynyddu defnydd o'r Gymraeg yn nes ymlaen yn ystod y cwrs.

Nid oes rhaid cadw'r Gymraeg allan o'r egwyl. Er bod angen rhyw fath o orffwys rhag y dysgu ffurfiol, mae'n werth peidio â chau'r Gymraeg allan o'r egwyl yn gyfan gwbl. Wrth reswm, mae angen i'r dosbarth allu ymlacio rhywfaint, ond mae cyfle i'r dysgwyr barhau â defnyddio'u Cymraeg trwy ddefnyddio holiadur bach, gêm grid, cardiau fflach a.y.y.b. Hynny yw, nid yw'r dosbarth yn cael cyfle i anghofio neu golli cysylltiad â'r Gymraeg am gyfnod rhy hir. Mae hyn hefyd yn cadarnhau pwysigrwydd statws y Gymraeg yn y dosbarth; nid rhywbeth a gysylltir â dysgu ffurfiol yn unig ydyw ond cyfrwng naturiol i'w ddefnyddio ym mhob rhan o fywyd. Eto i gyd, dim ond trwy ddod i adnabod dosbarth mae tiwtor yn dod i wybod am y ffyrdd gorau i sicrhau bod y dysgwyr yn defnyddio'r Gymraeg y tu allan i'r dysgu ffurfiol.

Wrth i'r dysgu fynd yn ei flaen, byddwch chi'n dod i adnabod eich dosbarth a dysgu sut y gellir siarad â nhw gan ddefnyddio'r Gymraeg sydd ganddynt. Ar y naill law, nid oes pwrpas bod yn oruchelgeisiol trwy ddefnyddio gormod o Gymraeg wrth esbonio gemau a gweithgareddau cymhleth (os oes angen gormod o esbonio, efallai dylid edrych eto ar werth y gweithgaredd) ond ar y llaw arall, mae'n hanfodol bwysig bod y dosbarth yn arfer â chlywed tiwtor yn siarad Cymraeg wrth esbonio a sgwrsio gymaint ag sy'n ymarferol. Ond cofier mai chi sy'n adnabod eich dosbarth orau.

Trefniadaeth y dosbarth

Wrth baratoi am y wers ei hunan, dylid rhoi sylw hefyd i nifer o bethau ymarferol a all ddylanwadu ar y dysgu yn yr ystafell ddosbarth.

Mae'n bosibl creu awyrgylch dysgu braf trwy wneud nifer o bethau ymarferol i'r ystafell ddosbarth. Yn bur aml defnyddir ystafelloedd dysgu mewn ysgolion lle cynhelir y dosbarth yn yr 'ystafell Gymraeg'. Mwy na thebyg mae posteri, lluniau, taflenni â gwybodaeth ar y waliau – mae hyn i gyd oll yn helpu i greu naws Gymraeg. Os nad oes pethau tebyg yno'n barod, gellir dod â nhw i'r ystafell ddosbarth ar gyfer y gwersi er mwyn creu naws Gymraeg.

Mae rhaid bod yn ymwybodol o beryglon ffurfioldeb yr ystafell ddosbarth. Daw llawer o ddysgwyr i'r dosbarth â phrofiadau gwael o'u dyddiau ysgol. Mae ffurfioldeb yr ystafell ddosbarth yn gallu creu awyrgylch o ansicrwydd ymhlith dysgwyr. Digon anodd yw hi i lawer o bobl ennill yr hyder i fentro i'r dosbarth Cymraeg beth bynnag, heb ychwanegu at hyn trwy ffurfioldeb yr ystafell. Cymerwch y trefniadaethau isod:

a)

Dysgwyr yn eistedd mewn rhes
y tu ôl i ddesgiau

tiwtor Mae'r tiwtor hefyd yn eistedd <u>y tu ôl</u> i ddesg

b)

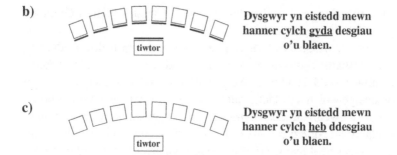

Dysgwyr yn eistedd mewn hanner cylch <u>gyda</u> desgiau o'u blaen.

c)

Dysgwyr yn eistedd mewn hanner cylch <u>heb</u> ddesgiau o'u blaen.

Mae'n debyg y bydd y rhan fwyaf o'r ystafelloedd dysgu wedi'u trefnu ymlaen llaw fel **a)**. Wrth reswm mae'r drefniadaeth hon yn nodweddiadol o'r sefyllfa ddysgu mewn ysgol. Gallai atgofion o ddyddiau ysgol, methiannau o bosib a ffurfioldeb dysgu lifo'n ôl i feddyliau'r dysgwyr; mae hyn yn rhy ffurfiol. Nid oes modd i'r dysgwyr allu symud yn hawdd o amgylch yr ystafell. Mae'r desgiau'n creu rhwystrau rhwng y dosbarth a'r tiwtor a rhwng y dysgwyr a'i gilydd. Mae'r dysgwyr yn teimlo eu bod yn 'ddiogel', hynny yw, maent yn cuddio fel petai y tu ôl i'r desgiau! Gellir dweud, yn yr un modd, mae'r tiwtor yn defnyddio'r ddesg i greu bwlch rhyngddo a'r dysgwyr! Ac wrth gwrs, mae rhai dysgwyr yn cuddio yn y rhes gefn yn bell o olwg y tiwtor!

Mae cynllun **b)** yn welliant o lawer, gan fod y tiwtor yn gallu gweld pawb yn iawn. Mae'r un pellter rhyngddo â phob un yn y dosbarth. Nid oes neb yn cuddio yn y cefn fel yng nghynllun **a)**. Mae'n haws i'r dysgwyr newid lle ond mae'r desgiau'n dal i fod yn rhwystr. Pan ddefnyddir desgiau, mae tuedd gan ddysgwyr i bori'n ormodol yn y llyfrau a phapurau a osodir o'u blaen ar y desgiau. Maent yn tueddu i gadw'u pennau i lawr yn y papurach yn hytrach na chanolbwyntio ar y tiwtor. Mae cynllun **b)** yn rhagori ar **a)** o lawer. Mae **b)** yn well ar gyfer dosbarthiadau uwch lle mae'r pwyslais wedi symud rhywfaint o waith llafar i fwy o waith darllen a deall, gwaith ysgrifenedig a.y.y.b., lle mae mwy o angen rhywbeth o'u blaenau.

Yng nghynllun **c)** mae'r tiwtor unwaith eto o flaen hanner cylch o ddysgwyr ond y gwahaniaeth rhwng cynlluniau **b)** a **c)** yw bod y dysgwyr yng nghynllun **c)** yn eistedd heb ddesgiau o'u blaenau. Gorau oll os ydynt yn gallu canolbwyntio'n llwyr ar yr hyn mae'r tiwtor yn ei wneud neu ei ddweud. Gyda'r cynllun hwn, haws o lawer yw hi i'r dysgwyr symud o amgylch y dosbarth, newid partneriaid, gweithio mewn parau neu grwpiau. Mae hefyd yn lleihau naws ffurfioldeb y dysgu. Mae'r anffurfioldeb hwn yn ychwanegu at y mwynhad wrth gwrs, ac wrth iddynt ymlacio maent yn dysgu'n well.

   Un nodyn pwysig i'w nodi wrth i'r tiwtor feddwl am gynlluniau trefniadaeth y dosbarth yw, unwaith mae cynllun wedi'i ddewis, mae'n anodd iawn darbwyllo dosbarth i newid yn nes ymlaen. Yn aml ceir tiwtoriaid yn mynegi nad yw'u dosbarthiadau'n fodlon ar gynllun tebyg i c) ond pan holir yn bellach, mae'n dod yn amlwg nad cynllun tebyg i c) a ddefnyddid yn y gwersi cyntaf ond yn hytrach cynllun mwy tebyg i a). Nid oes syndod felly bod problemau wedi codi gan fod y dysgwyr wedi dod yn gyfarwydd ag un cynllun – gyda'r drefniadaeth draddodiadol **ac efallai 'diogelwch'** neu ryw fath o le cysur eu cynefin – ac yna ceisiodd y tiwtor newid y cynllun i rywbeth gwahanol iawn i'r hyn mae'r dosbarth wedi arfer ag e. Felly, mae rhaid penderfynu ar gynllun y dosbarth yn ofalus iawn. Gall newid yn nes ymlaen achosi problemau, neu hyd yn oed anniddigrwydd, ymhlith y dysgwyr.

<u>**Gair i gall**</u> - os yw tiwtor am newid cynllun y dosbarth mewn unrhyw ffurf ac, fel y soniwyd uchod, argymhellir cynllun tebyg i c), cofier mai *gofalwr* y ganolfan yw cyfaill gorau pob tiwtor! Os dych chi wedi symud y celfi yn yr ystafell ddosbarth, cofiwch roi popeth yn ôl yn eu priod le. Mae'n werth cadw'ch gofalwr yn gyfaill!

Y Wers gyntaf oll

Mae'r wers gyntaf oll yn agosáu! Yr ydych wedi derbyn yr her ac wedi cytuno i ymgymryd â dysgu Cymraeg i ddosbarth o oedolion am y tro cyntaf erioed. Wrth reswm, yr ydych yn nerfus ond mae rhaid cofio y bydd y dysgwyr hefyd yn nerfus. Gan amlaf nid oes llawer o syniad gan ddysgwyr di-Gymraeg am beth i'w ddisgwyl yn y dosbarth cyntaf. Mae mantais gan y tiwtor – mae'n gwybod yn iawn beth sy'n mynd i ddigwydd.

Heb amheuaeth, ni ellir pwysleisio'n ormodol yr angen am baratoi'n drylwyr, nid yn unig ar gyfer y wers gyntaf oll ond ar gyfer y gwersi i gyd. Nid oes dim byd mwy diflas i ddosbarth na thiwtor sydd heb baratoi'n ddigonol. Bydd hyn yn creu anesmwythder ymhlith y dysgwyr yn ogystal â'r tiwtor yn teimlo'n lletchwith neu heb gyfeiriad yn ei ddysgu. Mae hefyd yn anghwrtais gan fod y dysgwyr yn talu (gan amlaf) a'r tiwtor yn cael ei dalu am y gwaith. Mae angen cyfrifoldeb ac mae rhaid wrth broffesiynoldeb.

Mae gan y rhan fwyaf o gyrsiau Cymraeg i Oedolion gyfarwyddiadau neu ganllawiau manwl ar gyfer tiwtoriaid, sy'n rhoi cyngor ynglŷn â'r cwrs a gwybodaeth am weithgareddau atodol i'w gwneud yn y dosbarth. Yn ogystal â bod cyngor ar gael i'r tiwtor, mae'n hanfodol bwysig bod y dysgwyr hefyd yn cael cyngor ynglŷn â'r cwrs a dysgu Cymraeg yn gyffredinol. Mae 'A Hitch-hiker's Guide to Learning Cymraeg' (gweler yr Atodiad) yn enghraifft wych o'r math o wybodaeth y gellid ei chyflwyno i ddysgwyr ar ddechrau cwrs. Ceir yn hwn gyngor ynglŷn â sut i fynd ati i ddysgu Cymraeg. Gan ei fod wedi'i ysgrifennu mewn arddull digon ysgafn, paratoir y dysgwyr ar gyfer rhywbeth gwahanol iawn i'w profiadau dysgu'r Gymraeg neu ieithoedd eraill yn yr ysgolion. Mae 'A Hitch-hiker's Guide' yn cyfleu'r awyrgylch o 'hwyl' a'r agwedd na ddylid cymryd pethau'n rhy ddifrifol. Argymhellir y dosberthir rhywbeth tebyg i hyn i bob dosbarth ar ddechrau cwrs.

Wrth gwrs, mae rhaid cyrraedd yr ystafell ddosbarth mewn digon o amser i allu gosod trefn yr ystafell a chyfarch aelodau'r cwrs wrth iddynt gyrraedd. Byddai cyfarchiad tebyg i 'Helo, shw mae?' i bob un sy'n cyrraedd y dosbarth nid yn unig yn dangos wyneb cyfeillgar ond yn tanlinellu bwriad y tiwtor i osod pwysigrwydd defnyddio'r Gymraeg o'r cychwyn cyntaf. Nid yw pawb wrth reswm yn mynd i ddeall y cyfarchiad cyn y wers gyntaf, ond mae'n dangos bod y tiwtor am sefydlu'r Gymraeg fel y brif iaith ddysgu yn yr ystafell ddosbarth. Wrth gyfarch, mae angen rhywbeth pwysig dros ben – ie, gwên! Efallai ei bod yn amlwg ond mae'n syndod faint o ddysgwyr sydd wedi tynnu sylw at hyn. Ie, gwenwch, mae'n helpu pawb i ymlacio, gan gynnwys y tiwtor nerfus!

Unwaith mae pawb wedi cyrraedd, mae'n bosibl iawn bod peth gwaith gweinyddol i'w wneud. Mae hyn yn dibynnu i raddau helaeth ar drefniadau gweinyddol lleol. Ond os oes rhaid ei wneud, mae'r amser a dreulir wrth wneud hyn yn gallu helpu i dorri'r iâ rhywfaint. Wedi hyn mae'n amserol iawn ar ddechrau'r cwrs i sôn rhywfaint am ddysgu Cymraeg. Gellir rhoi 'cyngor' (gweler Atodiad 'A Hitch-hiker's Guide') i'r dosbarth ynglŷn â dysgu Cymraeg. Gellir hefyd sôn yn gyffredinol am y cyfleoedd a fydd ar gael i'r dysgwyr ymarfer eu Cymraeg y tu allan i'r dosbarth – yr Ysgolion Undydd, Sadyrnau Siarad, Cyrsiau Penwythnos a'r gweithgareddau dysgu anffurfiol a.y.y.b. (Dylid cyfeirio at y rhain yn gyson yn ystod y cwrs gan bwysleisio bod ymestyn cyswllt â'r Gymraeg trwy wneud y pethau hyn yn angenrheidiol er mwyn llwyddo).

Mae angen sôn ychydig am gynnwys y cwrs ei hunan; dangos y llyfr a'r llyfr gwaith cartref (os ar gael) a sôn am y CDau ar gyfer defnyddio y tu allan i'r dosbarth. Mae'n bwysig dweud wrth y dysgwyr am gyflymdra'r cwrs, dim ond, efallai, i dawelu ofnau. Gellir sôn am y cyfleoedd / penodau adolygu a fydd yn rhoi cyfle i bobl adolygu neu fynd dros rai pethau a fydd yn cymryd mwy o amser. Dylid defnyddio'r cyflwyniad hwn i helpu i greu awyrgylch ymlaciol ac i ddangos i'r dysgwyr eich bod yn mynd i'w cefnogi a'u helpu ar hyd eu taith ar y cwrs er mwyn cyrraedd y nod. Mae angen trosglwyddo neges syml bod dysgu Cymraeg yn bosibl; os daliant ati, fe lwyddant. Nid oes angen bod yn negyddol, ond byddai o werth tynnu sylw at y ffaith y bydd y dosbarth weithiau yn teimlo'n isel ynglŷn â'u dysgu, ac weithiau'n teimlo bod y dysgu'n mynd yn ardderchog. Mae'r teimladau hyn i gyd yn rhan o'r broses ddysgu ac yn bethau i'w disgwyl.

Ymlaen at y dysgu – y wers gyntaf oll

Fel ym mhob gwers, mae angen sicrhau bod y dysgwyr yn gwybod beth yw nod y wers. Pan gyflwynir cystrawen newydd dylid esbonio wrth y dosbarth beth y maent yn mynd i'w ddysgu – rhywbeth tebyg i: **'In this lesson today, we're going to learn how to introduce ourselves and ask someone's name.'**

Yn naturiol, fel yr â'r cwrs yn ei flaen gellir defnyddio mwy o Gymraeg wrth wneud hyn. Ond, mae'n bwysig bod y dysgwyr yn gwybod am yr hyn y maent yn mynd i'w ddysgu a sut y byddant yn gallu defnyddio'r patrwm/cystrawen.

(*Mae'r isod yn un enghraifft yn unig o gyflwyno patrwm/cystrawen ac ni ddylid ei gymryd fel yr unig ffordd o gyflwyno patrwm/ cystrawen*)

Yna, gan sicrhau bod pawb wedi rhoi'u llyfrau o'r neilltu (dylid mynnu hyn pan gyflwynir patrwm newydd fel bod pawb yn canolbwyntio ar y tiwtor yn hytrach na'r gair ysgrifenedig) gofynnwch i'r dosbarth ailadrodd y canlynol:

'Fel côr / As a choir – ailadroddwch / repeat 'Pwy dych chi?'

Dylid gwneud hyn tua 10–15 gwaith, gan geisio sicrhau bod y dysgwyr yn ynganu'n iawn. Mae defnyddio'r dosbarth i gyd i ailadrodd y gystrawen fel côr yn osgoi unrhyw unigolyn rhag teimlo dan anfantais. Mae pawb yn gallu cael digon o ymarfer fel grŵp.

Unwaith mae'r tiwtor yn teimlo bod y dosbarth yn weddol gyfarwydd â **'Pwy dych chi?'** a bod yr ynganiad yn iawn, yna gall y tiwtor fynd ymlaen:

'Nawr unigolion / Now some individuals!'

Mae'r tiwtor yn dweud **'Pwy dych chi?'** ac yn gwahodd (gyda'r llaw ond nid pwyntio bys!) unigolion yn y dosbarth i ailadrodd ar ôl y tiwtor. Ar ôl i aelod o'r dosbarth ddweud **'Pwy dych chi?'**, bydd y tiwtor yn ail-ddweud eto. Ni ddylid tynnu sylw at unrhyw gamynganu neu gamgymeriad gan unigolion eto ond dylid dibynnu ar ailadrodd y tiwtor i ddangos yr ynganiad cywir neu'r fersiwn cywir. Wrth wahodd aelodau o'r dosbarth i ailadrodd y tro hwn, dylid sicrhau y caiff pawb sawl cyfle i siarad a dylid dewis unigolion yma ac acw yn hytrach na mynd o un pen i'r llall, gan fydd pawb wedyn yn gwybod pryd i ddisgwyl eu tro. Mae'r elfen hon o ailadrodd chwim yn cadw pawb ar flaenau'u traed. Ni ddylid gadael i neb dorri ar draws y drilio chwim yma i ofyn cwestiwn.

Yna, wedi i bawb gael cyfle i ddweud **'Pwy dych chi?'** gellir symud ymlaen at y cam nesaf. Unwaith eto, gwahoddir unigolion i ail-ddweud **'Pwy dych chi?'** ond y tro hwn bydd y tiwtor yn dod yn ôl gyda'r cyfieithiad, e.e.

Tiwtor: 'Pwy dych chi?'
Dysgwr: 'Pwy dych chi?'
Tiwtor: 'Pwy dych chi? / Who are you?'

Eto, rhoddir digon o gyfle i bawb ymarfer **'Pwy dych chi?'** ac i glywed ei ystyr.

Yna, mae'r tiwtor yn gofyn i'r dosbarth gyfieithu:

'Cyfieithwch / Translate'
Tiwtor: 'Who are you?'
Dysgwr: 'Pwy dych chi?'
Tiwtor: 'Pwy dych chi?' ac yn y blaen.

Sylwer bod y tiwtor unwaith eto'n ailadrodd ar ôl i'r dysgwr ddweud y patrwm dan sylw. Eto, dylid sicrhau bod pawb yn cael digon o gyfle. Mae rhaid hefyd sicrhau bod y tiwtor yn cadw pethau'n ddigon cyflym – nid yn rhy gyflym, ond bod pethau'n symud yn weddol gyflym. Mae drilio rhy araf yn gallu mynd yn wastraff diflas. Ac wrth gwrs mae cyflymdra a'r holi chwim yma ac acw'n cadw'r dosbarth ar flaenau'u traed!

Erbyn hyn mae'r dosbarth yn gwybod beth yw ystyr **'Pwy dych chi?'** ac wedi cael digon o gyfleoedd (gobeithio) i'w ymarfer. Nawr mae angen bod y dysgwyr yn gallu ateb y cwestiwn. Unwaith eto defnyddir dril i gyflwyno ac ymarfer y gystrawen. Ond cyn hynny, dylid rhoi eglurhad ynglŷn â'r rhan nesaf:

Tiwtor: Mae angen ateb / we need an answer to the question 'Pwy dych chi?' Ask me the question (gan wahodd aelodau'r dosbarth i ofyn **'Pwy dych chi?'**).
Bob tro mae dysgwyr yn gofyn **'Pwy dych chi?'** mae'r tiwtor yn ateb, e.e.
'Geraint dw i'.

Yna ceir tro y dysgwyr gyda'r tiwtor yn gofyn **'Pwy dych chi?'** a'r dosbarth yn ei ateb gan ddefnyddio'r gystrawen '.................. **dw i'.**

Wrth wneud y drilio dylid cadw mewn cof ei bod yn gwbl hanfodol bod y dosbarth yn cael digon o ymarfer, hynny yw, digon o ailadrodd. Digon hawdd yw hi i siaradwr Cymraeg rhugl feddwl bod ailadrodd cystrawen newydd unwaith neu ddwy yn ddigon. Nid yw hyn yn ddigonol. Mae angen yr ailadrodd niferus. Nid yw'n bosibl deddfu ynglŷn â'r nifer angenrheidiol o ailadrodd ond efallai dylid ceisio sicrhau bod pob aelod o'r dosbarth yn cael o leiaf pum cyfle yn ogystal â'r ailadrodd fel corws. Mae hyn, wrth gwrs, yn dibynnu ar faint y dosbarth ond mae'n rhoi rhyw syniad i diwtor newydd. Gorau po fwyaf o fewn rhesymau ymarferol.

Hyd yn hyn mae'r tiwtor wedi bod ym mhob rhan o'r gwaith dysgu, naill ai'n gofyn cwestiwn neu'n ei ateb. Mae rhaid gofalu rhag gormod o'r dysgu athro ganolog hwn. Nawr mae'n bryd i'r dysgwyr gyfathrebu â'i gilydd gan ddefnyddio'r cystrawennau sydd newydd eu cyflwyno ac ateb yn iawn. Gall y tiwtor wneud hyn trwy aelodau'r dosbarth yn gofyn i'w gilydd:

Dysgwr 1: Pwy dych chi?
Dysgwr 2: .... **dw i. Pwy dych chi?**

Ac yn y blaen, fel bod pawb yn cael cyfle i holi ei gilydd.

Gorau oll os yw'r dosbarth yn gallu gwneud hyn wrth gerdded o gwmpas yr ystafell ddosbarth. Fel y nodwyd uchod, mae'r gwaith pâr a gwaith grŵp yn bwysig iawn i ddeinameg y dysgu heb sôn am sicrhau mai'r dysgwyr sy'n siarad fwyaf ac nid y tiwtor. Pwysig hefyd yw nodi y dylai'r tiwtor fod ar ei draed yn gwrando ar bawb ac yn barod i gynnig cymorth pan fo angen.

Wrth gwrs, peth digon syml ac eitha diflas yw gofyn enw rhywun. Nid oes llawer iawn o 'hwyl' i'w chael wrth wneud hyn. Mae llawer mwy o hwyl i'w chael trwy ddefnyddio'r gweithgaredd hwn:

Angen: Lluniau o enwogion (ar gael o bapurau newyddion, cylchgronau a.y.y.b.). Rhaid dod o hyd i luniau 'diddorol'!

Mae pob aelod o'r dosbarth yn derbyn llun. Y tro hwn defnyddir yr un patrwm, ond mae'r dysgwyr yn ateb gan esgus mai nhw yw'r bobl enwog hyn, e.e:

Dysgwr 1: Pwy dych chi?
Dysgwr 2: Gareth Bale dw i! (*mae enwogion eraill ar gael!*)

Fel y gwelwch, mae llawer o hwyl i'w chael wrth chwarae'r gêm hon. Mae'n syml ond mae'n helpu i atgyfnerthu'r patrwm dan sylw. Ac yn y bôn dyna beth sydd ei angen, sef yr ailadrodd cyson ac aml fydd yn helpu i'r dysgwyr gofio'r patrwm. Yn ogystal â hyn, mae'r dysgwyr yn eu gwers gyntaf yn dod i sylweddoli bod y dysgu'n gallu bod yn hwyl.

Yn ystod hyn oll, mae'r tiwtor yn crwydro'r ystafell ddosbarth gan gynnig help pan fo angen ac os yw'n bosibl yn cymryd rhan yn y gweithgaredd. Mae bod yn rhan o weithgaredd yn helpu i dorri i lawr y bwlch traddodiadol rhwng y tiwtor a'r dosbarth a helpu i greu awyrgylch ymlaciol, braf yn y dosbarth. Bob tro mae'r dosbarth yn gwneud gweithgaredd, mae'n bwysig bod y tiwtor yn cadw clust agored wrth wrando ar y dosbarth yn gwneud y gweithgaredd. Mae'n gyfle i'r tiwtor sylwi ar unrhyw broblemau, eu nodi ac, os oes angen, tynnu sylw'r dosbarth yn ysgafn at y broblem wedi'r gweithgaredd heb gyfeirio'n benodol at unigolyn sy'n gwneud camgymeriad. Mae'n well o lawer sôn am y peth dan sylw fel camgymeriad sy'n gyffredin i bawb. Wrth reswm, ambell waith mae rhaid siarad ag unigolyn ynglŷn â chamgymeriad, ond os gwneir hyn, dylid ei wneud yn dawel, mewn modd cwrtais, wrth gwrs, ac mewn modd i wneud yn sicr nad yw'r unigolyn yn teimlo ei fod yn cael ei gywiro'n gyhoeddus o flaen y dosbarth i gyd. Rhaid cofio bod gwirioneddol ofn gwneud camgymeriad ymhlith y rhan fwyaf o'r dysgwyr oherwydd bod llawer iawn o oedolion yn ofni gwneud camgymeriad; mae rhaid ceisio lleihau'r ofn gan ddangos nad oes gwahaniaeth gennych chi, fel tiwtor, bod camgymeriadau'n cael eu gwneud a bod gwneud camgymeriadau yn rhan o'r broses ddysgu. Wrth i'r dosbarth wneud camgymeriadau, gall y tiwtor ddod i wybod ble mae'r problemau a cheisio helpu'r dosbarth eu meistroli. Yn yr un modd, os yw'r tiwtor yn gwneud camgymeriad, chwerthin am ben ei hunan y dylai'r tiwtor ei wneud. Rydym i gyd yn ddynol!

Fel y soniwyd amdano uchod, mae gan bob cwrs ei gyfar-wyddiadau manwl ar gyfer y tiwtor am yr hyn y dylid ei gyflwyno ym mhob gwers. Dylai pob tiwtor ddilyn y cyfarwyddiadau hynny. Yn y bennod hon, rhoddwyd enghraifft o'r hyn y gellid ei gyflwyno yn y wers gyntaf, sef 'cyflwyno eich hun' – rhywbeth sy'n gyffredin i lawer iawn o gyrsiau. Yn ogystal â chyflwyno **'Pwy dych chi?'** ac wrth gwrs **'Pwy wyt ti?'** a.y.y.b., gellir cyflwyno cyfarchion megis, **'Shwd dych chi?'** a **'Shwd wyt ti?'** yn yr un modd y cyflwynwyd **'Pwy dych chi?'** Dylid tynnu sylw at debygrwydd **'Shwd dych chi?'** i **'Pwy dych chi?'** Mae hyn yn helpu i ddysgu'r patrwm hwn ond mae'r dysgwyr hefyd yn dechrau gweld patrwm i'r iaith drostynt eu hunain o'r wers gyntaf oll. Mae gweld patrymau yn yr iaith yn rhan bwysig yn y broses ddysgu ac oherwydd hyn mae'n hanfodol bod tiwtor yn tynnu sylw at batrymau er mwyn cynorthwyo'r dysgu.

Eitemau eraill y gellid eu cyflwyno yn y wers hon, yn dibynnu ar amser wrth gwrs, yw **'Y Tywydd'** ac efallai **'Rhifau'**. Mae cynnwys y wers gyntaf oll yn amrywio o gwrs i gwrs, ond mae rhaid bod yn ofalus na orlwythir y dosbarth yn y sesiwn gyntaf. Byddai'n well o lawer peidio â chyflwyno gormod. Mae angen digon i'r dosbarth deimlo eu bod wedi dysgu rhywbeth ond ar y llaw arall mae'n bwysig nad ydynt wedi cael gormod, ac yna'n digalonni wrth anghofio llawer erbyn y wers nesaf. I gynorthwyo'r cof, dylid gwneud y gwaith o adolygu'r hyn a ddysgwyd eisoes yn rhan annatod o'r dysgu. Dylid gwneud yn sicr yn ystod y wers bod digon o adolygu'n digwydd yn gyson, e.e. gan ddweud cyn troi tudalen: **'Cyn troi tudalen, before turning the page, who can remember...?'** Mae holi chwim ynglŷn ag eitemau a gyflwynwyd ar ddechrau'r wers yn werth ei wneud. Mae'n atgoffa'r dosbarth o'r hyn a ddysgwyd ac mae'n helpu bywiogrwydd y wers gan gadw'r dysgwyr ar flaenau'u traed. Ar ddiwedd y wers, cyn i bawb fynd, dylid cymryd ychydig o funudau i atgoffa'r dosbarth trwy, efallai, ofyn ychydig o gwestiynau yn gyflym yn seiliedig ar yr hyn a gyflwynwyd yn ystod y wers honno. Cyfle yw hwn iddynt ddwyn i gof eitemau a ddysgwyd a chyfle hefyd i diwtor werthuso pa mor dda mae'r wers wedi mynd.

Fel arfer, mae gwaith cartref i'w wneud gan y dosbarth cyn y wers nesaf, a chan amlaf mae hyn yn rhan annatod o'r cwrs ei hunan. Dylid disgwyl i'r dysgwyr wneud rhywbeth gan y bydd hyn yn atgyfnerthu'r hyn a ddysgwyd yn y dosbarth ond, wrth reswm, mae rhaid bod yn synhwyrol; nid yw'r amser angenrheidiol gan bawb i gwblhau gwaith cartref bob tro. Ond mae gwaith cartref yn parhau'r cysylltiad â'r Gymraeg y tu allan i'r ystafell ddosbarth, a dylid gwneud yn glir i'r dysgwyr o'r cychwyn cyntaf bod disgwyl iddynt ei wneud.

Wrth ffarwelio â'r dosbarth am y tro cyntaf, mae'n hanfodol bod y tiwtor yn gwneud i'r dosbarth deimlo eu bod wedi cael gwers gyntaf fuddiol a'u bod wedi dysgu rhywbeth. Dylai'r tiwtor orffen y wers mewn modd **optimistaidd**. Mae angen sicrhau'r dysgwyr eu bod ar y trywydd iawn er eu bod ar ddechrau'r daith. Sylweddolant fod gwaith caled o'u blaenau, ond bydd eu tiwtor gyda nhw i'w harwain, i'w cynorthwyo ac efallai'n bwysicaf oll, i'w calonogi ar hyd y daith. Bydd dysgu'r iaith yn anodd, ond dylid ceisio sicrhau bob tro bod y dysgwyr yn teimlo eu bod yn gwneud cynnydd. Yn naturiol, byddant yn dod ar draws problemau a rhwystrau, llawer ohonynt, efallai, yn rhai allanol, ond mae'n gwbl hanfodol eu bod yn teimlo bod gan eu tiwtor ffydd ynddynt a bod y tiwtor yn credu y llwyddant. Mae brwdfrydedd yn heintus dros ben ac os gall y tiwtor lwyddo i hadu'r brwdfrydedd hwn ymhlith y dysgwyr o'r cychwyn cyntaf, daw'r dysgu gymaint yn haws.

Atodiad
'A Hitch-hiker's Guide to Learning Cymraeg'

1. Don't panic!

2. It is definitely not like learning languages at school. Expect to participate.

3. Grammar. Assume that the tutor is an idiot and knows nothing about grammar; he/she won't expect you to know any. Anyway, you've come to learn to speak Welsh, not to learn grammar.

4. How to really annoy your tutor: (i) ask questions about grammar; (ii) write during oral/aural practice; (iii) bring a dictionary within ten miles of class or constantly refer to an electronic device.

5. Within a few weeks, the tutor may have obstinately abandoned English almost completely. Refer back to Point 1.

6. Remembering. Some people can remember things quickly, some people can't.

7. Frustrations. Experienced 'dysgwyr' talk about 'bridges' and 'plateaux'. This has nothing to do with geography, but means that learners go through alternating periods of sinking/going backwards/going mad and of feeling on top of things. Remedy: large gin and tonic.

8. Don't expect too much too soon. Having mustered enough courage to talk to a native, you will probably face a completely incomprehensible torrent. Again refer to Point 1.

9. How to really please your tutor: (i) speak Welsh to each other; (ii) speak Welsh to other people.

10. Dialect. The tutor will be enabling you to communicate with the locals and will therefore teach you local words and phrases. Rumours that Gogs/North Walians/Tibetans speak a completely different language are untrue. Be prepared for slight variations though!

11. Treigladau. Otherwise known as 'mutilations'. Learners find these strange at first, but they are not difficult, if you learn from examples. Just remember that a language which can change a tomato to *domato, nhomato* or *thomato* can't be that primitive!

12. English words in Welsh. Welsh speakers can lean heavily on the English language – they stick an 'o' at the end of a word, and Hey Presto! a Welsh verb! Anyway, just you try to speak English avoiding the Latin/French borrowings!

13. Homework. This is usually given to reinforce aural/oral work. Getting it all right does not receive half as many brownie points as clause 9 of your guide.

14. 'That's not what we did in school...'. You will be learning colloquial Welsh, not the 'Rydw/Dydw' stuff they ought not to teach in schools.

15. Remembering. Link a pattern or phrase to something you already know, e.g. Bues i... (I was...): think of Mad Cow Disease, BSE. Also useful for remembering mutilations, e.g. Think of Llanelli losing (Ll ——>l).

16. Look after your fellow victims: if someone's absent, ask the tutor for worksheets, or/and give them a ring or send them a text or email – it could stop them dropping out. Frustrations shared are often lessened.

17. Comprehension (listening or reading). You won't be in a position to understand *everything* in an authentic chunk of language for a long while. You will only be expected to pick out bits you can understand in order to answer questions. Ignore the unintelligible bits.

18. Absenteeism. Nothing compounds frustration and the feeling of being left behind more than missing classes. However, this is no reason to drop out – patterns are always revised thoroughly throughout the course. If you need to miss a class, let the tutor know.

19. Finding someone to practise with (or on?). Spouses, children and neighbours do have their uses – the family pet often makes a sympathetic listener.

20. Different tutors have different teaching styles, so don't be put off if the idiot in front of you is wearing a particularly awful tie. Have sympathy as well – the tutor may be just as exhausted as you are.

21. You will be given an opportunity to give some 'feedback' every now and then in the form of a... well, a feedback form. This is not an opportunity to vilify your tutors, but a means to make constructive suggestions about what you did or didn't find useful and to air any problems you may have.

22. Essentially, the tutor can't *teach* you anything. This does not necessarily mean that he/she can't do his job, but that achievement is directly linked to the commitment and application of the individual learner – how much he or she uses Welsh outside the classroom walls.

Addasiad o Wlpan De-orllewin Cymru (Coleg y Drindod, Caerfyrddin, Prifysgol Cymru Abertawe, Prifysgol Cymru Aberystwyth, 1995).

Gweithgareddau Cyfathrebol
Elwyn Hughes

Cyfrwng i gyfathrebu â'n gilydd yw iaith ac mae'r rhan fwyaf o oedolion (er nad pob un!) yn penderfynu ceisio dysgu iaith newydd er mwyn cyfathrebu â siaradwyr brodorol yr iaith honno, boed hynny o fewn y teulu, yn gymdeithasol, yn eu gwaith, ar eu gwyliau, ac ati. Mae'n bwysig felly bod gweithgareddau'r dosbarth yn adlewyrchu sefyllfaoedd real o'r fath a bod y dysgwyr yn cael ymarfer patrymau iaith ystyrlon ar gyfer cyfathrebu'n llwyddiannus o fewn y sefyllfaoedd hynny.

Rhaid cofio, serch hynny, bod modd cyfathrebu mewn sawl ffordd wahanol ac nad oes rhaid defnyddio iaith bob tro. Mae ystumiau, synau, symudiadau, ac ati yn gallu trosglwyddo'r neges yr un mor effeithiol. Mae'n siŵr bod nifer fawr ohonom wedi llwyddo rywsut i gael y maen i'r wal ar wyliau tramor heb ddefnyddio gair o'r iaith frodorol ond gan ddibynnu ar ein dwylo a'n hwynebau'n unig. Yn ein sefyllfa yng Nghymru, mae'r dysgwr Cymraeg hefyd yn gwybod y gall droi at y Saesneg am ambell air pan fydd mewn twll, neu hyd yn oed newid iaith y sgwrs yn gyfan gwbl i'r Saesneg, gan fod pob Cymro Cymraeg yn ddwyieithog.

Yn ogystal, mae modd deall yr hyn mae person yn ei ddweud er bod yr iaith ei hun yn hynod wallus. Pe baech yn dweud '*moi manger croissant*' mewn bwyty Ffrengig, byddech yn cyfathrebu'n llwyddiannus a byddai'r '*croissant*' yn eich cyrraedd, er bod eich crap ar yr iaith Ffrangeg yn ofnadwy o sigledig. Yn yr un modd, pe baech yn clywed dysgwr yn dweud '*dw i rhaid i bwyta babi i tair o gloch neithiwr a dw i ddim cysgu ar ôl*', mae'n siŵr y byddech yn deall yr hyn oedd ganddo/ganddi i'w ddweud ac yn mynegi eich cydymdeimlad â'i sefyllfa. Byddai'r dysgwr felly wedi llwyddo i drosglwyddo ei neges er mor garbwl ei Gymraeg. Nid oes angen cywirdeb iaith o reidrwydd i gyfathrebu'n llwyddiannus.

Rhoddir pwyslais cyson y dyddiau hyn ar bwysigrwydd cyfathrebu ystyrlon wrth gyflwyno cyrsiau iaith. Ond am ba fath o gyfathrebu rydyn ni'n sôn? Gallwn drefnu gweithgareddau dosbarth lle bydd y dysgwyr yn trosglwyddo negeseuon i'w gilydd ond yn defnyddio patrymau iaith cwbl anaddas ac yn dibynnu'n helaeth ar ystumiau neu eiriau Saesneg i gyflawni'r dasg yn llwyddiannus. A phan fydd eu hadnoddau ieithyddol Cymraeg wedi'u dihysbyddu, gallant droi i'r Saesneg yn llwyr i gwblhau'r gwaith. Prin bod gweithgareddau o'r fath yn ein helpu i gwrdd ag anghenion ein dysgwyr na'n hamcanion ninnau fel tiwtoriaid.

Pe bai'r myfyrwyr yn dysgu iaith dramor er mwyn ymdopi â rhai sefyllfaoedd pob dydd mewn gwlad unieithog, mae'n bosibl y byddai meistroli rhai adnoddau ieithyddol allweddol ac amlbwrpas fel sylfaen i sgwrsio Tarsanaidd a thipyn o feim yn ddigonol. Sut bynnag, yn achos y Gymraeg fel ail iaith yng Nghymru, mae'r cymhellion yn wahanol, mae'r cyd-destun yn wahanol ac mae ymateb y siaradwyr brodorol yn mynd i fod yn wahanol. Nid dysgu'r iaith er mwyn cwrdd ag anghenion sylfaenol bywyd bob dydd mae dysgwyr y Gymraeg (nag unrhyw iaith leiafrifol arall) ond oherwydd cymhellion llai 'corfforol', mwy 'ysbrydol' bron. Cymhellion megis ymdoddi i'r gymdeithas leol, gwella eu cymwysterau ar gyfer cael gwaith, helpu gydag addysg eu plant, parch at gyd-ddyn, darganfod eu gwreiddiau, ac ati. Os na fydd yr hyn a ddywed y dysgwr yn dderbyniol i glust y Cymry Cymraeg, ymateb greddfol nifer helaeth o'r rheiny fydd troi i'r Saesneg. Mae'r dysgwr hefyd yn mynd i gael ei demtio i droi i'r Saesneg ei hun pan fydd yn mynd i ddyfroedd dyfnion neu hyd yn oed i beidio â mentro siarad Cymraeg o gwbl.

Mae'n rhaid sicrhau felly bod dysgwyr yn ymarfer patrymau 'cywir' wrth wneud gweithgareddau yn y dosbarth. Nid oes unrhyw ddiben mewn ymarfer camgymeriadau neu bydd y rheiny'n cael eu sefydlu yn y cof ac yn anodd iawn eu dileu yn y dyfodol. Rhaid sicrhau hefyd bod dysgwyr yn dysgu patrymau llafar cyffredin, yn swnio mor 'naturiol' ag y bo modd ac yn ymarfer brawddegau a fydd o ddefnydd iddynt yn y math o sefyllfaoedd lle bydd hi'n bosib iddynt roi eu Cymraeg ar waith. Mae'n hanfodol cadw'r egwyddorion sylfaenol hynny mewn cof wrth ddethol a pharatoi gweithgareddau cyfathrebol. Rhaid paratoi'r dysgwyr yn ofalus er mwyn sicrhau bod yr holl adnoddau ieithyddol angenrheidiol ganddynt i gwblhau'r dasg yn llwyddiannus mewn iaith gywir. Mae'n bwysig peidio â cholli golwg chwaith ar ymarferoldeb a pherthnasedd y brawddegau sy'n cael eu defnyddio. Dyweder, er enghraifft, ein bod yn ymarfer y trydydd person negyddol yn y presennol: mae'r frawddeg '*dydy'r tywydd ddim yn gymylog*' yn enghraifft dda o'r patrwm dan sylw, ond a fedrwch chi gofio pryd yr oedd y tro diwethaf i chi ddweud hynny mewn sgwrs naturiol?

Mae eisiau gwahaniaethu felly rhwng yr ymarfer mecanyddol sy'n paratoi ac yn caboli'r adnoddau ieithyddol angenrheidiol ar gyfer y gweithgaredd dan sylw, a'r cyfathrebu go iawn a osodir fel nod ar gyfer y gweithgaredd yn y pen draw. Nid oes dim o'i le mewn rhoi'r dosbarth i weithio mewn parau ar newid brawddegau cadarnhaol yn rhai negyddol, e.e. *mae'r tywydd yn braf* > *dydy'r tywydd ddim yn braf; mae'r bwyd yn oer* > *dydy'r bwyd ddim yn oer.* Bydd hynny'n cadarnhau'r dysgu ac yn sicrhau lefel uchel o gywirdeb wrth i'r dysgwyr sgwrsio yn y man, ond nid gweithgaredd cyfathrebol mohono. Ond unwaith bydd y patrwm wedi'i sefydlu'n gadarn, gellir gofyn i'r dosbarth drafod rhagoriaethau a gwendidau tai bwyta lleol, lle bydd brawddegau megis, '*mae'r bwyd yn dda ond dydy'r staff ddim yn glên*' neu, '*mae'r bwyd yn rhad ond dydy'r lle ddim yn lân iawn*', nid yn unig yn gywir ond hefyd yn ystyrlon, yn berthnasol i fywydau'r dysgwyr ac yn gyfathrebu yng ngwir ystyr y gair.

Y gwaith ailadrodd ar y patrymau newydd fydd y cam cyntaf, wrth gwrs, yn y broses o baratoi'r adnoddau ieithyddol. Rhai tasgau 'mecanyddol' eraill y gellir gofyn i'r dysgwyr eu gwneud mewn parau er mwyn ceisio sicrhau cywirdeb yw:

a)   Un partner yn cynnig gair, y llall yn ei addasu yn ôl gofynion y patrwm dan sylw, e.e. A. gwaith > B. Fy ngwaith i, A. Bos > B. Fy mos i, A. Car > B. mae gen i gar. A. Problem > B. mae gen i broblem; A. Bwyta – fi > B. bwytais i, A. Hi > B. bwytodd hi.

b)   Edrych ar set o luniau gyda'i gilydd a naill ai eu disgrifio, e.e. mae hi'n sâl, maen nhw wedi colli'r bws, neu holi ac ateb, e.e. ydy'r tŷ'n hen? Nac ydy, mae o'n newydd. Unwaith eto, rhaid rhoi'r pwyslais ar ymarfer patrymau cywir. Mae gwneud hyn hefyd yn sicrhau bod pawb yn deall arwyddocâd pob llun – rhywbeth na fydd bob tro'n gwbl amlwg er gwaethaf doniau diamheuol yr artist.

c) Darllen deialog nifer o weithiau neu weithio trwy gyfres o gwestiynau a disodli elfen yn yr ateb bob tro, e.e. dydy Ann ddim yma > gobeithio bod hi'n cofio; dydy John ddim yma > gobeithio fod o'n cofio; dydy'r plant ddim yma, ac ati.

Rhaid pwysleisio wrth y dosbarth nad sgwrsio yw'r nod mewn ymarferion o'r fath, ond canolbwyntio ar gywirdeb, cyn symud ymlaen at waith mwy diddorol. Os bydd y cyfathrebu go iawn yn digwydd yn rhy gynnar, mae perygl i hynny ddigwydd ar draul yr iaith ei hun, gan fagu arferion drwg. Hefyd unwaith y bydd cyfathrebu ystyrlon yn dechrau digwydd, bydd rhaid rhoi rhyddid i'r dysgwyr siarad heb i'r tiwtor dorri ar eu traws yn ormodol. Felly mae'n hollbwysig bod y sgiliau ieithyddol angenrheidiol eisoes wedi'u dysgu'n gwbl gadarn a bod y dysgwyr yn ymwybodol ac yn hyderus bod yr adnoddau ganddynt i gwblhau'r dasg yn llwyddiannus. Ni ddylid bwrw i mewn i unrhyw weithgaredd cyfathrebol heb baratoi'r dosbarth yn ofalus a thrylwyr ymlaen llaw.

Beth felly yw nodweddion gweithgareddau cyfathrebol effeithiol? Yr elfen sylfaenol sydd ar goll ym mhob un o'r gweithgareddau mecanyddol uchod yw bwlch gwybodaeth. Mae'r naill bartner yn gwybod beth mae'r llall yn mynd i'w ddweud cyn iddo agor ei geg. Fel y nodwyd eisoes, mae'n bwysig mynd trwy'r broses honno'n gyntaf er mwyn cael cyfle i ganolbwyntio ar yr iaith ei hun, ond fel cam nesaf rhaid sicrhau bod gwybodaeth gan un partner nad yw gan y llall, fel eu bod yn gorfod trosglwyddo neges yn glir a gwrando ar ei gilydd yn ofalus er mwyn cwblhau'r dasg yn llwyddiannus. Amrywiad bychan sydd ei angen yn aml i wneud hynny, e.e.

a) uchod: holiadur, lle mae pawb yn y dosbarth yn mynd o gwmpas yn holi'i gilydd ynglŷn â'u teuluoedd, eu heiddo neu'r hyn a wnaethant y diwrnod cynt. Os bydd pawb yn cofnodi'r atebion, gall pawb gyfnewid gwybodaeth am ei gilydd yn y trydydd person wedyn fel ymarfer ychwanegol. Gellir casglu'r taflenni a chreu cwis neu arolwg dosbarth gyda'r grŵp cyfan, e.e.

> Faint o bobl fuodd allan neithiwr?
> Faint o bobl sy â byji?
> Ci pwy ydy Fido?

b)   uchod:

1.   Un partner yn dewis un o'r lluniau a'r llall yn gorfod dyfalu pa un mae wedi'i ddewis, naill ai trwy holi ei bartner neu ar sail disgrifiad ei bartner.

2.   Un partner yn newid trefn y lluniau a'r llall yn gorfod eu rhoi yn yr un drefn trwy ddisgrifio a holi.

3.   Rhoi set wahanol o luniau i'r ddau bartner a hwythau wedyn yn ceisio canfod gwahaniaethau rhwng y ddwy set heb weld lluniau ei gilydd.

c)   uchod:

1.   Rhannu deialog yn ddwy, gan roi rhan A ar un papur a rhan B ar bapur arall, fel bod y ddau bartner yn gorfod gwrando'n astud ar ei gilydd er mwyn deall rhediad y ddeialog.

2.   Tanlinellu ambell elfen mewn deialog a gofyn i'r dysgwyr gynnig amrywiadau ar yr elfennau hynny wrth ddarllen y ddeialog i greu fersiynau newydd, ond gan sicrhau bod rhediad y ddeialog gyfan yn parhau i wneud synnwyr.

3.   Rhoi copi o ddyddiadur sawl person i bob partner a hwythau wedyn yn ceisio trefnu dyddiad cyfleus ar gyfer cyfarfod pan fydd pawb yn medru bod yn bresennol, e.e. Beth am y 6ed? Mae Gwyn ar gael, ond fydd Ann ddim yn medru dod achos mi fydd hi yn Llundain, ac ati.

Cyn belled â bod y dysgwr yn gorfod canfod gwybodaeth nad yw ganddo eisoes, bydd yn gorfod gofyn cwestiynau pwrpasol, bydd yn awyddus i glywed yr ateb, bydd cyd-destun ystyrlon wedi'i greu a bydd cyfathrebu go iawn yn digwydd. Cyn belled â bod yr adnoddau ieithyddol angenrheidiol wedi'u paratoi a'u dysgu'n drylwyr ymlaen llaw, bydd y cyfathrebu hwnnw'n digwydd mewn iaith safonol a fyddai'n dderbyniol ymhlith Cymry Cymraeg, a bydd yr ymarfer cyson ar y patrymau iaith a geir yn ystod y gweithgareddau yn magu hyder y dysgwyr i fentro defnyddio'r iaith y tu allan i furiau diogel yr ystafell ddosbarth.

Dyma rai pwyntiau ymarferol y dylid eu cadw mewn cof er mwyn sicrhau bod gweithgareddau cyfathrebol yn cyflawni eu pwrpas:

1. Sicrhau bod y dasg yn hawdd ei hegluro: does dim pwynt treulio chwarter awr yn rhoi cyfarwyddiadau cymhleth yn Saesneg.

2. Egluro'r dasg trwy ei gwneud gyda'r tiwtor fel dosbarth cyfan i ddechrau.

3. Sicrhau bod y dosbarth yn deall nod y dasg a'i phwrpas fel ymarfer ieithyddol (mae dysgwyr yn teimlo bod gweithgareddau a gemau'n wastraff amser os nad oes diben clir i'r ymarfer).

4. Sicrhau bod elfen gref o ailadrodd patrymau o fewn y dasg.

5. Peidio â disgwyl i ddysgwr ddefnyddio ei ddychymyg a chreu patrymau iaith cywir ar yr un pryd.

6. Newid partneriaid yn gyson.

7. Peidio â gadael i'r gweithgaredd fynd ymlaen yn rhy hir. Mae'n bwysig torri'r gwaith yn ei flas. Os yw aelodau'r dosbarth yn crwydro o gwmpas yr ystafell yn holi ei gilydd, mae'n fuddiol eu stopio cyn iddynt gael cyfle i weld pawb fel eu bod yn gallu holi ei gilydd yn y trydydd person wedyn (mewn ffordd gyfathrebol, sylwer) i geisio llenwi'r bylchau yn eu gwybodaeth am weddill aelodau'r dosbarth.

8. Peidio â chywiro camgymeriadau'n ormodol wrth wneud tasg gyfathrebol (oni bai bod dysgwr yn gofyn yn benodol am gymorth), gan mai magu hyder yw'r nod, ond gan

dynnu sylw cyffredinol at bwyntiau penodol ar ddiwedd y gweithgaredd,

9. Y tiwtor i gymryd rhan yn y gweithgaredd gyda'r dysgwyr.

10. Sicrhau awyrgylch anffurfiol, cefnogol, hwyliog.

Gweithgareddau Enghreifftiol

Hoffwn bwysleisio bod popeth a restrir yma naill ai wedi ei ddwyn yn uniongyrchol gan diwtoriaid eraill neu'n addasiad o'u syniadau. Nid oes disgwyl i diwtor greu gweithgareddau gwreiddiol trwy'r amser: ei rôl yw dewis o blith rhyw dri neu bedwar fformat cyffredinol ac adeiladu ar y sylfaen hwnnw er mwyn darparu tasgau sy'n gwbl berthnasol i lefel ac anghenion y dosbarth dan sylw.

Holiadur   Lefel Mynediad
Nod   Ymarfer ynganu ac adnabod seiniau ac ymarfer unrhyw gwestiwn ac ateb syml

Llunio rhestr o enwau Cymraeg cyffredin ond digon anodd i ddysgwyr eu hynganu (e.e. Eira, Hywel, Buddug, Llinos) a dosbarthu copi o'r rhestr i bawb. Rhoi cerdyn i bawb ag un o'r enwau arno, ynghyd ag elfen o wybodaeth ynglŷn â'r person ar ba batrwm bynnag sydd angen ei ymarfer, e.e.

Eira	Byw: Caernarfon	Gweithio: Banc
Hywel	Byw: Caerdydd	Gweithio: Siop

Bydd y dysgwyr yn crwydro o gwmpas yr ystafell yn holi ei gilydd gan ddefnyddio'r tri chwestiwn:

Pwy dach chi?   (Bydd rhaid i'r atebwr ynganu'n ddigon
                clir i'r holwr fedru adnabod yr enw ar ei restr)
Lle dach chi'n byw?
Lle dach chi'n gweithio?

Amrywiadau:
Os yw'r dosbarth eisoes wedi dysgu'r trydydd person, stopio'r gweithgaredd ar ôl i bawb holi tua hanner aelodau'r dosbarth a gofyn i bawb lenwi'r bylchau trwy holi:

Dach chi'n gwybod lle mae Hywel yn byw?

Yn hytrach na chadw'r un cerdyn trwy gydol y gweithgaredd, gellir ffeirio cardiau ar ddiwedd pob sgwrs. Trwy wneud hynny, ni fydd y dysgwyr yn diflasu ar ddweud 'Eira dw i, dw i'n byw yng Nghaernarfon, dwi i'n gweithio mewn banc' dro ar ôl tro, ond eto byddant yn dal i ymarfer yr un patrymau sylfaenol.

Holiadur   Lefel Mynediad
Nod   Ymarfer y gwahaniaeth rhwng 'mae' ac 'ydy' mewn cwestiynau

Llunio rhestr o gwestiynau, e.e.

Lle dach chi'n byw?

Dach chi'n licio byw yn...?

O le dach chi'n dŵad?

Lle dach chi'n gweithio?

Dach chi'n licio'r gwaith?

Dach chi'n siarad Ffrangeg/Sbaeneg?

Dach chi'n chwarae golff/tenis?

Sut dach chi'n dŵad i'r dosbarth?

Rhannu'n barau i holi ei gilydd. Pawb i nodi atebion eu partner. Gyda'r tiwtor wedyn, ymarfer newid y cwestiynau i'r trydydd person. Bydd patrwm clir yn ymddangos, sef:

Dechrau'r cwestiwn gyda 'ydy'
Dilyn 'lle' 'sut' ac ati gyda 'mae'

(Nid yw'r rheol honno'n dal dŵr trwy'r amser wrth gwrs, ond rhaid peidio â gorgymhlethu'r rheolau'n ddiangen ar y lefelau is).

Y tiwtor yn holi rhai aelodau o'r dosbarth am eu partneriaid i sefydlu patrwm yr holi.

Rhannu'r dosbarth yn barau gwahanol, i holi eu partneriaid newydd ynglŷn â'u hen bartneriaid.

Gwerthu   Lefel Mynediad
Nod   Ymarfer prisiau

Paratoi 'tocynnau' ac arnynt un gair megis 'raffl, bore coffi, disgo, pantomeim, ref, sioe, ffair'

Ymarfer y patrwm 'Dach chi isio prynu tocyn...' a 'Faint ydy o?' ynghyd â phrisiau enghreifftiol.

Dosbarthu un tocyn i bawb. Crwydro o gwmpas y dosbarth yn gwerthu tocynnau i'w gilydd. Y gwerthwr sy'n pennu'r pris. Bydd y prynwr wedyn yn ailwerthu'r tocyn i aelod arall o'r dosbarth am bris uwch! Erbyn diwedd y gweithgaredd bydd tocyn raffl yn costio tua deg punt! (D.S. Nid oes hawl gan neb i wrthod prynu!)

Holiadur   Lefel Mynediad
Nod   Ymarfer cwestiwn syml ac ateb cadarnhaol/negyddol

Dosbarthu rhestr o gwestiynau sy'n ymarfer y patrwm dan sylw, e.e.

Wnaethoch chi brynu papur newydd ddoe?

Wnaethoch chi fynd i ganolfan hamdden wythnos diwetha?

Wnaethoch chi fwyta sglodion wythnos diwetha?

Wnaethoch chi edrych ar opera sebon ar y teledu neithiwr?
Ac ati

neu mae modd cymysgu patrymau os oes angen adolygu cyffredinol (ar lefel Sylfaen, o bosib), e.e.

Dach chi'n bwyta cig coch?

Oes gynnoch chi deulu yng Ngogledd America?

Fyddwch chi allan o'r gwely cyn 7.00 bore yfory?

Oeddech chi'n byw yng Nghymru yn 2005?

Dach chi wedi siarad Cymraeg ers y dosbarth diwetha? Ac ati

Gweithio fel parau i geisio dyfalu faint o aelodau'r dosbarth fydd yn ateb y cwestiynau'n gadarnhaol. Mae hyn yn ennyn mwy o ddiddordeb yng ngweddill y gweithgaredd gan fod pawb yn awyddus i gael gwybod pa mor agos ati oeddynt, a hefyd yn ffordd werthfawr o sicrhau bod pawb yn deall pob cwestiwn.

Clustnodi un cwestiwn ar gyfer pob unigolyn: rhaid iddo/iddi ddysgu'r cwestiwn ar y cof.

Pawb yn crwydro o gwmpas y dosbarth yn holi'i gilydd ac yn cyfrif yr atebion cadarnhaol a negyddol. Os bydd amrywiaeth o amserau yn y cwestiynau (fel yr awgrymir yn y fersiwn ar lefel Sylfaen uchod), bydd hyn yn ymarfer ardderchog ar y gwahanol atebion, gan na fydd y sawl sy'n ateb yn gwybod ymlaen llaw pa gwestiwn sy'n dod.

Sesiwn adborth fel dosbarth cyfan er mwyn gweld pwy oedd wedi dyfalu orau.

Eiddo coll   Lefel Mynediad
Nod   Ymarfer 'fy... i'

Mae'r gweithgaredd hwn yn hynod ddefnyddiol fel ymarfer ar gyfer sefyllfa bob dydd gyffredin iawn. Wedi dweud hynny, mae'r gweithgaredd ei hun drosodd mewn chwinciad, ond yn y paratoi mae'r budd mwyaf. Mae'n llwyddo orau mewn dosbarth tipyn o faint.

Dosbarthu un cerdyn i bawb ac arno un eitem o eiddo, e.e. pwrs, bag, côt, cap, ffôn, tabled, beiro, goriadau / allweddi, diod, tocyn, sbectol, brechdanau, trowsus, gwaith cartref.

Gofyn i bawb ddweud 'fy... i' yn ei dro, gan ddefnyddio'r gair ar ei gerdyn. Mynd o gwmpas y dosbarth sawl gwaith nes bod pawb yn ynganu eu gair yn gywir ac yn hyderus.

Casglu'r cardiau a gofyn i bawb ddweud: 'Dw i wedi colli fy...' Bydd hyn yn ymarfer y treiglad trwynol, wrth gwrs, a'r ynganiad 'yn' o flaen geiriau sy ddim yn treiglo, e.e. 'yn ffôn'

Yna gofyn i bawb ymarfer y cwestiwn: Dach chi wedi gweld fy. . .
i? gan ddal i gyfeirio at yr eitem a oedd ar eu cerdyn personol hwy.
Yna, ail-ddosbarthu'r cardiau gan sicrhau nad oes neb yn cael ei
eiddo ei hun yn ôl. Rhaid i bawb fynd o gwmpas yr ystafell i chwilio
am yr eiddo a oedd ganddynt yn wreiddiol (nid yr eiddo sydd ar y
cerdyn yn eu llaw) trwy ofyn: Dach chi wedi gweld fy. . . i?
Bydd y gweithgaredd yn dod i ben pan fydd pawb wedi cael ei
eiddo'n ôl.

Adnabod enwogion   Lefel Sylfaen
Nod   Ymarfer 'ei'

Paratoi pentwr o gardiau gan roi sgerbwd o ddisgrifiad o berson
enwog ar bob un, rhai'n fyw, rhai'n farw. Bydd rhaid dethol yn
ofalus ar sail cyfoesedd yr enwogion a diddordebau'r dysgwyr, (h.y.
nid pawb sy'n edrych ar deledu, a fydd dosbarth ifanc erioed wedi
clywed am y Beatles). Mae'r ffaith bod y sgerbwd yn cael ei
ddarparu yn golygu nad yw'r dysgwyr yn ymbalfalu am wybodaeth
nac yn ceisio dweud pethau rhy uchelgeisiol. (Dyna'r anhawster a
all godi o chwarae'r '20 Cwestiwn' traddodiadol). Dyma gynnwys
ambell gerdyn enghreifftiol:

FO	ROEDD	recordiau	:	enwog
		cartre	:	yn Lerpwl
		gwraig	:	o Siapan
		(John Lennon)		

FO	MAE	gwallt	:	gwyn
		cartre	:	oer
		dillad	:	coch
		(Siôn Corn)		

HI MAE	gŵr	:	actor
	gwallt	:	du
	teulu	:	o Abertawe
(Catherine Zeta Jones)			

HI ROEDD	trwyn	:	hir
	marwolaeth	:	poenus
	cartre	:	yn Yr Aifft
(Cleopatra)			

Rhannu'r dosbarth yn grwpiau. Rhoi cerdyn i un aelod o'r grŵp ac yntau'n darllen un cliw ar y tro i'w bartneriaid, gan ffurfio brawddegau llawn wrth gwrs, e.e.

Mae ei wallt o'n wyn.

Bydd rhaid i'r lleill geisio dyfalu ar ôl pob cliw: dylid sicrhau bod y cliw cyntaf yn gyffredinol tu hwnt er mwyn sicrhau digon o ymarfer!

Nid oes eisiau cynnwys yr ateb ar y cerdyn, felly mae'n bosib na fydd yr holwr yn gwybod pwy yw'r person chwaith. Mae hyn yn rhoi cyfle i'r tiwtor fynd at y grŵp i ofyn beth maent yn ei wybod yn barod, (mwy o waith ailadrodd i'r dysgwyr) ac i gynnig cliwiau ychwanegol.

Adnabod y dosbarth   Lefel Sylfaen
Nod   Ymarfer yr amodol

Dosbarthu cerdyn gwag i bawb, gan ofyn iddynt ysgrifennu'r ateb (mewn brawddegau llawn) i ryw dri neu bedwar cwestiwn, gan sicrhau nad oes neb yn gweld eu hatebion, e.e.

Tasai rhaid i chi symud i wlad arall, lle fasech chi'n licio byw?

Beth fasech chi'n licio ei gael yn anrheg pen-blwydd?

Efo pwy fasech chi'n licio mynd allan am bryd o fwyd?

Tasai hi'n bosib i chi newid eich gwaith, beth fasech chi'n licio bod?

Y tiwtor yn casglu'r papurau ac yn dyfynnu rhyw hanner dwsin o'r atebion a gafwyd i'r cwestiwn cyntaf. Y dosbarth i ddyfalu pwy ddwedodd beth trwy ysgrifennu'r enwau (bydd y sawl a roddodd yr ateb dan sylw yn gorfod gwneud ychydig o actio rhag gollwng y gath o'r cwd). Gyda llaw, mae'n ddifyr cynnwys atebion y tiwtor ei hun ymhlith atebion y dysgwyr.

Yna mynd dros yr atebion i weld faint a oedd yn gywir a dilyn yr un drefn gyda gweddill y cwestiynau. Y sawl â'r nifer uchaf o ddyfaliadau cywir fydd yr enillydd.

Noson Goffi   Lefel Sylfaen
Nod   Ymarfer dyfodol 'gwneud'

Mae'r dosbarth i fod i gymryd arnynt eu bod am drefnu noson goffi. Rhaid i'r tiwtor restru'r gofynion, e.e. pryd? lle? pwy sy'n mynd i wneud y trefniadau? pwy sy'n mynd i ddod â bwyd a diod? pwy sy'n mynd i weithio ar y gwahanol stondinau? ac ati.

Wrth weithio mewn grwpiau, bydd y dysgwyr yn defnyddio patrymau fel 'mi wna i', 'dw i'n siŵr gwneith John helpu', 'wnewch chi ddod â siwgr?'

Ar ôl cwblhau'r trefniadau, bydd modd adrodd yn ôl i weddill y dosbarth.

Pontydd a thwneli   Lefel Canolradd
Nod   Mynegi caniatâd

Y dasg yw trafod hawliau beicwyr, cerddwyr a phobl sy'n dysgu gyrru. Yng Ngogledd Orllewin Cymru, mae rheolau gwahanol ar gyfer Pont Britannia, Pont Menai, Twnnel Conwy a Thwnnel Penmaenmawr. Mae'n siŵr bod lleoedd tebyg ym mhob rhan o Gymru. Y dasg yw trafod mewn parau:

Geith pobl gerdded dros Bont Britannia?
Geith pobl reidio beic trwy dwnnel Conwy? ac ati

Y gobaith yw na fydd neb yn rhy siŵr o'r atebion, fel bod y dasg sylfaenol yn arwain at drafodaeth. Nid oes rhaid i'r tiwtor wybod yr atebion chwaith: mae'n debyg y bydd y dasg wedi ennyn digon o ddiddordeb i wneud i bawb chwilio am yr wybodaeth drosto'i hun y tro nesaf y byddant yn mynd i'r cyfeiriad hwnnw.

Ar lefel Mynediad a Sylfaen, cynghorir tiwtoriaid i gadw ffrwyn eithaf tyn ar y patrymau iaith a ddefnyddir. Erbyn cyrraedd lefel Canolradd, gellir cynnig mwy o ryddid i'r dysgwyr ddefnyddio amrywiaeth o batrymau, ac yn wir dylid eu hannog i wneud hynny yn hytrach na meddwl yn nhermau un patrwm yn unig wrth wneud tasgau cyfathrebol. Wedi dweud hynny, da o beth yw annog dysgwyr ar y lefelau is i ddwyn yr amrediad o batrymau a ddysgwyd i gof yn gyson. Gellir creu pecyn o gwestiynau sylfaenol sy'n seiliedig ar unedau cyntaf y cwrs, e.e. Lle dach chi'n byw? Beth dach chi'n wneud? Beth wnaethoch chi dros y penwythnos? Oes gynnoch chi anifeiliaid? ac ati, a dosbarthu'r rhain wrth i ddysgwyr gyrraedd y wers er mwyn iddynt ddechrau holi ei gilydd. Bydd modd ychwanegu at y pecyn o wythnos i wythnos fel y bydd patrymau newydd yn cael eu cyflwyno. Y gobaith hefyd ydy y bydd y dysgwyr yn mentro cynnig atebion mwy estynedig wrth i'w hiaith ddatblygu.

Erbyn cyrraedd lefel Canolradd, gellir cynnig mwy o ryddid i'r dysgwyr ddefnyddio amrywiaeth o batrymau gan y dylai'r holl strwythurau sylfaenol fod yn gadarn yn eu lle erbyn cyrraedd y lefel honno. Dyma enghreifftiau o weithgareddau lle bydd dysgwyr yn cael eu hannog i ddefnyddio amrediad o iaith yn hytrach na chael eu cyfyngu i un patrwm yn unig.

Trafod pwnc   Lefel Canolradd
Nod   Sgwrsio'n rhydd

Er mwyn gosod canllaw i'r sgwrsio, fel nad yw'r dysgwyr yn ceisio bod yn rhy uchelgeisiol nac ychwaith yn gorfod meddwl yn rhy galed am rywbeth i'w ddweud, awgrymir un o ddau ddull o gyflwyno'r gwaith:

1.   Paratoi rhestr o gwestiynau i sbarduno'r sgwrsio, e.e.

   Bwyd

   Beth yw eich hoff fwyd chi? Beth dach chi'n ei gasáu? Dach chi'n bwyta brecwast mawr? Pryd dach chi'n bwyta pryd mwya'r dydd? Dach chi'n bwyta'n iach? Ydy eich deiet chi wedi newid dros y blynyddoedd? Lle dach chi'n licio mynd allan i fwyta? Lle aethoch chi allan i fwyta ddiwetha?

   Y stryd lle dach chi'n byw

   Ers pryd dach chi'n byw yno? Pam penderfynoch chi symud yno? Pa fath o bobl sy'n byw yn y stryd? Faint ohonyn nhw sy'n siarad Cymraeg? Pa mor aml dach chi'n siarad â'ch cymdogion? Faint o anifeiliaid sy yn y stryd?

2.   Y tiwtor i baratoi darn darllen ar y pwnc ar sail ei brofiadau ei hun. Bydd hyn yn rhoi patrymau a geirfa enghreifftiol i'r dosbarth eu dilyn.

   Y pethau cyntaf dw i'n eu cofio

   Mae rhai pobl yn cofio edrych allan o'r pram pan oedden nhw'n fabanod, ac mae rhai eraill yn cofio dechrau cerdded. Ond dw i ddim yn cofio dim byd o gwbl cyn mynd i'r ysgol, a niwlog iawn ydy fy atgofion i am fy mlynyddoedd cyntaf yn yr ysgol hefyd, a dweud y gwir.

   Mi ddigwyddodd y peth cynta dw i'n medru ei gofio'n hollol glir pan oeddwn i tua chwech oed. Roeddwn i wedi gadael fy esgidiau glaw y tu allan i'r drws fel arfer wrth ddod i mewn i'r tŷ yn y nos. Y bore wedyn, mi wisgais i nhw eto a mynd allan i chwarae. Yn sydyn, mi deimlais i rywbeth yn symud dan fy nhroed. 'Mae 'na rywbeth byw yn fy welington i!' sgrechiais i, gan dynnu'r esgid yn gyflym a hercian yn ôl i'r tŷ mor gyflym â phosib. Dw i erioed wedi licio llygod ers hynny.

Rhai testunau trafod eraill posib:
Anifeiliaid; teithio o le i le; gwrando ar y radio; gwrando ar gerddoriaeth/hoff gân: ffilmiau; cylchgronau; chwaraeon; ar ôl ymddeol; dyddiau ysgol; yfed; codi yn y bore; ymlacio; hen bethau yn y tŷ; lluniau ar waliau'r tŷ; nofio; fy swydd gyntaf; y cymdogion; actio; fy nghartref diwetha; y bos; y ffôn; penblwyddi; teulu dros y môr; cas bethau.

Cyfiawnhau   Lefel Canolradd
Nod   Ymarfer sawl ffordd o wrthod gwneud rhywbeth

Paratoi rhestr o 'geisiadau', pob un i ddechrau gyda 'wnewch chi. . .?' e.e

> talu'r bil ar unwaith

> dawnsio efo fi

> canu cân i mi

> benthyg tipyn bach mwy o bres i mi

> symud eich car

> cau'r ffenest

> aros am ddau funud arall

> fy helpu i efo'r llestri

> esbonio sut mae'r peiriant yn gweithio

> clirio'r llanast

> bwydo'r python i mi

Mae'r partner i fod i ateb 'na wna i' bob tro, gan ymhelaethu trwy ddefnyddio patrymau megis:

dw i wedi... yn barod

dw i ddim isio...

fedra i ddim...

mi wnes i... ddoe

mae'n rhy...

gwnewch o eich hun

Dyddiadur   Pob lefel
Nod   Trefnu Amser Cyfleus

Ar y lefelau isaf, llunio dau ddyddiadur, un ar gyfer Partner A a'r llall ar gyfer Partner B. Bydd un bore neu brynhawn cyffredin ac un noson gyffredin yn rhydd gan y ddau a'r dasg fydd trefnu diwrnod i gyfarfod yn y swyddfa a threfnu noson i fynd i'r sinema. Ar lefel Mynediad, gellir cyfyngu'r holi i 'Dach chi'n brysur bore Llun?' ac ati. Ar lefel Sylfaen gellir defnyddio patrymau mwy cymhleth fel 'Fyddwch chi'n gwneud rhywbeth nos Fawrth?'

Erbyn lefel Canolradd ac Uwch, gellir caniatáu mwy o ryddid i'r dysgwyr a chreu sefyllfa fwy cymhleth. Bydd eisiau esbonio i'r dosbarth bod gŵyl fawr yn yr ardal wythnos nesaf ac y bydd llawer o ddigwyddiadau ymlaen bob nos, e.e.

Drama yn y Theatr, nos Lun i nos Sadwrn

Ffilm yn y Sinema, nos Lun i nos Sadwrn

Darlithoedd cyhoeddus yn y Coleg, nos Lun i nos Iau

Dawns yn y Gwesty, nos Fercher i nos Sadwrn

Cwis Tafarn, nos Fawrth i nos Sadwrn

Cyngherddau yn y Neuadd, nos Lun i nos Sadwrn

Bydd angen lluniau poster neu daflen o docynnau yn rhestru'r digwyddiadau. Mae pob dysgwr yn gorfod sicrhau:

a)   ei fod yn mynd allan bob nos o nos Lun tan nos Sadwrn.

b) ei fod yn mynychu gweithgaredd gwahanol bob nos.

c) ei fod yn mynd yng nghwmni aelod gwahanol o'r dosbarth bob nos.

Bydd y dysgwyr felly'n crwydro o gwmpas y dosbarth yn gwneud eu trefniadau. Ni ddylai fod problemau ar y dechrau, ond wrth i'r dyddiadur lenwi, bydd rhaid ehangu ar yr iaith a ddefnyddir (e.e. mae'n ddrwg gen i, ond fedra i ddim dod efo chi nos Fawrth; mae gen i rywbeth arall ar y gweill). Tua'r diwedd, bydd y sefyllfa'n mynd yn amhosib a bydd rhaid ceisio dadwneud rhai o'r trefniadau blaenorol. Bydd hyn yn gyfle i ehangu ymhellach ar yr iaith (e.e. mae'n ddrwg gen i, ond mae rhywbeth wedi codi; fedra i ddim dod i'r ddarlith efo chi nos Fercher wedi'r cyfan, ac ati). Go brin y bydd neb yn gwbl lwyddiannus – byddai'r gweithgaredd yn gorfod dod i ben yn syth pe bai rhywun yn llwyddo i lenwi pob noson – felly bydd rhaid rhoi terfyn ar y sgwrsio pan fydd rhwystredigaeth pawb yn dechrau mynd yn drech na nhw!

Erthyglau   Lefel Canolradd ac Uwch
Nod   Cyfnewid gwybodaeth a thrafod

Mae defnyddio darnau darllen yn y dosbarth yn cael ei drafod yn llawn mewn pennod arall o'r gyfrol hon, ond mae'n bwysig cofio bod darllen erthyglau yn y dosbarth yn gallu esgor ar waith cyfathrebol sylweddol a gwerthfawr iawn, trwy ddilyn un o'r cynlluniau canlynol:

1. Rhoi erthygl wahanol i aelodau pob pâr.

2. Rhoi gwahanol rannau o'r un erthygl i aelodau pob grŵp.

3. Dosbarthu lluniau neu benawdau i bawb geisio dyfalu beth fydd cynnwys yr erthyglau cyn dosbarthu'r erthyglau eu hunain.

4. Dosbarthu llun i un aelod o bob pâr a'r erthygl gyfatebol i'r aelod arall.

Ar gyfer dysgwyr uwch, mae modd dewis erthyglau ar bynciau trafod cyfoes, ond ar gyfer myfyrwyr ar lefel Canolradd, mae pytiau o newyddion bro yn fwy addas fel arfer.

Rhag i ddysgwyr straffaglu i ddeall pob gair, ac er mwyn ceisio meithrin y grefft o ddeall rhediad darn cyfan yn hytrach na phob manylyn wrth ddarllen, byddaf bob amser yn dweud ar y dechrau bod pob unigolyn yn cael gofyn un cwestiwn geirfa, ac un cwestiwn yn unig, i mi, er mwyn ceisio eu harwain i ganolbwyntio ar y geiriau allweddol. Wrth drafod eu herthyglau gyda'i gilydd, bydd pawb yn cael cyfle i ddefnyddio'r eirfa newydd a'i dysgu'n effeithiol.

Mynegi barn   Lefel Sylfaen, Canolradd ac Uwch
Nod   Ymarfer 'bod' ar y lefelau is; defnyddio ystod eang o iaith ar y lefelau uwch er mwyn cyfiawnhau safbwynt

Ar y lefelau isaf, gellir rhestru gwahanol bobl a phethau i'r dysgwyr fynegi barn yn eu cylch a hefyd llunio rhestr o'r ansoddeiriau sydd bellach yn gyfarwydd iddynt. Rhaid i bawb fynegi barn ynglŷn â phawb a phopeth a restrir; gorau oll os oes modd mynnu bod y partner yn anghytuno bob tro! Dyma restrau enghreifftiol, ond gellir ychwanegu trefi lleol, rhaglenni teledu cyfredol ac ati hefyd, wrth gwrs:

pwdin reis	ofnadwy
nionod	bendigedig
tîm rygbi Cymru	diddorol
y Nadolig	drud
wisgi	prysur
criced	cyffrous
pryfed cop	clên
dysgu Cymraeg	blasus
Blaenau Ffestiniog	del
wisgi	anobeithiol

criced	diflas
fy nghariad	rhad
fy mos	distaw
fy nghymdogion	diog
fy noctor	cas

Gellir hefyd llunio cwis lliwiau, sydd eto'n cadw'r patrwm o fewn ffiniau cyfyng iawn, e.e. 'Beth ydy lliw ci Tintin? Gwyn/Du/Brown?' a phawb yn cynnig ateb ar y patrwm 'Dw i'n meddwl fod o'n...' Mae'n werth cynnig tri ateb posib bob tro er mwyn helpu'r dysgwyr i ganolbwyntio ar ffurfio'r frawddeg yn gywir. Bydd angen nodi cenedl yr enw bob tro hefyd, er mwyn i'r dysgwyr wybod ai 'fod o' neu 'bod hi' fydd ei angen yn yr ateb. Cwestiynau posib eraill:

Beth oedd lliw drws Shakin Stevens? (Green door)

Beth ydy lliw rhapsodi Gershwin? (Glas)

Beth ydy lliw Greenland yn Gymraeg? (Ynys Las)

Beth ydy lliw mis Tachwedd yn Gymraeg? (Y mis du)

Beth ydy lliw baner Twrci? (coch) ac ati.

Wrth ofyn i aelodau grwpiau ar lefelau uwch fynegi barn, rhaid cofio nad yw pawb mor barod nac mor abl â'i gilydd i fynegi barn yn groyw yn eu mamiaith, heb sôn am ail iaith, tra gall rhai godi cymaint o stêm nes llwyddo naill ai i ddigio neu i ddiflasu pawb arall yn llwyr. Er mwyn ceisio osgoi problemau o'r fath, gellir rhannu'r dosbarth yn ddwy garfan a mynnu bod un garfan yn gorfod meddwl am bum pwynt o blaid y gosodiad dan sylw a'r garfan arall yn chwilio am bum dadl yn erbyn. Gellir rhannu'r dosbarth yn barau wedyn i gynnal dadl ffug. Mae'n bosib cyflwyno gweithgaredd o'r fath mor fuan â lefel Canolradd, o ddewis pynciau trafod yn ofalus, e.e. smocio, bwyta'n iach, cau ysgolion bach. Bydd yn gyfle da i'r dysgwyr ar y lefelau hynny geisio tynnu eu patrymau at ei gilydd a rhoi eu hiaith ar waith.

Wedi dweud hynny, bydd mwy o ddyfnder ac ystod i drafodaeth

o'r fath gyda dysgwyr ar lefel Uwch. Er mwyn sicrhau'r ehangder mwyaf posib i'r ddadl, gellir rhoi cymeriad i bob aelod o'r grŵp a gofyn i bawb ddadlau o safbwynt y cymeriad hwnnw, e.e.

Pwnc: Agor chwarel yng nghanol ardal dwristaidd
Cymeriadau:

Rheolwr y cwmni sy'n gwneud y cais

Chwarelwr lleol di-waith

Perchennog cwmni lorïau lleol

Perchennog gwesty lleol

Rhiant sy â phlant yn yr ysgol sy yn ymyl y chwarel

Perchennog y fferm lle mae tir y chwarel

Naturiaethwr lleol

ac ati

Dyfalu'r sefyllfa   Lefel Canolradd
Nod   Ymarfer patrwm penodol, e.e. tasech chi,
**   mi ddylech chi, gorchmynion**

Rhannu'r dosbarth yn grwpiau a rhoi sefyllfa wahanol i bob grŵp.

Patrwm i'w ymarfer	Enghraifft o sefyllfa
Baswn/taswn	Beth fasech chi'n ei wneud tasai'r to'n gollwng?
	Beth fasech chi'n ei wneud tasai cloch y drws ffrynt yn canu pan oeddech chi yn y bath?
	Beth fasech chi'n ei wneud tasech chi'n gweld ysbryd?
	Beth fasech chi'n ei wneud tasai rhywun yn eistedd ar eich glin chi mewn sinema dywyll?

mi ddylech chi (fod wedi)	Dw i ddim yn medru cysgu
	Dw i isio cariad newydd
	Mae'r car wedi torri i lawr
	Ches i ddim byd gan Siôn Corn
	Roedd 'na ormod o sŵn yn y clwb
	Mae'r parot wedi marw
gorchmynion	Mae'r person dach chi'n siarad efo fo/hi...
	...isio gwybod sut i baratoi caserol
	...yn mynd am gyfweliad yfory
	...yn methu cychwyn y car
	...yn blentyn drwg
	...yn trio gwerthu ffenestri dwbl i chi

Bydd rhaid i aelodau'r grŵp feddwl am dri neu bedwar ymateb addas i'r sefyllfa. Cynnig yr ymatebion hynny un ar y tro i weddill y dosbarth a'r rheiny ceisio dyfalu beth yn union yw'r sefyllfa.

Cymharu   Lefel Sylfaen, Canolradd ac Uwch
Nod   Ymarfer gwahanol ffurfiau'r ansoddeiriau

Am ryw reswm, mae cymharu ansoddeiriau yn peri trafferthion mawr i ddysgwyr a bydd angen adolygu'r ffurfiau, os nad eu hailddysgu, ar bob lefel. Ar y lefelau isaf, gwell cadw'r gwahanol 'raddau' ar wahân, e.e.

1. Y radd gymharol
Paratoi pentwr o gardiau ar gyfer pob pâr, gydag enwau enwogion cyfoes a rhai cymeriadau eraill arnynt, e.e.

King Kong, Homer Simpson, Lassie, Colin Jackson, Bryn Terfel, Tom Cruise, Beyoncé, Cerys Matthews, y tiwtor, ac ati

Pawb i godi dau gerdyn yn eu tro a llunio cymhariaeth rhwng y ddau a enwir, e.e.

Mae Bryn Terfel yn canu'n well na Cerys Matthews
Mae'r tiwtor yn ddelach na King Kong

2. Y radd eithaf
Paratoi rhestr o gwestiynau i'w trafod mewn parau, e.e.

Pa un ydy'r tŷ bwyta gorau yn yr ardal?

Pa un ydy'r dafarn orau yn yr ardal?

Pa un ydy'r ffilm orau dach chi wedi'i gweld yn ddiweddar?

Pa un ydy'r llyfr gorau dach chi wedi'i ddarllen yn ddiweddar?

Pa un ydy'r rhaglen orau ar y teledu/radio?

Pa un ydy'r rhaglen waetha ar y teledu/radio?

Pa un ydy'r canwr/grŵp gorau?

Pa un ydy'r lle dela yng Nghymru?

Pa un ydy'r lle mwya diflas yng Nghymru?

Wrth symud ymlaen at y lefelau uwch, bydd rhaid rhoi pwysau ar y dysgwyr i feistroli'r ddau batrwm ar y cyd. Gellir ail-wneud y ddau weithgaredd uchod ond gan ofyn i bawb ddefnyddio'r radd gymharol a'r radd eithaf y tro hwn. Yn achos y gweithgaredd cyntaf, bydd eisiau i bob pâr roi'r cardiau i gyd ar y bwrdd o'u blaenau a meddwl am radd eithaf addas ar gyfer pob unigolyn, ond gan gyfiawnhau neu anghytuno trwy ddefnyddio'r radd gymharol, e.e.

Colin Jackson ydy'r cyflyma.
Nage, mae Lassie'n gyflymach na Colin Jackson.

Yn yr ail weithgaredd, bydd rhaid cyfiawnhau'r dewis, e.e.

Y Pantri Bach ydy'r gorau, achos bod y staff yn fwy cyfeillgar nag yn y Gegin Fach.

Ar lefelau uwch, mae cwis yn ffordd effeithiol o gadarnhau'r patrymau, yn ogystal ag o godi hwyl, dim ond i'r tiwtor sicrhau bod y cwestiynau'n ddigon annelwig fel bod neb yn siŵr o'r atebion. Mae'n bwysig nad yw unrhyw weithgaredd yn tynnu sylw at wahaniaethau rhwng ystod gwybodaeth gyffredinol gwahanol aelodau'r dosbarth. Mae'r *Guinness Book of Records* yn ffynhonnell dda. Dyma rai cwestiynau posib:

Pa un ydy'r actor hyna?
<u>Burt Reynolds</u>   Robert Redford   Dustin Hoffman

Pa un ydy'r ci mwya poblogaidd ym Mhrydain?
Ci defaid   <u>Alsatian</u>   Pwdl

Pa un ydy'r enw mwya cyffredin ar dafarn?
Y Goron   <u>Y Llew Coch</u>   Y Fictoria

Pa un ydy'r babi tryma fel arfer?
Almaenwr   <u>Pygmy</u>   Americanwr

Y drefn orau yw:
1. Rhannu'r dosbarth yn dimau o ddau neu dri.
2. Gosod y cwestiwn cyntaf a gofyn i bob unigolyn ei ateb, gan ddefnyddio brawddeg lawn fel, 'Dustin Hoffman ydy'r hyna'. (Nid oes rhaid i unrhyw un gytuno â gweddill aelodau ei dîm). Bydd rhaid i'r tiwtor gadw cofnod o'r nifer o atebion cywir a gafwyd gan bob tîm ac yna rhoi'r sgoriau ar y bwrdd gwyn.
3. Cynnig bonws i un tîm os medrant lunio brawddeg gymharol gwbl gywir ar sail y cwestiwn, h.y. 'Mae Burt Reynolds yn hŷn na Dustin Hoffman'. (Bydd rhaid sicrhau

cyfle i bob un o'r timau wneud hyn yn ei dro.) Dylai'r tiwtor fod yn greulon o gadarn a thynnu chwarter marc am gamgymeriad treiglo, hanner marc am gamgymeriad yn ffurf yr ansoddair, hanner marc am anghofio dechrau'r frawddeg gyda 'mae', ac ati. Bydd hyn yn creu difyrrwch ond yn ffocysu'r meddwl ar wahanol elfennau'r patrwm hefyd!

Gweithgaredd difyr ar gyfer dechrau tymor neu Ysgol Undydd, lle mae nifer o bobl sy'n ddieithr i'w gilydd yn dod ynghyd, yw gosod set o gwestiynau megis:

Pwy sy'n dod yn wreiddiol o'r lle agosa atoch chi?

Pwy sy â'r diddordebau mwya tebyg i'ch rhai chi?

Pwy sy fwya tebyg i chi o ran hoff a chas fwydydd / diodydd / mathau o gerddoriaeth?

Bydd rhaid i bob un siarad â phawb arall yn yr ystafell er mwyn medru ateb y cwestiynau'n foddhaol. Fel amrywiad ar hyn, yn enwedig os bydd y grŵp yn gymharol fawr, gellir gofyn i bawb sefyll mewn rhes, gan osod eu hunain yn nhrefn yr wyddor o ran eu henwau cyntaf i ddechrau, rhes yn ôl pellter eu cartref presennol o leoliad y cwrs, yna yn ôl pellter eu man geni, yna yn ôl dyddiad eu pen-blwydd, ac ati. Mae hyn yn ysgogi llawer iawn o sgwrsio a thrafod, a hefyd yn awyrgylch anffurfiol braf ar ddechrau cwrs.

Gellir sbarduno gwaith sgwrsio mwy llac ac eang, sy'n rhoi cyfle i'r dysgwyr ar lefel uwch ddefnyddio'r ansoddeiriau mewn modd mor hyblyg â phosib, trwy gynnig canllawiau fel a ganlyn, lle nad oes ateb 'cywir' fel y cyfryw ond lle mae'r cyfan yn fater o farn:

Chwaraeon

Badminton   Tenis   Sboncen   Snwcer   Golff

y mwya diddorol i'w chwarae

y mwya diddorol i'w wylio

y gorau i gadw'n heini

Prifddinasoedd

Caerdydd   Llundain   Caeredin   Dulyn   Paris

     y fwya diddorol

     y fwya rhamantus

     y lana

     y rhata

Anifeiliaid anwes

Ci mawr   Ci bach   Cwningen   Cath   Byji

     y gorau / y mwya diddorol

     yr hawsa i'w gadw

     y druta i'w gadw

Dysgu Cymraeg

Siarad efo pobl   Gwrando ar y radio   Edrych ar y teledu
     Darllen llyfrau/papurau   Gramadeg

     y peth mwya pwysig

     y peth mwya anodd

     y peth mwya diddorol

Penderfynu   Lefel Uwch
Nod   Sgwrsio rhydd er mwyn dod i gytundeb

Mae gosod tasg lle mae gofyn i grŵp o ryw dri neu bedwar ddod i benderfyniad ar y cyd bob amser yn sbardun ardderchog i gyfathrebu ystyrlon. Dyma rai sefyllfaoedd posib:

1. Darllen ceisiadau tri ymgeisydd am swydd ac/neu wrando ar eu cyfweliadau, ac yna penderfynu pa un sy'n mynd i gael y swydd.

2. Darllen neu wrando ar sawl eitem o newyddion a

phenderfynu ar drefn eu pwysigrwydd er mwyn eu cyhoeddi ar dudalen flaen papur newydd neu mewn bwletin radio.

Mae digon o dasgau eraill ar gael hefyd, lle nad oes rhaid wrth waith darllen neu wrando fel sbardun, e.e

3.   Edrych ar luniau o wahanol ganolfannau gwyliau a dewis yr un sy'n apelio fwyaf at y grŵp cyfan. Bydd rhaid meddwl am chwaeth pob unigolyn o fewn y grŵp a cheisio dod o hyd i gyfaddawd!

4.   Gêm debyg i 'Family Fortunes' ar y teledu, lle mae rhaid dyfalu pa atebion a gafwyd amlaf pan ofynnwyd i gant o bobl enwi, e.e.

rhywbeth sy'n anodd ei fwyta â dannedd gosod

y ffordd orau o roi'r gorau i ysmygu

rhywbeth dach chi'n ei wneud ar soffa

gwaith tŷ maen nhw'n ei gasáu

y peth ola maen nhw'n ei wneud cyn mynd i'r gwely

ynys boblogaidd i fynd ar wyliau iddi hi

rhywbeth mae angen gwynt arno fo

man enwog yn Llundain

rhywbeth y basech chi'n ei weld ar sedd gefn car

Mae modd i'r tiwtor dwyllo rhywfaint: nid oes rhaid holi cant o bobl, ond da o beth fyddai casglu rhwng deg ac ugain o atebion o blith ffrindiau a chydnabod fel bod rhyw sail 'wrthrychol' i'r atebion! Bydd y dosbarth yn gweithio mewn grwpiau gan geisio rhagweld y tri ateb mwyaf poblogaidd i bob cwestiwn ac yn ennill pwyntiau am bob ateb cywir, wrth gwrs. Mae ychydig o gystadleuaeth bob amser yn sbardun i gyfathrebu'n effeithiol!

5.   Tasg ychydig yn wahanol yw'r Deryn Dieithr. Rhoi rhestri fel a ganlyn i bob grŵp:

gwartheg, ceffylau, defaid, moch, geifr

bwrdd, cwpwrdd, drws, ffenestr, cadair

llaw, bys, braich, penelin, ysgwydd,

awr, diwrnod, wythnos, mis, blwyddyn

Ffrainc, Sbaen, Yr Eidal, Yr Almaen, Gwlad Groeg

cath, ci, parot, iâr, cwningen

a gofyn iddynt ddewis un nad yw'n perthyn bob tro, gan gyfiawnhau'r dewis hwnnw wrth gwrs. Mae'n debyg y bydd pob grŵp wedi dewis 'deryn' gwahanol bob tro ac felly dylai'r sesiwn adborth fel dosbarth cyfan ar ddiwedd y gweithgaredd fod yn ddifyr a bywiog.

Ditectif   Sylfaen a Chanolradd
Nod   Ateb cwestiynau amrywiol a chofio manylion

Dwy gêm dditectif hwyliog lle mae modd sicrhau bod dysgwyr ar y lefelau canolig yn cael cyfle i ddefnyddio eu hadnoddau ieithyddol i'r eithaf unwaith y byddant wedi dysgu'r amser gorffennol:

1. Rhannu'r dosbarth yn barau. Dweud bod rhyw anfadwaith wedi'i gyflawni rhwng wyth a naw o'r gloch neithiwr a bod pawb yn y dosbarth dan amheuaeth. Mae gan bawb alibi gan ei fod yng nghwmni ei bartner ar y pryd. Rhoi ychydig funudau i bob pâr lunio'r alibi honno. Yn eu tro, bydd rhaid i bob unigolyn fynd allan o'r ystafell tra bydd ei bartner yn cael ei holi am ddau funud gan weddill y dosbarth. Bydd yntau wedyn yn cael ei holi i weld i ba raddau bydd yr alibi'n dal dŵr. Y dosbarth i benderfynu pwy sy'n euog!

2. Y dosbarth cyfan i ymddwyn fel un person a'r tiwtor yn dditectif, ond bydd rhaid i bawb roi'r un ateb a chofio pob manylyn. Mae'n gyfle gwych i'r tiwtor ymarfer pob patrwm mae'r dosbarth wedi'i ddysgu hyd yma. Bydd y

tiwtor yn gofyn cwestiwn neu ddau i un aelod o'r dosbarth, e.e. be' ydy eich enw chi? lle dach chi'n byw? Yna symud ymlaen at aelod arall o'r dosbarth ac ailofyn yr un cwestiynau. Bydd rhaid i'r ail ddysgwr roi'r un atebion â'r cyntaf. Gofyn ambell gwestiwn ychwanegol i'r ail ddysgwr, e.e. 'lle oeddech chi am 9.00 neithiwr? be' oeddech chi'n wisgo?' Bydd angen cofio mwy a mwy o fanylion wrth fynd ymlaen, wrth gwrs. Os bydd rhywun yn rhoi ateb 'anghywir', yna dyfernir hwnnw'n euog, ond fel arfer bydd aelodau'r dosbarth yn cefnogi ei gilydd er mwyn sicrhau na fydd hynny'n digwydd. Gwell gosod amserydd i ganu o fewn tua 10 munud i ddechrau'r dasg, felly, gan ddweud y bydd pawb yn ddieuog os na fydd twll wedi ymddangos yn yr alibi erbyn hynny. Mae'r dasg yn gorfodi pawb i wrando ar ei gilydd yn astud, ond mae hefyd yn dasg lle mae'r dosbarth yn cael mwynhau'r pleser o drechu'r tiwtor fel arfer!

I grynhoi, felly, dylai pob gweithgaredd cyfathrebol

a) ennyn diddordeb y dysgwr a chodi awydd ynddo i drosglwyddo gwybodaeth neu farn i'w gyd-ddysgwyr ac i glywed eu hymateb hwythau
b) fod wedi'i gynllunio'n ofalus er mwyn sicrhau bod adnoddau ieithyddol digonol gan y dysgwr i gyflawni'r dasg yn hyderus a chywir.

O gael y ddwy agwedd yna yn eu lle, y gobaith yw y bydd y dysgwyr yn ymgolli yn y gweithgaredd ac yn defnyddio'u Cymraeg fel cyfrwng cwbl naturiol i gyfathrebu â'i gilydd. A'r nod go iawn, wrth gwrs, yw bod yr un broses yn union yn digwydd wrth iddyn nhw fynd â'r Gymraeg efo nhw allan o'r ystafell ddosbarth ac i mewn i'w bywydau pob dydd.

Meithrin Sgiliau Darllen
Helen Prosser

Dywedodd Krashen (1993), 'Reading improves all aspects of language learning', gan gynnwys dysgu geirfa o fewn cyd-destun, gwaith llafar a gwaith ysgrifennu, gan fod patrymau cywir yn cael eu hatgyfnerthu. O ddewis y darnau'n ofalus, gall hefyd godi hyder dysgwyr wrth iddynt sylweddoli y gallant ddeall mwy na'r hyn y gallant ei gynhyrchu. Mae darllen hefyd yn helpu i greu dysgwyr annibynnol sy'n gallu mynd ati i gynyddu eu horiau cyswllt â'r iaith ar ffurf darllen. Ymddengys felly ei bod yn rheidrwydd arnom fel tiwtoriaid iaith i gynnwys elfennau o ddarllen yn ein gwersi, er y gall gwaith darllen ar adegau ymddangos yn araf a llafurus. Fy nod yn y bennod hon yw dangos sut y gellir amrywio gwaith darllen, fel y byddwn yn amrywio unrhyw sgìl y byddwn yn ei hymarfer yn y dosbarth. Ni fyddaf yn ymdrin â llenyddiaeth o gwbl, gan fod tiwtoriaid eraill wedi mynd i'r afael â hyn, gan gynnwys Cyril Jones (2010) yn ei gyfrol ardderchog, *Dysgu trwy Lenyddiaeth*.

Wrth feddwl am y gair darllen, byddwn weithiau'n cael ein cyflyru i feddwl yn syth am nofelau hirfaith neu ddarnau ffeithiol trwm, ond gall darllen wrth gwrs olygu darllen arwyddion, negeseuon byrion megis neges e-bost neu neges ar Facebook ac, wrth gwrs, negeseuon testun. Un syniad sy'n codi'n syth yw bod y tiwtor yn anfon neges e-bost at bob aelod o'r dosbarth yn wythnosol, neu'n amlach.

Pam byddwn ni'n darllen yn ein mamiaith? Tybiaf fod dau brif reswm – ar gyfer pleser, ar er mwyn dysgu. Dylid felly gadw'r pethau hyn mewn cof wrth gynllunio gweithgareddau darllen ar gyfer ein dysgwyr. Rhaid hefyd ystyried a yw'r cynnwys o fewn profiad y dysgwyr, a yw'n ddealladwy (dylai 95% o'r eitemau geirfa fod yn wybyddus i'r dysgwr) ac a yw'n cyflwyno neu'n tanlinellu unrhyw bwyntiau gramadeg penodol. Deuir yn ôl at y pwyntiau hyn yn hwyrach.

Wrth wneud ychydig o waith cefndir cyn mynd ati i lunio'r

bennod hon, daeth i'r amlwg bod dosbarthiadau dysgu darllen ar gael yn Saesneg. Er bod gennym Glybiau Darllen ar gyfer oedolion sy'n dysgu'r Gymraeg, ni wn am unrhyw ddosbarthiadau sy'n canolbwyntio'n llwyr ar ddarllen fel sgìl, a dim byd arall. Byddaf felly bob amser yn gweld darllen yn un elfen mewn gweithgaredd o fewn yr ystafell dosbarth a byddaf yn canolbwyntio ar y gweithgareddau hyn.

Lefelau Mynediad a Sylfaen

Mae ailgylchu iaith yn gwbl hanfodol er mwyn i ddysgwyr atgyfnerthu patrymau a ddysgwyd yn flaenorol. Gwneir hyn yn aml ar ffurf cwestiynau siarad rhydd/siarad personol ar ddechrau gwers. Fel amrywiad ar hyn, gellid dechrau gydag ymarfer darllen, e.e. gall y tiwtor lunio paragraff a'i roi ar sleid ond gan ei ddatgelu fesul brawddeg, a gyda bwlch lle mae'n rhaid i'r dysgwyr ddyfalu pa air sy'n dod nesaf. Dyma enghraifft o baragraff i adolygu'r gorffennol cryno. Y geiriau a danlinellir yw'r bylchau yn y sleid. Sylwer nad patrwm y gorffennol cryno a danlinellir ond geiriau sy'n dyfalu'r cyd-destun.

> *Nos Wener, es i i'r <u>sinema</u>. Es i gyda <u>ffrind</u>. Mwynheuon ni'r ffilm yn fawr iawn. Wedyn aethon ni i gael <u>cyrri</u>. Yfais i lawer o <u>win</u>. Arhosais i yn y <u>gwely</u> bore dydd Sadwrn!*

Mae meithrin y cof yn elfen bwysig arall ar ddysgu iaith ac er mwyn symud o ddyfalu'r cyd-destun i ymarfer y patrwm dan sylw, gellid ysgrifennu'r geiriau sy wedi'u tanlinellu ar y bwrdd gan gael y dysgwyr mewn parau i geisio cofio'r paragraff. Mae personoli hefyd yn elfen bwysig, felly fel cam olaf gellid cael y dysgwyr i ddisgrifio eu nos Wener nhw. Beth am ofyn i'r dysgwyr (fesul un) gymryd arweiniad yn y gweithgaredd hwn? Gallen nhw lunio paragraff syml, ei e-bostio at y tiwtor sy'n ei gywiro a chreu sleid erbyn y wers nesaf, ond y dysgwr a luniodd y paragraff sy'n rheoli'r rhan hon o'r wers.

Dyw'r syniad nesaf ddim yn newydd o gwbl ond yn rhywbeth gwerthfawr iawn gan ei fod yn cyfuno cymaint o sgiliau. Rhennir y dosbarth yn ddau hanner, gan roi un paragraff i hanner y dosbarth a pharagraff gwahanol i'r hanner arall. Bernir bod y paragraffau isod yn addas ar gyfer lefel Sylfaen. Yn gyntaf, rhaid i'r ddau grŵp ddarllen eu stori yn uchel gyda'i gilydd, gan helpu ei gilydd gydag ystyr. (Un egwyddor y byddaf yn ceisio ei phwysleisio o'r cychwyn gyda dechreuwyr wrth ddarllen yw eu bod yn derbyn yr hyn maen nhw'n ei ddeall yn syth yn y Gymraeg, e.e. os ydyn nhw'n darllen 'bore da' eu bod yn ei dderbyn fel 'bore da' yn hytrach na 'good morning'. Haws dweud na gwneud! Mae mynd dros ddarnau yn cyfieithu pob gair o'r Gymraeg i'r Saesneg yn llafurus iawn ac yn rhywbeth i'w osgoi ac felly rhaid rhybuddio dysgwyr o'r cychwyn cyntaf fod angen iddyn nhw osgoi'r dull hwn o ddarllen.) Rhowch gyfle i'r dysgwyr ddarllen y darn gyda'i gilydd o leiaf dair gwaith. Wedyn, dewiswch y cryfaf yn y ddau grŵp i ail-adrodd cymaint o'r cynnwys â phosib o'r cof. Tasg aelodau eraill y grŵp yw darllen y sgript wrth i'r person cyntaf siarad, gan dynnu sylw at unrhyw broblemau ac yn procio'r cof yn ôl yr angen. Pan fydd pawb wedi rhoi cynnig ar gofio'r sgript, rhaid creu parau gydag un person o bob grŵp lle byddan nhw'n gorfod dweud y paragraffau wrth ei gilydd a chanfod y gwahaniaethau. Dewisir y thema 'gwyliau' isod gan ei bod yn un o themâu lefel Sylfaen a gellid gwneud y gweithgaredd hwn fel rhan o'r paratoi ar gyfer trafod gwyliau.

> *Dw i'n mynd ar wyliau gyda'r teulu ddwywaith y flwyddyn –*
> *unwaith yng Nghymru ac unwaith yn Ewrop, fel arfer yn*
> *Sbaen. Llynedd aethon ni i Ddinbych-y-pysgod am wythnos ym*
> *mis Gorffennaf ac i Barcelona am wythnos ym mis Awst. Roedd*
> *Dinbych-y-pysgod yn wych achos roedd y tywydd yn braf iawn*
> *ac aethon ni i'r traeth bob dydd. Y peth gorau am Barcelona*
> *oedd gweld gêm bêl-droed yn y Nou Camp. Dw i'n edrych*
> *ymlaen at y gwyliau nesaf nawr. Byddwn ni'n mynd i ogledd*
> *Cymru dros y Pasg.*

> *Dw i'n mynd ar wyliau gyda ffrindiau ddwywaith y flwyddyn –*
> *unwaith yng Nghymru ac unwaith yn Ewrop, fel arfer yn*
> *Ffrainc. Llynedd aethon ni i Fro Gŵyr am wythnos ym mis Mai*
> *ac i Paris am wythnos ym mis Mehefin. Roedd Bro Gŵyr yn*
> *wych achos roedd y tywydd yn braf iawn ac aethon ni i syrffio*

bob dydd. Y peth gorau am Paris oedd gweld sioe yn y Moulin Rouge. Dw i'n edrych ymlaen at y gwyliau nesaf nawr. Byddwn ni'n mynd i orllewin Cymru dros y Pasg.

Gwahaniaethau	
gyda'r teulu	gyda ffrindiau
Sbaen	Ffrainc
Dinbych-y-pysgod	Bro Gŵyr
i'r traeth	i syrffio
gweld gêm bêl-droed yn y Nou Camp	gweld sioe yn y Moulin Rouge
Gogledd Cymru	Gorllewin Cymru

Egwyddor bwysig gyda'r ymarfer hwn yw bod 95% o'r eirfa'n gyfarwydd – bydd yn amhosib i ddysgwyr roi cynnig ar gofio cymaint o destun gyda llawer o eirfa newydd. Ond dyma enghraifft o weithgaredd sy'n cychwyn gyda darllen ond sy'n esgor ar waith gwrando a siarad – ac wrth gwrs yn meithrin y cof. Gellid dosbarthu prawf 'cloze' (llenwi bylchau) ar y diwedd er mwyn ymarfer yr ysgrifenedig hefyd. Mae cyflawni'r gweithgaredd hwn yn gyfle i ddynnu sylw'r dysgwyr at y ffaith eu bod wedi ymarfer yr holl sgiliau hyn.

Fel rhan o'r ymgais i ysgogi dysgwyr i ddarllen y tu allan i'r gwersi, gellid cael gweithgaredd trafod arferion darllen. Dyma'r math o gwestiynau elfennol y gellid eu gosod er mwyn ysgogi sgwrs ar 'ddarllen' a fydd yn rhoi syniad i chi fel tiwtor pa mor bwysig yw darllen i'r dysgwyr unigol yn eu mamiaith.

Dych chi'n hoffi darllen?

Beth dych chi'n (ei) ddarllen?

Ble a phryd dych chi'n darllen?

Oes 'kindle' gyda chi?

Beth oedd y llyfr diwetha ddarllenoch chi?

Dych chi'n darllen llyfr ar hyn o bryd?

Gorau oll os gall y dosbarth greu eu cwestiynau eu hunain ond bydd hyn yn dibynnu ar lefel y dosbarth. Un cyfaddawd yw bod y tiwtor yn cynnig tri chwestiwn a rhaid i'r dosbarth greu tri chwestiwn ychwanegol.

Cyn dechrau trafod pwnc ar unrhyw lefel, mae'n syniad cael 'storwm geirfa', sef rhannu'r dosbarth yn barau am ychydig funudau i restru geiriau maen nhw'n gyfarwydd â nhw ar y pwnc dan sylw. Nodwch rai o'r geiriau hyn ar y bwrdd gwyn.

Canolradd ac Uwch

Erbyn cyrraedd lefelau Canolradd ac Uwch, mae cymaint mwy o opsiynau ar gael ar gyfer amrywio gweithgareddau darllen. Ac wrth gwrs, unwaith eto, gellir creu gweithgaredd sgwrsio i ganfod beth yw arferion darllen pobl. Y tro hwn, argymhellir gweithgaredd ar ffurf 'Bingo pobl'. Rhestrir isod ddeg categori – rhaid canfod un person yn y dosbarth ar gyfer pob categori. Os bydd y dosbarth yn fach, gellid rhoi yr un person ar gyfer dau gategori.

Dewch o hyd i rywun:

    sy'n hoffi nofelau ditectif

    sy'n darllen yn y gwely

    sy'n darllen o leiaf un llyfr bob mis

    sy wedi darllen llyfr ar ôl gweld y ffilm

    sy'n prynu cylchgrawn yn rheolaidd

    sy'n darllen papur newydd

    sy'n defnyddio llyfrgell

    sy'n hoffi darllen ar sgrîn yn fwy nag ar bapur

    sy'n hoffi llyfrau ffeithiol yn fwy na ffuglen

    sy'n derbyn llyfrau fel anrhegion pen-blwydd neu Nadolig

Rydym yn aml yn meddwl am ddarn darllen fel rhywbeth i sbarduno trafod, ond byddaf yn aml yn defnyddio darn darllen i gloi gweithgaredd – i ategu'r gwaith llafar sy wedi'i wneud. Cymer, er enghraifft, bwnc megis 'Sipsiwn'. Fel arfer mae angen storwm geirfa ac yna cyfle i'r dysgwyr drafod mewn grwpiau gan ddefnyddio'r fformwla cydnabyddedig:

Gwybod   Ddim yn siŵr   Eisiau gwybod

Y syniad yw bod y grwpiau bach yn nodi'r pethau maent yn eu gwybod yn bendant am y pwnc, pethau maen nhw'n meddwl sy'n gywir ac unrhyw awydd i ganfod gwybodaeth newydd. Cymaint o fraint yw dysgu dosbarthiadau uwch lle mae gan aelodau o'r dosbarth wybodaeth helaeth a difyr am gymaint o bynciau. Yna gellir rhoi darn darllen a fydd yn aml yn ategu llawer iawn o bwyntiau fydd eisoes wedi codi. Ceir darn difyr ar wefan y BBC o bapur bro NENE o'r enw 'Cofio'r Sipsiwn' gan Llewellyn Williams. Ysgrifennwyd y darn yn 2002 ond does dim byd wedi dyddio. Bydd angen ei gwtogi'n helaeth i ryw bedwar paragraff ac wedyn gellid rhoi dau baragraff i un hanner y dosbarth a dau baragraff i'r hanner arall. Rhaid iddynt ddarllen y paragraffau ac yna rhoi crynodeb i berson o hanner arall y dosbarth. I gloi, gellid mynd yn ôl at y storwm geirfa i weld faint o'r geiriau a nodwyd o dan y thema 'sipsiwn' a gododd yn y darn. Mae'r arfer o gael hanner y dosbarth yn darllen rhan o ddarn a'r hanner arall yn darllen rhan wahanol yn gweithio'n dda ar gyfer darllen yn arwain at waith crynhoi dilys.

Yr hyn sy bob amser yn bwysig yw codi chwilfrydedd mewn unrhyw ddarn darllen. Ceir stôr enfawr o erthyglau ar wefan S4C. Os gwelwch fod rhaglen ffeithiol yn mynd i fod ar S4C a bod erthygl yn disgrifio'r rhaglen ar y wefan, gofynnwch i'r dysgwyr ragweld beth fydd cynnwys yr erthygl ac felly y rhaglen. Rhaid wrth gwrs sicrhau bod gan bawb yn y dosbarth wybodaeth am y pwnc dan sylw er mwyn gallu cyfrannu'n ystyrlon i'r drafodaeth. Gweithia'n dda gyda rhaglenni am drefi neu ddinasoedd mae pawb yn gyfarwydd â nhw. Bydd llawer mwy o ddiddordeb gyda nhw mewn darllen yr erthygl i weld a ydyn nhw wedi rhagweld y pethau iawn na darllen heb unrhyw bwrpas. Mae hefyd wrth gwrs yn bosib rhoi teitl darn darllen neu'r geiriau allweddol a chael y dysgwyr i ragweld y cynnwys.

A sut mae gweithredu darnau darllen cymharol hir yn y dosbarth? Dros y blynyddoedd, rwyf wedi canfod fod yn gas gan y rhan fwyaf ddarllen o flaen y dosbarth cyfan heb unrhyw baratoi ymlaen llaw – rhaid canolbwyntio gormod ar ynganu a dywed y dysgwyr ei bod yn anodd meddwl am ystyr y darn a darllen yn uchel. Rwyf felly wedi meithrin strategaeth sy'n gweithio i'r rhan fwyaf. Darllena pawb baragraff yn dawel yn ei ben ac yna byddaf i'n darllen y paragraff yn uchel gan roi sylw i unrhyw broblemau sy'n codi. Dyw'r dysgwyr eu hunain ddim yn darllen yn uchel nes ein bod wedi bod trwy'r darn cyfan yn y modd yna a chânt eu rhannu'n barau i ddarllen. Neu weithiau byddwn ni'n hepgor y cam olaf yn gyfan gwbl. Ac os oes cwestiynau dealltwriaeth i'w hateb yn dilyn darn, anogaf y dysgwyr i beidio ag ysgrifennu dim byd, dim ond trafod eu hatebion a'u hysgrifennu fel gwaith cartref os teimlant fod hynny o gymorth iddynt. Gall cofnodi atebion i ddarnau darllen fwyta i mewn i'r amser prin sy gan y dysgwyr yn y dosbarth.

Byddaf hefyd yn defnyddio darnau darllen i dynnu sylw at unrhyw bwyntiau ieithyddol byddwn wedi bod yn rhoi sylw iddynt yn y dosbarth yn ddiweddar, e.e. cymryd sylw arbennig o rifau ac ymarfer eu dweud yn ofalus a chanfod y ffurfiau lluosog yn y darn. Defnyddiais y darn y dyfynnir ei baragraff cyntaf isod i dynnu sylw at ddefnydd o'r cymal enwol. Teitl y darn yw 'Symud cartref' (Cwrs Uwch 1 Prifysgol Caerdydd) ac ynddo ceir defnydd sawl gwaith o'r cymal enwol – rhywbeth sy'n peri anhawster i'r rhan fwyaf o'r dysgwyr. Gellid dilyn y camau isod cyn dechrau darllen:

- Storwm geirfa ar y pwnc – Symud Cartref
- Gofyn i'r dysgwyr drefnu eu hunain mewn rhes yn ôl faint o weithiau maen nhw wedi symud tŷ fel oedolion (er mwyn ymarfer unwaith, dwy waith, tair gwaith a.y.y.b.)
- Trafodaeth ar y pwnc
- Darllen y darn

- Cyfieithu'r canlynol: Because my father was in the <u>army</u>, I don't think mam enjoyed <u>packing</u>, because there wasn't enough <u>room</u>. Braf iawn yw eu gweld yn gwneud hyn yn gwbl ddi-drafferth, er bod y gwaith yn gyffredinol yn anodd. Ceir wedyn ddril disodli ar yr elfennau a danlinellir.

Achos bod fy nhad yn y fyddin dw i wedi symud cartref yn aml iawn. A dweud y gwir, dw i wedi mwynhau gwneud hyn. Fel arfer, bydd y plant yn cael llawer o hwyl pan fydd rhywbeth fel hyn yn digwydd. Mae'r oedolion yn rhy brysur i dalu gormod o sylw o beth maen nhw'n ei wneud. Ond dw i ddim yn meddwl i mam fwynhau pacio popeth bob amser a gorfod gadael pethau achos nad oedd digon o le yn y lori i fynd â nhw.

Unrhyw Lefel

Gellir amrywio'r gweithgareddau y soniwyd amdanynt eisoes ar gyfer unrhyw lefel, ond ceir nawr ychydig o syniadau sy'n eu benthyg eu hunain yn hawdd i unrhyw lefel.

Pan geir darn darllen sy'n cynnwys llawer o wybodaeth ffeithiol, gellir rhoi darn byr gwahanol i bob aelod o'r dosbarth ei ddarllen yn unigol, e.e. ffeithiau am fywyd chwe deg mlynedd yn ôl. Ceir wedyn restr o gwestiynau ac mae'n rhaid crwydro o gwmpas y dosbarth yn canfod yr atebion i bob un. Ceir effaith pelen eira yma gan y bydd modd ateb cwestiynau y mae'r dysgwyr wedi cael yr ateb iddynt gan ddysgwyr eraill, nid yn unig eu hatebion eu hunain. Dyma grid i ddangos y math o wybodaeth a chwestiynau y gellid eu defnyddio:

Cwestiynau (mae pawb yn derbyn copi o bob cwestiwn)	Atebion (un ateb sydd gan bawb)
Pa nwyddau oedd yn cael eu dogni chwe deg mlynedd yn ôl?	Roedd nwyddau fel siwgr, menyn, caws, margarin a chig yn cael eu dogni chwe deg mlynedd yn ôl.

Sut roedd noson yn y sinema'n dod i ben chwe deg mlynedd yn ôl?	Ar ddiwedd ffilm yn y sinema roedd 'God Save the Queen' yn cael ei chwarae chwe deg mlynedd yn ôl.
Faint o gyllideb wythnosol pobl oedd yn cael ei gwario ar fwyd a diodydd ysgafn? Beth am heddiw?	Ym 1953 roedd traean o arian person ar gyfer wythnos yn cael ei wario ar fwyd a diodydd ysgafn. Mae hyn wedi cwympo i chweched ran o arian person erbyn heddiw.
Pa raglenni radio oedd yn boblogaidd chwe deg mlynedd yn ôl?	Roedd 'Yr Archers' a'r 'Goon Show' ymhlith y rhaglenni radio mwya poblogaidd chwe deg mlynedd yn ôl.
Sut mae arferion gwyliau wedi newid i lawer?	Ym 1953 dim ond unwaith y flwyddyn roedd pobl yn mynd ar eu gwyliau ac roedden nhw'n heidio i lefydd fel Skegness, Blackpool a Brighton.

Syniad cyfarwydd arall yw torri darn yn stribedi gan ofyn i'r dysgwyr eu trefnu'n rhesymegol. Mae trefnu'r cyfarwyddiadau o fewn rysáit yn gweithio'n dda, neu drefnu cân neu rigwm mewn dosbarthiadau Cymraeg i'r Teulu.

Sonnir uchod am roi teitl darn i'r dysgwyr er mwyn rhagweld y cynnwys. Gyda darnau llawer byrrach, gellid gofyn i ddysgwyr nodi'r teitl ac efallai y prif bwynt hefyd. Dyma enghraifft addas ar gyfer lefel Canolradd:

> *Bydd dros hanner ysgolion Cymru ar gau ddydd Mercher nesaf achos bydd yr athrawon yn streicio. Nid streic dros ragor o arian yw hon. Mae'r athrawon yn poeni bod dros dri deg o blant yn y rhan fwyaf o ddosbarthiadau erbyn hyn. 'Mae'n*

amhosib rhoi sylw i blant sy angen help os bydd dosbarthiadau'n rhy fawr', meddai llefarydd ar ran Undeb UCAC. Bydd ralïau yng Nghaerdydd, Aberystwyth a Bangor.

Teitl: ....

Prif bwynt: ....

Ffordd arall o wirio a yw dysgwyr wedi deall paragraffau yw cynnwys brawddeg sy ddim yn perthyn, e.e.

Mae pobl yn teithio dros hanner can milltir i flasu'r bwyd lleol mewn bwyty newydd ar Ynys Môn. Agorwyd 'Melin Môn' chwe mis yn ôl ac ar hyn o bryd mae pob bwrdd wedi'i gadw am y mis nesaf. Mae'r bwyty'n arbenigo mewn bwyd môr ond hefyd yn gweini prydau sy'n cynnwys cig a phrydau llysieuol. Does dim pysgod yn y môr yn Ynys Môn y dyddiau hyn. Mae'r bwyd i gyd yn dod o'r ardal leol ac felly mae'r cwsmeriaid yn gwybod eu bod yn cefnogi'r economi leol wrth fwyta yn 'Melin Môn'.

Y frawddeg wrth gwrs yw 'Does dim pysgod yn y môr yn Ynys Môn y dyddiau hyn'. Er mwyn rhoi sylw pellach i'r frawddeg hon, gellid cael parau i feddwl am 3–5 brawddeg sy'n dechrau gyda'r geiriau 'Does dim...' ac yn diweddu gyda'r geiriau '...y dyddiau hyn', e.e. 'Does dim ceir tair olwyn ar y ffyrdd y dyddiau hyn, does dim rhaglenni comedi da ar y teledu y dyddiau hyn'. Gellid gosod testun fel gwaith cartref gan ofyn i'r dysgwyr ysgrifennu paragraff dim mwy na deg brawddeg, gan gynnwys un frawddeg nad yw'n perthyn. Ar ôl eu cywiro, gellid eu rhannu yn y dosbarth i'r dysgwyr weithio ar baragraffau ei gilydd.

Er ein bod yn draddodiadol yn gosod cwestiynau dealltwriaeth ar ôl darn darllen, nid yw hyn yn adlewyrchu ein gofynion darllen yn ein bywydau pob dydd. Rydym yn llawer mwy tebygol o grynhoi darn na gorfod ateb cwestiynau wrth y bwrdd brecwast. Un gweithgaredd y gellid ei wneud ar bob lefel yw cael parau neu grwpiau bach i benderfynu beth yw'r tri phrif bwynt yn y darn darllen dan sylw. Bydd hyn yn arwain at drafodaeth a chytuno neu anghytuno.

Ac un syniad arall i orffen. Lluniwch baragraff syml gan adael allan yr ansoddeiriau. Rhowch yr ansoddeiriau ar ddiwedd y darn gan ofyn i'r dysgwyr eu rhoi yn y lle priodol yn y darn (gan dreiglo yn ôl yr angen, wrth gwrs). Mae angen dealltwriaeth dda i allu gwneud hyn. Dyma un enghraifft:

> *Mae Jac Jones yn beldroediwr sy'n chwarae i dim Llanaber. Enillon nhw mewn gêm yn erbyn Aberheli ddydd Sadwrn diwethaf. Sgoriodd Jac gôl. Y sgôr oedd 2-0 i Lanaber. Hoffai Jac fod yn beldroediwr ar ôl gadael yr ysgol.*
>
> *cyfun   cyffrous   gwych   ifanc   proffesiynol   terfynol*

Dysgu Geirfa

Er mwyn meithrin rhugledd wrth ddarllen, mae dysgu geirfa'n gwbl allweddol. Gellid dweud yr un peth am y gallu i fwynhau rhaglen radio neu deledu. Nid diffyg gramadeg sy'n rhwystro dysgwyr lefelau uwch rhag mwynhau yr elfennau hollbwysig hyn yn ein diwylliant, ond diffyg geirfa. Ac eto, faint o sylw ydyn ni fel tiwtoriaid iaith yn ei roi i'r broses o ddysgu geirfa? Ceir geirfa ym mhob uned yn ein gwerslyfrau ac mae'n siŵr bod pob tiwtor yn cadw cofnod o'r geiriau newydd sy'n codi mewn dosbarth ac yn sicrhau eu bod nhw'n cael eu hymarfer, ond nid yw hyn yn ddigon. Mae angen i ddysgwyr gymryd cyfrifoldeb dros ddysgu geirfa. Mae canran uchel iawn o'n dosbarthiadau ni yn cynnwys pobl sy'n drawsdoriad o'n cymdeithas a bydd eu cefndir a'u diddordebau'n eang iawn. Bydd yr eirfa y bydd ei hangen arnyn nhw felly'n amrywio'n fawr. Mae'r sefyllfa hon ychydig yn wahanol mewn dosbarthiadau Cymraeg i'r Teulu, lle gellir teilwra geirfa gyffredin, ac mewn rhai gweithleoedd os bydd pobl yn gweithio yn yr un proffesiwn neu o leiaf yn yr un maes. Wedi dweud hynny, mewn rhai gweithleoedd megis cyngor sir, bydd gwaith pobl yr un mor amrywiol weithiau â dosbarth yn y gymuned. Mae cyfrifoldeb mawr ar yr unigolyn i ddysgu geirfa ac mae darllen yn un ffordd o wneud hyn. Honna Farrell (2009) fod pobl yn dysgu geirfa'n semantaidd ac nid yn ôl yr wyddor fel mewn geiriadur. Yr hyn y mae pawb yn gytûn ynglŷn ag ef yw bod defnydd cyson o air yn allweddol i'w gofio'n dda. Cofiaf glywed Paul Meara'n siarad mewn cynhadledd am bwysigrwydd dysgu geirfa a sôn am dechneg syml iawn, sef creu blwch gyda sawl adran iddo. Mae'r geiriau newydd yn mynd yn yr adran gyntaf yn y blwch a rhaid edrych arnynt yn ddyddiol am wythnos. Ar ddiwedd yr wythnos, bydd y geiriau sy wedi'u dysgu'n drwyadl yn symud yn ôl i'r ail adran lle byddan nhw'n cael eu profi ar ôl wythnos yn unig, tra bo'r geiriau newydd mae'r dysgwr wedi'u dewis yn mynd yn yr adran gyntaf ym mlaen y blwch. Mae'r geiriau'n cael eu symud yn ôl yn gyson fel eu bod yn cael eu profi'n llai a llai aml. Mae hyn yn gofyn am ddisgyblaeth ond mae'n ddull da. 'Y Cofiadur' yw'r term a fathwyd ar gyfer y blwch hwn gan gydweithiwr i fi, Colin Williams.

Cwestiwn diddorol wrth gwrs yw sut y dylid cofnodi'r geiriau i fynd yn y Cofiadur yn y lle cyntaf. Byddwn i'n dadlau bod hynny'n dibynnu ar yr unigolyn a beth sy'n gweithio orau iddyn nhw. Ond dyma rai o'r opsiynau:

> Gair Cymraeg ar un ochr a'r cyfieithiad Saesneg ar yr ochr arall
>
> Gair Cymraeg ar un ochr a diffiniad yn Gymraeg ar yr ochr arall
>
> Gair Cymraeg ar un ochr a llun ar yr ochr arall

Yn ogystal â'r gair Cymraeg, gellid nodi'r frawddeg lle daethpwyd ar draws y gair yn y lle cyntaf, fel bod y cyd-destun bob amser yn amlwg.

Yr hyn sy'n anodd i bobl sy'n llunio cyrsiau yng Nghymru yw nad oes corpws gyda ni eto sy'n dangos amlder defnydd iaith. Ond mae'r gwaith hwn ar y gweill a bydd yn gaffaeliad mawr.

Tra bod cyfrifoldeb ar y dysgwyr i ddysgu geirfa, dylen ni fel tiwtoriaid fod yn tynnu sylw at rai egwyddorion. Dywed Graves (1984) bod pedwar math o air bydd y dysgwr yn dod ar ei draws:

1.   Gair bydd y dysgwyr yn ei wybod ar lafar ond yn methu â'i ddarllen. Byddwn yn tybio bod hyn yn llai o broblem yn y Gymraeg na'r Saesneg.

2. Gair a chanddo sawl ystyr gwahanol a'r gair yn y darn darllen a astudir yn wahanol i'r ystyr sydd wedi'i ddysgu gan y dysgwr eisoes. Daw'r gair 'ysgol' i'r meddwl yn syth, lle mae dysgwyr yn dysgu'n gynnar iawn mai 'school' yw'r ystyr ac yn gallu cymysgu'n hawdd wrth ddod ar draws yr ystyr 'ladder' am y tro cyntaf.

3. Gair lle gall rhywun weld y cysylltiad â gair arall sydd eisoes wedi'i ddysgu.

4. Gair lle nad oes cysylltiad ag unrhyw air arall sydd eisoes wedi'i ddysgu.

Yn sicr, mae angen geiriau sy'n perthyn i bob categori mewn darn darllen, ond mae'r gwaith yn mynd yn llafurus iawn os oes gormod sy'n perthyn i gategori pedwar. Hawdd iawn yw diflasu os oes rhaid edrych mewn geiriadur drwy'r amser. Ar y llaw arall, mae geiriau sy'n perthyn i gategori tri yn bwysig i helpu dysgwyr meithrin ymwybyddiaeth o fod yn ddysgwyr annibynnol a gallu dyfalu o'r cyd-destun a'u gwybodaeth flaenorol o'r Gymraeg yn hytrach na gorddibynnu ar eiriadur.

Mae'n syndod faint o ddosbarthiadau sy'n gofyn am brofion geirfa a does dim o'i le ar hynny o bryd i'w gilydd. Gellir hefyd osod ymarferion o lefel gynnar iawn sy'n profi sgiliau darllen a dysgu geirfa, e.e.

Lefel Mynediad – yn syml iawn, gofyn i ddysgwyr ddarllen rhes o eiriau gan danlinellu yr un gair â'r gair cyntaf:

llun	llyn	llyfn	llun	llun	llan
nawr	naw	rwan	nawr	nam	nawr
gwin	gwyn	gwin	gwin	gwen	gwan

Mae'r geiriau cychwynnol hyn yn rhai sy'n dod yn gynnar iawn ym mhob llyfr cwrs, mae'n siŵr.

Lefel Sylfaen – pa air sy ddim yn perthyn? Mae'r rhesi'n dilyn rhai o'r themâu a nodir ar gyfer lefel sylfaen. Fel gweithgaredd ychwanegol, gellid cael y dysgwyr i nodi'r thema.

gwesty	pabell	desg	pacio	awyren	traeth
brawd	chwaer	modryb	cefnder	golau	mam-gu
troli	talu	gwario	peintio	silffoedd	bargen
coginio	darllen	chwaraeon	tân	y theatr	ffilmiau

Lefel Canolradd – nodi cyfystyron, gan gymryd y gair cyntaf fel y gair y mae angen cyfystyron ar ei gyfer:

trist	hapus	anhapus	diflas	llawen	tal
tost	sâl	iach	pert	bach	poenus
ardderchog	ofnadwy	gweddol	gwych	digonol	bendigedig

Ymarferion bach i lenwi pum munud yw'r rhain ond pwysleisiant bwysigrwydd geirfa a rhaid manteisio ar bob cyfle i wneud hynny.

Ysgogi Darllen

Canolbwyntiwyd hyd yn hyn ar weithgareddau darllen yn y dosbarth ond rhaid wrth gwrs ysgogi darllen annibynnol ar hyd yr adeg. Gellir gwneud hyn yn syml iawn ar y cychwyn trwy gyfeirio dysgwyr at wefannau i ddysgwyr Cymraeg ac i adrannau megis yr adrannau digwyddiadau lle bydd yr wybodaeth yn syml ac ar y cyfan yn ddigon fformwläig fel y bydd ailadrodd cyson.

O Fynediad 2 ymlaen, ceir llyfrau arbennig ar gyfer dysgwyr ac wrth gwrs *Lingo Newydd*. Ond sut mae ysgogi darllen? Gellir dod â'r llyfrau i'r dosbarth i'r dysgwyr gael eu gweld, eu hannog i gyfnewid llyfrau ymhlith ei gilydd neu drefnu ymweliad â dosbarth. Ond all y tiwtor wneud rhagor? Dyma rai syniadau:

- Gosod cwestiynau ar nofelau fesul pennod i'w hateb fel gwaith cartref.

- Darllen paragraff/au cychwynnol llyfrau neu erthyglau er mwyn dangos bod y gwaith o fewn cyrraedd y dosbarth gan eu hannog i barhau i ddarllen gartref.

- Dosbarthu copi o bapur bro neu gylchgrawn i bawb gan ofyn iddynt gael hyd i un erthygl ddiddorol a chyflwyno gwybodaeth am yr erthygl honno i'r dosbarth yr wythnos wedyn.

- Gofyn i bobl edrych ar y prif eitemau newyddion ar wefan golwg360 neu BBC Cymru neu Cymru Fyw y diwrnod cynt er mwyn gallu cyfrannu at drafodaeth ar y newyddion yn fwy ystyrlon.

- Rhoi enw person enwog i bobl wrth iddynt adael y dosbarth gan ofyn iddynt wneud ymchwil a chyflwyno'r person i bawb arall yn y wers nesaf.

Yn ddiddorol, dywed Farrell (2009) nad yw'n ddigon gofyn i ddysgwyr ddarllen yn annibynnol heb awgrymu strategaeth a fydd yn eu cynorthwyo i elwa mor llawn â phosibl o'r profiad. Dyma un strategaeth bosib:

1. Stopio ar ddiwedd pob paragraff er mwyn crynhoi'r cynnwys yn fyr – yn y pen yn hytrach nag ar bapur.

2. Holi a oes unrhyw eiriau y mae'n angenrheidiol eu dysgu er mwyn gwerthfawrogi'r paragraff yn llwyr a gwneud nodyn o'r geiriau hyn.

3. Holi a oes unrhyw frawddegau nad ydynt yn ddealladwy oherwydd y gramadeg. Nodi'r brawddegau hyn er mwyn gofyn i'r tiwtor am gymorth.

Casgliadau

Does dim rhaid i waith darllen yn y dosbarth fod yn ddiflas ac yn undonog. Rhaid meddwl yn greadigol am bob un darn i sicrhau bod rhyw nod amgenach nag ymarfer darllen a deall yn unig – codi chwilfrydedd mewn pwnc, ysgogi trafod a dadlau, tanlinellu pwyntiau gramadegol, neu ddarparu darn lle mae pawb ar waith yn gwneud tasgau gwahanol gyda'r darn. A dyma'r tri 'top tip':

1.   Peidiwch â phwyso ar bobl i ddarllen yn uchel o flaen y dosbarth heb fod wedi cael y cyfle i weld y darn o gwbl.

2.   Peidiwch â gwastraffu amser prin dosbarth yn cofnodi atebion darllen a deall.

3.   Sicrhewch eich bod chi'n gwbl gyfarwydd â'r darn dan sylw ac yn gyfforddus â'r cynnwys, yr eirfa a'r gramadeg sy'n codi. Gorau oll os byddwch chi'n mwynhau'r darn – bydd yn llawer haws trosglwyddo'ch brwdfrydedd i'r dysgwyr.

Hwyl ar y darllen!

Llyfryddiaeth

T. S. C. Farrell, *Teaching Reading to English Language Learners: A Reflective Guide* (Thousand Oaks, California: Corwin, 2009).

M. F. Graves, 'Selecting vocabulary to teach in the intermediate and secondary grades', yn J. Flood (gol.) *Promoting Reading Comprehension*, (Newark, DE: International Reading Association, 1984). tt. 245–60.

C. Jones, *Dysgu trwy Lenyddiaeth* (Caerdydd: CBAC, 2010).

S. D. Krashen, S. D., *The Power of Reading: Insights from the Research* (Englewood, Co: Libraries Unlimited, 1993).

Meithrin Sgiliau Ysgrifennu
Phyl Brake

Mae ysgrifennu nid yn unig yn broses a ddefnyddir i roi geiriau ar bapur, sgrin cyfrifiadur, llechen neu ffôn clyfar, ond hefyd y cynnyrch sy'n deillio o'r broses honno. Mae'r gallu i ysgrifennu yn iaith darged y dysgwr yn cael ei gymhlethu gan ei hyfedredd yn yr iaith honno, ei lythrennedd yn ei iaith gyntaf, a gwahaniaethau o ran diwylliant ac ymagwedd at y testun dan sylw. Gall hyfforddiant effeithiol mewn ysgrifennu helpu i wella hyfedredd dysgwr ail iaith. Yn y gorffennol, bu dulliau gwahanol o hyfforddiant yn canolbwyntio naill ai ar broses, cynnyrch neu bwrpas ysgrifennu. Ond mae dulliau diweddar o addysgu ac asesu yn cydnabod yr angen i integreiddio pob agwedd ar ysgrifennu (Archibald, 2014).

Cydnabyddir mai siarad yw prif ddiben dysgu ail iaith leiafrifol fel y Gymraeg, a dyna'r pwyslais a geir mewn dosbarthiadau Cymraeg i Oedolion ar bob lefel. Ond cydnabyddir hefyd rôl meithrin sgiliau darllen ac ysgrifennu yn y broses hon, yn enwedig yn gynnar ar gwrs ail iaith. A dyna un rheswm pam y mae'r mwyafrif llethol o gwrslyfrau Cymraeg i ddechreuwyr, fel, er enghraifft, *Wlpan y Gogledd*, *Cwrs Sylfaenol Ceredigion* a *Cwrs Mynediad CBAC*, yn cynnwys gweithgareddau sy'n meithrin – yn anuniongyrchol yn aml – y sgiliau anllafaredig hyn.

Mae meithrin sgiliau darllen ac ysgrifennu o gyfnod yn y cwrs yn fodd i helpu dysgwyr i:

1. Ehangu eu geirfa yn yr iaith darged
2. Cynyddu eu gwybodaeth oddefol am yr iaith darged
3. Datblygu eu harddulliau llafar yn yr iaith darged

Wrth feithrin sgiliau ysgrifennu mewn ail iaith, rhaid cadw mewn cof trwy'r amser mai dim ond lleiafrif bychan o siaradwyr brodorol unrhyw iaith sy'n datblygu'r sgiliau hyn yn llawn, ac mae hyn yn arbennig o wir yn achos iaith leiafrifol fel y Gymraeg.

Safonau Iaith Cenedlaethol a Fframwaith Credydau a Chymwysterau Cymru

Erbyn hyn, mae'r Safonau Iaith Cenedlaethol wedi eu cymathu i'r Fframwaith Credydau a Chymwysterau Cenedlaethol (FfCChCC [CQFW] yn achos Cymru), a defnyddir y lefelau hyn i nodi safon y gweithgareddau a ddisgrifir yn y bennod hon. Ceir disgrifiad bras o'r lefelau hyn yn nhabl 1:

Level	Enw	Disgrifiad
M	Mynediad	Yn medru deall a defnyddio nifer fach o eiriau ac ymadroddion allweddol sylfaenol, ynghyd â delio â nifer cyfyngedig o dasgau gwaith cyfarwydd.
1	Sylfaen	Yn medru deall a defnyddio ystod gyfyngedig o eiriau a brawddegau syml a gwybod ffurfiau symlaf y gorffennol, y presennol a'r amserau, ynghyd â delio â thasgau gwaith cyfarwydd.
2	Canolradd	Yn medru deall a defnyddio geirfa a brawddegau safonol a strwythurau arferol ac yn gallu adnabod rhai elfennau llai cyfarwydd, ynghyd â delio â thasgau gwaith bob dydd.
3	Uwch	Yn medru deall a mynegi gwybodaeth, syniadau a barn am amrywiaeth o bynciau, ynghyd â delio ag amrywiaeth o dasgau gwaith.
4	Hyfedredd	Yn medru deall a defnyddio iaith gymhleth a'i fynegi ei hunan yn rhugl, ynghyd ag ymdrin yn hyderus â'r rhan fwyaf o sefyllfaoedd gwaith.

Tabl 1 Disgrifiad bras o gymwyseddau iaith yn ôl FFCChC

Cyn mynd rhagddo i sôn am feithrin sgiliau ysgrifennu dysgwyr y Gymraeg, da o beth fyddai oedi eiliad i ystyried beth yn union a olygir wrth y term 'ysgrifennu'.

Ar ei ffurf symlaf, ysgrifennu yw'r weithred o nodi ar bapur, ar sgrin cyfrifiadur, llechen neu ffôn clyfar, rywbeth sy'n cael ei lefaru. Ar lefel geiriau unigol, 'sillafu' y gelwir y broses hon. Daw ysgrifennu'n broses fwy cymhleth pan fydd yn cyfleu elfennau penodol o ystyr. Ar ei ffurf fwyaf datblygedig, mae ysgrifennu'n cyfeirio at fynegi syniadau yn ôl confensiynau graffig yr iaith; 'cyfansoddi' y gelwir y broses hon. Golyga hyn oll ei bod hi'n dra phwysig i ddysgwr ail iaith ddysgu:

1. System graffig yr iaith darged.

2. Sillafu yn ôl confensiynau'r iaith honno.

3. Sut i reoli strwythur yr iaith darged fel y bydd yr hyn a ysgrifenna yn ddealladwy i'w ddarllenydd.

4. Sut i ddethol o blith y cyfuniadau posib o eiriau ac ymadroddion, y rhai a fydd yn cyfleu beth sydd yn ei feddwl yn yr arddull lafar sy'n fwyaf addas.

Rhaid dysgu'r tair proses gyntaf mor drylwyr fel na fyddant angen sylw parhaus yr ysgrifennwr. Ar ôl gwneud hyn, bydd y dysgwr yn gallu canolbwyntio ar y broses o ddethol o blith y cyfuniadau posib.

> **Er nad sgìl y gellir ei ddysgu ar ei ben ei hunan yw ysgrifennu, gall helpu'r dysgwr i gofio'r patrymau cystrawennol y bydd wedi eu dysgu ar lafar, a thrwy dynnu sylw at ffurf ysgrifenedig geiriau ac ymadroddion, helpu'r dysgwr i feithrin cof o ffurfiau graffig a fydd, yn ei dro, yn hwyluso'r broses o ddarllen.**

Gan hynny, bydd gan yr ymarferion mwyaf effeithiol berthynas agos â datblygu'r sgiliau eraill. Ni bydd lefelau uchel o gyfansoddi'n bosib oni bydd dysgwr wedi cyrraedd lefel uchel o feistrolaeth ar y sgiliau eraill. Dylai tiwtor ail iaith gadw mewn cof na fydd rhai dysgwyr byth yn cyrraedd lefel uchel o gyfansoddi yn yr iaith darged, yn union fel na bu iddynt ei wneud yn eu hiaith gyntaf.

Gellir olrhain llawer o wendidau ysgrifennu mewn dosbarthiadau uwch yn ôl at ddiffyg hyfforddiant systematig yn ystod lefelau cynharach cwrs ail iaith, ac felly, dylid cadw'r rheol euraid ganlynol mewn cof trwy'r amser: 'Ni ddylid annog dysgwyr mewn dosbarthiadau Lefel Mynediad a Sylfaen i ysgrifennu ond y patrymau a'r eirfa a ddysgir fel rhan o'r cwrs.' Dyma restr o'r prosesau a all fod o ddefnydd wrth ddysgu ysgrifennu ail iaith (Rivers, 1981: 250–52):

1. **Copïo (Arddywedyd)**
   Gall copïo gofalus oresgyn ymyrraeth arferiadau'r iaith gyntaf trwy ganolbwyntio sylw'r dysgwr ar y gwahaniaethau rhwng yr iaith gyntaf a'r iaith darged.

2. **Atgynhyrchu**
   Ysgrifennu yr hyn y bydd y dysgwr wedi ei ddysgu ar y cwrs llafar.

3. **Ailgyfuno**
   Yma, mae disgwyl i'r dysgwr atgynhyrchu darnau o lenyddiaeth; gwneud driliau cystrawennol; disodli; trawsffurfio geiriau.

4. **Ysgrifennu dan hyfforddiant**
   O dipyn i beth, rhoir rhagor o ryddid i'r dysgwr, e.e. ailysgrifennu adroddiadau; addasu deialogau'n adroddiadau, neu fel arall a.y.y.b.

5. **Cyfansoddi**
   Hyd yn oed yma, y gair allweddol yw 'symleiddio' yr hyn y mae'r dysgwr yn ceisio'i fynegi. Mae'r lefel hon yn rhoi'r cyfle i'r tiwtor, a'r dysgwyr, i drafod meysydd o gamddeall fel y gellir eu cywiro lle y bydd angen.

6. **Cywiro ymarferion ysgrifenedig**
   Dylai'r tiwtor ragweld mathau penodol o wallau iaith cyffredin.

Hyd yn hyn, buwyd yn trafod meithrin sgiliau ysgrifennu iaith darged fwy neu lai'n haniaethol, heb gyfeirio at unrhyw iaith benodol. Mae'n bryd inni nawr ystyried sut y gellir cymhwyso'r pwyntiau a godwyd yn gynharach at ddysgu Cymraeg i oedolion.

Ymarferion Copïo (Arddweud)
Ynganu'r Wyddor (Lefel Mynediad yn Fframwaith Credydau a Chymwysterau Cymru [FfCChC])

Ar ddechrau unrhyw gwrs Cymraeg i ddechreuwyr, rhaid sicrhau fod pawb yn gyfarwydd â chonfensiynau'r wyddor. Mae hyn yn arbennig o bwysig ar gyrsiau dwys fel wlpan. Gellir gwneud hyn yn uniongyrchol trwy esbonio ansawdd seinyddol y gwahanol symbolau ysgrifenedig, sydd ar y cyfan, yn weddol gyson, gan dynnu sylw'r dysgwyr at y llythrennau 'dwbl' sy'n ddeithr i siaradwr di-Gymraeg: 'ch', 'dd', 'ff', 'ng', 'll', 'rh' a.y.y.b., ac esbonio'r rheolau ynglŷn ag ynganu'r llythyren 'y', sef ei bod hi'n cynrychioli'r sain ganol [ə] pan fo'n digwydd yng ngoben geiriau lluosill:

cynnig [kənig]; tynnu [təni]; penderfynu [pɛndɛrvəni]

Ond y sain flaen gaeedig [i] yn Ne Cymru, a'r sain ganol gaeedig [ɨ] yng Ngogledd Cymru, a geir pan fo'n digwydd yn y sillaf olaf:

gwely [gwe·li]/[gwɛɬɨ] felly [vɛɬi]/[vɛɬɨ]; hynny [həni]/ [hənɨ]; gwesty [gwɛsti]/ [gwɛsṭɨ]

Gellir dysgu rheolau fel hon yn fwy effeithiol trwy ddefnyddio'r dull anwythol. Mae chwarae'r gêm gyfarwydd *bingo* yn enghraifft dda o hyn (Brake, 2014a, t. 11):

1. Ysgrifennu rhestr o eiriau sy'n arddangos y rheol sydd i'w dysgu – 'y' yn yr achos hwn – ar y bwrdd (Gwell peidio ag esbonio ystyr y geiriau, i sicrhau fod y dysgwyr yn canolbwyntio ar yr ynganiad yn unig.):

cydio	Cymry	cysgod
cywir	dyffryn	dynol
ffyn	grym	gwely
gwyn	hynny	melys
menyn	mymryn	plentyn
pryder	pymtheg	pyst
sydyn	syndod	trydan
tybed	ynys	ystyried

2. Gofyn i'r dosbarth gopïo unrhyw bedwar o'r geiriau hyn ar ddarn o bapur.

3. Dweud wrth y dosbarth am groesi allan *bob* gair a ysgrifennwyd ganddynt pan glywant y tiwtor yn ei adrodd, ac wedyn, dechrau galw geiriau'r rhestr allan y naill ar ôl y llall mewn unrhyw drefn. (Gwell bod y tiwtor yn gwneud yr un peth i sicrhau nad yw'n galw'r un gair fwy nag unwaith.)

4. Pan fydd un o'r dysgwyr wedi croesi allan y pedwar gair a ysgrifennodd, dylai weiddi: 'Bingo!' neu 'Tŷ llawn!'

5. I sicrhau fod yr enillydd yn cofio sut i ynganu'r gwahanol eiriau, gofyn iddo ailadrodd ei restr.

6. Cario ymlaen hyd nes y bydd pawb wedi cael cyfle i ddarllen trwy eu rhestrau geiriau eu hunain.

Enwau Lleoedd

Gellir dechrau'r sesiwn trwy gynnal ymarferion ynganu, gan ddefnyddio enwau lleoedd lleol. Dylai'r dysgwyr fedru ynganu enwau lleoedd yr ardal y maen nhw'n byw ynddi hi. Dyma rai awgrymiadau i'w rhoi ar fflachgardiau / y bwrdd gwyn / y bwrdd rhyngweithiol:

Aberystwyth	Castellnewydd Emlyn
Llanilar	Pontarfynach
Ceinewydd	Llanfair Clydogau
Llechryd	Llandysul
Aber-porth	Aberaeron
Aberteifi	Llanddewi Brefi
Llanbedr Pont Steffan	Llangeitho
Pontrhydfendigaid	Tregaron
Y Borth	Cymru

Dylid ychwanegu unrhyw enwau lleol sy'n debygol o achosi trafferth, a chofio tynnu sylw at bwyntiau cyffredinol, e.e. fod 'u' yn swnio fel 'i' a.y.y.b. (yn Ne Cymru). Cofiwch roi cyfle i'r dysgwyr i ymarfer mewn parau. Mae map Cymraeg hefyd yn ddefnyddiol iawn wrth ymarfer ynganu enwau lleoedd.

Tasg 1

> **Meddyliwch am sut y byddech chi'n cyflwyno'r Wyddor Gymraeg, a llunio ymarfer i'w hymarfer.**

Prawf Cyfannu

Mae prawf cyfannu'n ymarfer, yn brawf neu'n asesiad, sy'n cynnwys testun ac ynddo fylchau y mae disgwyl i'r dysgwr eu llenwi â'r geiriau coll. Mae profion cyfannu'n gofyn am y gallu i ddeall cyd-destun a geirfa er mwyn adnabod y geiriau, neu ynteu'r math o eiriau cywir, sy'n gweddu i'r darnau testun sydd wedi eu dileu. Dyma'r camau y gellir eu cymryd wrth ddefnyddio prawf o'r fath:

1. Rhannu'r dosbarth yn barau neu'n grwpiau bach.

2. Dosbarthu'r taflenni.

3. Y dysgwyr i helpu ei gilydd i lenwi'r bylchau.

4. Mynd dros yr ymarfer gyda'r dosbarth cyfan wedyn.

Mae'r ymarfer hwn yn arbennig o dda os am dynnu sylw at bwynt gramadegol fel y gwahaniaeth rhwng y ddwy ffurf ar 'bod' yn y gorffennol, sef 'roedd' a 'buodd', sydd ill dau yn cyfieithu i'r Saesneg fel 'was'. Cyn dosbarthu'r taflenni, gwell fyddai rhoi esboniad byr am y gwahaniaeth, sef bod 'roedd' yn ddisgrifiadol, e.e. *Roedd hi'n stormus ddoe*, ac yn arferiadol, e.e. *Roeddwn i'n chwarae rygbi pan oeddwn i'n ifanc*, a bod 'buodd' yn cyfeirio at gyfnod penodol o amser, e.e. *Buodd fy nhad yn y fyddin am bum mlynedd*:

A. Lefel Mynediad / Sylfaen

Llenwch y bylchau â ffurf briodol amser gorffennol (bu-) neu amser amherffaith (roedd-) 'bod'

1. . . . . i yn y dre ddoe. (I was in town yesterday.)

2. . . . . hi'n wyntog echdoe. (It was windy the day
before yesterday.)

3. . . . . chi yn y dafarn neithiwr? (Were you in the
pub last night?)

4. . . . . y teulu i gyd yn sâl echnos. (All the family
were ill the night before last.)

5. . . . . hi ddim yn braf y bore 'ma. (It wasn't fine
this morning.)

6. . . . . i'n meddwl bod hynny'n iawn. (I thought that
was all right.)

7. . . . . rhywun yn holi amdanoch chi. (Someone was
inquiring about you just now.)

8. . . . . e ddim eisiau mynd ma's. (He didn't want to
go out.)

b) Lefel Canolradd (Atodiadau 1 ac 2)
Gellir addasu'r prawf cyfannu yn ôl lefel y dosbarth a'r hyn sy'n
cael ei adolygu. Er enghraifft, gellir defnyddio'r ymarfer canlynol
(sy'n dod o'r *Cwrs Pellach* [Brake, 2014b]) i adolygu'r treigladau:

---

*Llenwch y bylchau yn y darn canlynol â ffurf dreigledig y gair
rhwng cromfachau:*

Steve Hughes yw'r enw. Cymro ydw i, yn enedigol o . . . .
(Llechryd) ar bwys Aberteifi. Gwnes i . . . . (gradd) mewn
Technoleg yn y coleg yng . . . . Caerdydd a . . . .
(ces) i swydd, ar ôl gadael, yn gweithio gyda . . . .
(cyfrifiaduron). Yn 2004, symudais i'n ôl i'r ardal 'ma, a dechrau
ailddysgu Cymraeg. Ro'n i'n siarad Cymraeg pan o'n i'n
. . . . (plentyn), ond anghofiais i sut i siarad yr iaith ar ôl
symud i'r . . . . (dinas). Dw i'n gweithio i gwmni o'r enw
'Ceredigion Computers' nawr ers blwyddyn neu . . . .
(dwy), a dw i wrth *fy* . . . . (bodd).

Tasg 2

> **Dewiswch bwynt gramadegol, a thrafodwch sut y byddech chi'n defnyddio'r prawf cyfannu i'w ymarfer.**

Llenwi Bwlch Gwybodaeth
(Mynediad 1)
Holiadur 'Dod i adnabod pawb'

Ar ôl ymarfer y tri chwestiwn

> *Beth yw eich enw chi*
> *Ble dych chi'n byw?*
> *O ble dych chi'n dod yn wreiddiol?*

a'r atebion priodol, dosbarthu holiadur (Atodiad 3), a phawb i holi pawb, gan nodi'r atebion.

(Canolradd)
Mae angen tair stori debyg iawn (Atodiad 4.1), ynghyd â holiadur (Atodiad 4.2) ar gyfer pob dysgwr, ac yn ddelfrydol, y mae angen naw o ddysgwyr.

1. Ysgrifennu'r geiriau canlynol ar y bwrdd, a sicrhau fod y dysgwyr yn gyfarwydd â nhw:

Geirfa

Canolfan	llwyddiant	gwych
cynllunio	aruthrol	addasu
gweithgareddau	anabl	anhwylder
gwallgof	elwa	teclyn
egnïol	canlyniadau	byddar
ymdrech	adnoddau	

2. Rhannu'r dosbarth yn grwpiau o dri.

3. Mae pob grŵp yn cael stori a thri chopi o'r grid.

4. Maen nhw i fod i lenwi'r grid fel grŵp.

5. Ar ôl i bawb orffen, mae un o bob grŵp yn ymuno â grŵp arall fel y gellir llenwi manylion stori arall i mewn.

6. Felly ymlaen nes y bydd y grid wedi ei lenwi.

7. Trafod y gwahaniaethau fel gwaith dosbarth.

Tasg 3

Lluniwch ymarfer llenwi bwlch gwybodaeth.

Ymarferion Atgynhyrchu

a) Arddweud (Canolradd / Uwch)

Dewiswch ddarn byr ac ynddo lawer iawn o ailadrodd fel yr un isod (Brake, 2014c: 104) (gw. Atodiad 5):

Does 'da fi ddim cof da am ddyddiadau. Dw i'n gallu cofio'r rhai adnabyddus, fel er enghraifft, y pumed ar hugain o Ragfyr a'r cyntaf o Fawrth. Ond, ar ôl hynny, dw i'n mynd ar goll yn gyflym. Ife ar y pedwerydd ar ddeg o Chwefror mae Dydd Sant Ffolant? A beth am Ddydd Santes Dwynwen – y pumed ar hugain o Ionawr? Dw i'n waeth byth pan mae'n dod i ben-blwyddi. Dw i'n sicr taw'r unig reswm dw i'n cofio fy mhen-blwydd fy hunan yw'r ffaith i fi gael fy ngeni ar ddiwrnod byrra'r flwyddyn, sef yr unfed ar hugain o Ragfyr.

---

1. Darllen y darn, yn araf, bob yn gymal, gan ddweud wrth y dysgwyr am atgynhyrchu'r hyn a glywant air am air.

2. Gofyn i bawb ailadrodd y darn – un frawddeg ar y tro.

3. Ailysgrifennu'r paragraff uchod gan ddefnyddio'r 3 pers. un. Er enghraifft:
    'Does dim cof da 'da Ffred am ddyddiadau...'

> Mae'r ymarfer hwn yn debyg iawn i'r un a gymeradwyir yng Ngham Dysgu Ysgrifennu Un Wilga Rivers (1981, 250–52).

Atgynhyrchu go iawn (Canolradd / Uwch)

1. Dewis tri aelod o'r dosbarth – dau i fynd allan a'r llall i aros yn yr ystafell.

2. Pawb i gael darn o bapur.

3. Pawb i gopïo stori fer (fel yn atodiad 6) ond yr un a ddewiswyd i aros yn yr ystafell. Rhaid i hwnnw / honno geisio cofio'r stori.

4. Un o'r ddau a ddanfonwyd allan i ddod yn ôl i glywed y stori oddi wrth yr un a arhosodd.

5. Hwnnw i ailadrodd y stori o'i gof gyda help y lleill trwy ddarllen eu sgriptiau.

6. Yr un peth eto gyda'r trydydd un yn dod yn ôl i'r ystafell. Gwaith yr ail un yw ailadrodd y stori wrth y trydydd gyda help os bydd angen.

> Carol yw enw'r fenyw 'ma. Mae hi'n byw yn Y Borth, wyth milltir o Aberystwyth. Mae hi'n dod o Sheffield yn wreiddiol. Mae gŵr Carol yn dod o Dregaron, ac mae dau o blant 'da nhw. Cymraeg yw iaith y tŷ. Dysgodd hi siarad Cymraeg ar ôl iddi hi briodi, ac yn 1985, pasiodd hi'r arholiad 'Defnyddio'r Gymraeg'. Mae mam a thad Carol yn byw yn Rhydypennau, ond mae rhieni ei gŵr wedi marw.

Ymarfer y Cymal Enwol (Mynediad)

1. Un aelod o'r dosbarth yn gadael yr ystafell

2. Pob aelod arall yn cael darn o bapur

3. Pawb i ysgrifennu brawddeg am y person a aeth allan yn dechrau â 'Mae...' neu 'Roedd...'

4. Casglu'r papurau a'u cymysgu

5. Galw'r aelod a aeth allan yn ôl, a'i wahodd i ddyfalu pwy ysgrifennodd beth trwy ddweud, 'Pwy ddwedodd eich bod chi'n byw mewn tŷ mawr?"

6. Rhaid ateb â'r patrwm, 'Dwedodd Bob fy mod i'n byw mewn tŷ mawr.'

7. Un pwynt am bob dyfaliad cywir.

8. Mae hwn yn ymarfer y gellir ei ailadrodd – y troeon nesaf gydag un o'r dosbarth, yn eu tro, yn gofyn y cwestiynau.

(Mynediad 1/2) (Atodiad 7)
Y gêm boblogaidd sy'n dod â thipyn o hwyl i ymarfer ysgrifennu:

1. Dosbarthu darnau o bapur A4 i bawb yn y dosbarth.

2. Dweud wrth bawb am ysgrifennu, 'Gwelodd...', ac wedyn, enw dyn / menyw enwog neu ddyn / menyw sy'n gyfarwydd i bawb yn y dosbarth.

3. Pawb i blygu'r papur, fel na ellir gweld yr hyn a ysgrifennwyd, a'i basio i'r chwith.

4. Dweud wrth bawb am ysgrifennu enw menyw / dyn enwog, neu un sy'n gyfarwydd i bawb yn y dosbarth.

5. Pawb i blygu'r papur, fel na ellir gweld yr hyn a ysgrifennwyd, a'i basio i'r chwith.

6. Dweud wrth bawb am ysgrifennu, Meddai fe/hi, '...' ynghyd â brawddeg, neu ymadrodd, a gafwyd ar y cwrs.

7. Pawb i blygu'r papur, fel na ellir gweld yr hyn a ysgrifennwyd, a'i basio i'r chwith.

8. Dweud wrth bawb am ysgrifennu, Meddai hi/fe, '...' ynghyd â brawddeg, neu ymadrodd, a gafwyd ar y cwrs.

9. Pawb i blygu'r papur, fel na ellir gweld yr hyn a ysgrifennwyd, a'i basio i'r chwith.

10. Dweud wrth bawb am ysgrifennu, Meddai'r Papurau, '...' ynghyd â brawddeg, neu ymadrodd, a gafwyd ar y cwrs.

11. Pawb i blygu'r papur, fel na ellir gweld yr hyn a ysgrifennwyd, a'i basio i'r chwith.

12. Pawb i ddarllen y stori sydd ganddynt yn eu llaw.

Fel y rhan fwyaf o weithgareddau a geir yma, gellir addasu hwn i'w ddefnyddio ar gyfer pob lefel.

Canlyniadau a *Pelmanism* (Canolradd)
(Adolygu'r dyfodol cryno)
Mae angen paratoi set o frawddegau fel y rhai yn atodiad 8 (Brake, 2014ch: 23 a 25). Wedyn, mewn parau, dweud wrth y dysgwyr am feddwl am ganlyniadau difyr i'r sefyllfaoedd a nodir ar y daflen, e.e.

> *Mae e wedi mynd i'r sinema. > Gwelith e ffilm /*
> *Bwytith e bopgorn.*

Ar ôl rhannu'r atebion a'r dosbarth, gallai'r tiwtor roi'r atebion gorau ar gardiau gwahanol. Rhaid paratoi set o'r cardiau sefyllfa hefyd. Ar ôl gorffen, bydd gan y tiwtor set o gardiau sefyllfa a chanlyniadau yn barod i chwarae *pelmanism*: rhoi'r cardiau wyneb i waered, a'r dosbarth mewn dau dîm, yn ceisio cofio lleoliad y cardiau.

Mae modd defnyddio ffurfiau goddefol yn y dyfodol, e.e. *'Ceith e ei siomi...'*

Tasg 4

> **Lluniwch ymarfer atgynhyrchu**.

Y We Fyd-eang
Yn ôl Fry, Ketteridge a Marshal (2009, 85):

> There is informed speculation that it (the World Wide Web) is changing the way today's younger generation learn and communicate, and the way they construct, not just their social networks, but their identities as social beings.

Dangoswyd fod y defnydd o'r we fyd-eang yn cynyddu'r defnydd o'r iaith gan ddysgwyr (Kasanga, 1996). Mae'n cynyddu cyfathrebu cydamserol gan ddysgwyr (Kern, 1995; Warschauer a Healey, 1998), ynghyd â'u defnydd o'r iaith darged mewn sefyllfaoedd cyfathrebu go iawn (Wiburg a Butker Pasceo, 2002).

Mae darparu adnoddau dysgu rhyngweithiol yn bwysig oherwydd:

- eu bod yn rhoi'r cyfle i ddysgwyr i astudio yn eu hamser eu hunain tu allan i'r dosbarth, a gwneud gwaith sy'n gysylltiedig â'r cwrs a wnânt, ar eu cyflymder eu hunain, nid ar gyflymder aelod mwyaf araf y dosbarth.

- bod y myfyrwyr yn dysgu'r hyn sydd angen iddynt ei ddysgu.

- eu bod yn rhyddhau amser i ddysgu pethau newydd yn y dosbarth.

(Brake, 2014d)

Mae maes Cymraeg i Oedolion yn meddu ar blatfform e-ddysgu o'r enw *Y Bont*, ac mae gan bob canolfan rhanbarthol ei *Y Bont Fach* ei hunan. Cyfeiriad *Y Bont Fach* Canolfan y Canolbarth yw http://canolbarth.ybont.org/.

Meddalwedd reoli dysgu ffynhonnell agored (open-source learning management software) poblogaidd iawn yw *Moodle*, sy'n golygu *Modular, Object-Oriented, Dynamic, Learning Environment.* Oherwydd hynny, mae yna lawer o adnoddau trydydd parti arloesol i gyd-fynd â hi. Un adnodd o'r fath, sy'n arbennig o dda er mwyn meithrin sgiliau ysgrifennu, yw *Hot Potatoes*, a grewyd gan Dîm Ymchwil Canolfan Cyfrifiadureg y Dyniaethau a'r Cyfryngau Prifysgol Victoria, British Columbia, Canada.

Mae *Hot Potatoes*, neu *HotPot* fel y'i gelwir yn aml, yn cynnwys pum is-raglen, sef *JCloze, JCross, JMatch, JMix, JQuiz*, yn ogystal ag un arall, sef 'The Masher', sy'n gallu cyfuno ymarferion *HotPot* yn un uned. Fel yr awgryma'r enw, mae *JCloze* yn arbennig o dda ar gyfer creu ymarferion cyfannu rhyngweithiol ar-lein. Dengys Ffig. 1 ymarfer cyfannu i brofi gwybodaeth dysgwyr profiadol am y defnydd o'r fannod fel a geir ar *Y Bont Fach* (http://canolbarth.ybont.org/

course/view.php?id=6), tra bo Ffig. 2 yn dangos ymarfer cyfannu i brofi gwybodaeth dysgwyr o sut i ffurfio'r lluosog yn y Gymraeg.

Ar Lefel Uwch, ceir darnau darllen a deall o Gwrs *Uwch 1 Ceredigion* a'r *Cwrs Meistroli*. Yma ceir ffeiliau sain, a ddarllenir gan siaradwyr Cymraeg iaith gyntaf, ynghyd â fflachgardiau o'r eirfa newydd a geir ynddynt. Dengys Ffig. 3 yr adnodd clywadwy sy'n cyd-fynd â darn darllen Uned 3 *Cwrs Uwch 1 Ceredigion*, tra bo Ffig. 4 yn dangos y fflachgardiau a gynhyrchwyd trwy'r erfyn dysgu ar-lein *Quizlet* (http://canolbarth.ybont.org/course/view.php?id=10)

Ymarfer y Fannod 'y', 'yr' ac 'r'

Llenwch y bylchau a'r ffurf gywir ar y fannod.
Cofiwch y bydd defnyddio cliwiau'n golygu eich bod yn colli marciau!

Pan ddaeth y diwydiannnau trwm i dde Cymru, tyfodd ☐ boblogaeth yn gyflym iawn. Roedd rhai i' ☐ meistri adeiladu tai ar gyfer eu gweithwyr, ond tai bychain, gwael oeddynt, ac roedd pawb yn byw ar draws ei gilydd. Lleoedd afiach oeddynt, ac roedd llawer o blant yn marw'n ifanc.

Roedd ☐ oriau gwaith yn hir a chaled, ac roedd rhaid i bod aelod o' ☐ teulu weithio er mwyn cael digon o arian i fyw arno. Yn aml iawn, doedd y gweithwyr ddim yn cael eu talu mewn arian, ond mewn tocynnau, ac roedd rhaid iddynt newid ☐ tocynnau yn siopau' ☐ meistri lle roedd popeth yn costio mwy nag ym mhob siop arall.

Ar ben hynny, doedd dim llawer o sylw yn cael ei roi i ddiogelwch yn y gweithfeydd a' ☐ pyllau glo, ac roedd damweiniau difrifol yn digwydd yn aml.

Roedd ☐ gweithwyr yn anfodlon iawn ar y sefyllfa, ond dim ond y meistri oedd yn cael pleidleisio. Felly, doedd neb yn siarad dros y gweithwyr yn y Senedd. Ceisiwyd ffurfio undebau i ymladd yn erbyn ☐ meistri, ond gwrthododd y meistri roi gwaith i neb oedd wedi ymaelodi ag undeb. Yn ogystal, roedd pobl y capeli – yr Anghydffurfwyr – yn erbyn undebau, gan gredu bod bywyd caled yn dda i'r enaid. Doedd y ffaith bod yr undebau yn cyfarfod mewn tafarndai ddim yn helpu chwaith!

Yn ☐ diwedd daeth gwrthryfel – ym Merthyr Tudful, ym mis Mehefin, 1831. Daeth torf fawr o bobl at ei gilydd, o dan ☐ faner goch, a martsio i lawr i' ☐ dref a llosgi un o' ☐ llysoedd yno. Galwyd ar filwyr o

Aberhonddu, ac yn ☐ frwydr a ddilynodd, cafodd ugain o bobl eu lladd gan ☐ milwyr, ac anafwyd un o' ☐ milwyr. Gŵr ifanc o' ☐ enw Richard Lewis, neu Dic Penderyn, a gafodd y bai am hyn, a chafodd ei grogi yng Nghaerdydd o flaen torf fawr o bobl. Roedd ☐ Prif Weinidog yn Llundain yn meddwl y byddai hyn yn esiampl i bobl eraill rhag gwrthryfela. Ond dod yn un o ferthyron enwocaf gweithwyr De Cymru a wnaeth Dic Penderyn!

Gwirio   Cliw

Ffig. 1.1 Ymarfer *JCloze* i brofi gwybodaeth am y defnydd cywir o'r fannod yn y Gymraeg (heb fylchau wedi eu llenwi)

Ymarfer y Fannod 'y', 'yr' ac 'r'

Llenwch y bylchau a'r ffurf gywir ar y fannod.
Cofiwch y bydd defnyddio cliwiau'n golygu eich bod yn colli marciau!

Pan ddaeth y diwydiannnau trwm i dde Cymru, tyfodd y boblogaeth yn gyflym iawn. Roedd rhai i' ☐ meistri adeiladu tai ar gyfer eu gweithwyr, ond tai bychain, gwael oeddynt, ac roedd pawb yn byw ar draws ei gilydd. Lleoedd afiach oeddynt, ac roedd llawer o blant yn marw'n ifanc.

Roedd ☐ oriau gwaith yn hir a chaled, ac roedd rhaid i bod aelod o' ☐ teulu weithio er mwyn cael digon o arian i fyw arno. Yn aml iawn, doedd y gweithwyr ddim yn cael eu talu mewn arian, ond mewn tocynnau, ac roedd rhaid iddynt newid ☐ tocynnau yn siopau' ☐ meistri lle roedd popeth yn costio mwy nag ym mhob siop arall.

Ar ben hynny, doedd dim llawer o sylw yn cael ei roi i ddiogelwch yn y gweithfeydd a' ☐ pyllau glo, ac roedd damweiniau difrifol yn digwydd yn aml.

Roedd ☐ gweithwyr yn anfodlon iawn ar y sefyllfa, ond dim ond y meistri oedd yn cael pleidleisio. Felly, doedd neb yn siarad dros y gweithwyr yn y Senedd. Ceisiwyd ffurfio undebau i ymladd yn erbyn .... meistri, ond gwrthododd y meistri roi gwaith i neb oedd wedi ymaelodi ag undeb. Yn ogystal, roedd pobl y capeli – yr Anghydffurfwyr – yn erbyn undebau, gan gredu bod bywyd caled yn dda i'r enaid. Doedd y ffaith bod yr undebau yn cyfarfod mewn tafarndai ddim yn helpu chwaith!

Yn [   ] diwedd daeth gwrthryfel – ym Merthyr Tudful, ym mis Mehefin, 1831. Daeth torf fawr o bobl at ei gilydd, o dan [   ] faner goch, a martsio i lawr i' [   ] dref a llosgi un o' [   ] llysoedd yno. Galwyd ar filwyr o Aberhonddu, ac yn [   ] frwydr a ddilynodd, cafodd ugain o bobl eu lladd gan [   ] milwyr, ac anafwyd un o' [   ] milwyr. Gŵr ifanc o' [   ] enw Richard Lewis, neu Dic Penderyn, a gafodd y bai am hyn, a chafodd ei grogi yng Nghaerdydd o flaen torf fawr o bobl. Roedd [   ] Prif Weinidog yn Llundain yn meddwl y byddai hyn yn esiampl i bobl eraill rhag gwrthryfela. Ond dod yn un o ferthyron enwocaf gweithwyr De Cymru a wnaeth Dic Penderyn!

Gwirio   Cliw

Ffig. 1.2 Ymarfer *JCloze* i brofi gwybodaeth am y defnydd cywir o'r fannod yn y Gymraeg (â'r bwlch cyntaf wedi ei lenwi)

Ymarfer Ffurfiau'r Lluosog

Llenwch y bylchau trwy droi'r enw unigol rhwng cromfachau'n lluosog. Cofiwch y byddwch yn colli maricau os byddwch yn defnyddio cliwiau.

Y mae'n ddiwedd tymor i [   ] (ysgol) a [   ] [?] (coleg) ledled Cymru. Bydd [   ] (disgybl) ysgol yn cario eu [   ] [?] (adroddiad) adref i'w [   ] (rhiant) gael cipolwg arnynt. Mewn rhai [   ] (achos) caiff [   ] (amheuaeth) eu cadarnhau, ond weithiau bydd siom o'r ochr orau a chyfle i ddathlu [   ] (cymhwyster) academaidd annisgwyl o dda. Mor hawdd yw anghofio am [   ] [?] (gwlad) eraill, a [   ] [?] (cyfandir) eraill, e.e. Asia, lle nad yw plant yn cael [   ] (cyfle) i ddatblygu eu potensial a'u [   ] (dawn) naturiol. O dan yr [   ] (amod) anodd hyn, peth anarferol yw [   ] (gorchest) academaidd. Tra bydd eu [   ] (llywodraeth)'n canolbwyntio ar eu [   ] [?] (ymdrech) i ymladd hen [   ] [?] (rhyfel) yn hytrach na gwario ar [   ] [?] (datblygiad) a [   ] [?] (cyfleuster) addysgol, rhaid i blant [   ] (gweithiwr) ac [   ] (amaethwr) fodloni ar [   ] [?] (ceiniog) prin rhai [   ] (asiantaeth) gwirfoddol. Dyma un yn unig o ☐ (anghyfiawnder) y byd, lle mae llond llaw o ☐ [?] (gwleidydd) yn pennu dyfodol pawb. Yn anochel, mae'r ☐ (meistr) yn drech na'r ☐ (gwas) yn yr ☐ (enghraifft) hyn.

Gwirio   Cliw

Ffig. 2.1 Ymarfer *JCloze* i brofi gwybodaeth am y defnydd cywir o'r fannod yn y Gymraeg (heb fylchau wedi eu llenwi)

Ymarfer Ffurfiau'r Lluosog

Llenwch y bylchau trwy droi'r enw unigol rhwng cromfachau'n lluosog. Cofiwch y byddwch yn colli maricau os byddwch yn defnyddio cliwiau.

Y mae'n ddiwedd tymor i ⏎ysgolion⏎ (ysgol) a ☐ [?] (coleg) ledled Cymru. Bydd ☐ (disgybl) ysgol yn cario eu ☐ [?] (adroddiad) adref i'w ☐ (rhiant) gael cipolwg arnynt. Mewn rhai ☐ (achos) caiff ☐ (amheuaeth) eu cadarnhau, ond weithiau bydd siom o'r ochr orau a chyfle i ddathlu ☐ (cymhwyster) academaidd annisgwyl o dda. Mor hawdd yw anghofio am ☐ [?] (gwlad) eraill, a ☐ [?] (cyfandir) eraill, e. e. Asia, lle nad yw plant yn cael ☐ (cyfle) i ddatblygu eu potensial a'u ☐ (dawn) naturiol. O dan yr ☐ (amod) anodd hyn, peth anarferol yw ☐ (gorchest) academaidd. Tra bydd eu ☐ (llywodraeth)'n canolbwyntio ar eu ☐ [?] (ymdrech) i ymladd hen ☐ [?] (rhyfel) yn hytrach na gwario ar ☐ [?] (datblygiad) a ☐ [?] (cyfleuster) addysgol, rhaid i blant ☐ (gweithiwr) ac ☐ (amaethwr) fodloni ar ☐ [?] (ceiniog) prin rhai ☐ (asiantaeth) gwirfoddol. Dyma un yn unig o ☐ (anghyfiawnder) y byd, lle mae llond llaw o ☐ [?] (gwleidydd) yn pennu dyfodol pawb. Yn anochel, mae'r ☐ (meistr) yn drech na'r ☐ (gwas) yn yr ☐ (enghraifft) hyn.

Gwirio   Cliw

Ffig. 2.2 Ymarfer *JCloze* i brofi gwybodaeth am y defnydd cywir o'r fannod yn y Gymraeg (â'r bwlch cyntaf wedi ei lenwi)

Uned 3 – Darn Darllen 2 – Y Barcut

MP3 o'r darn darllen yn yr uned hon

Llygaid sy'n gweld popeth yw 'llygaid barcut'. Mae'r dywediad yn gyffredin, ond mae'r barcut yn aderyn prin iawn. Dim ond yng Nghymru mae e wedi goroesi. Diflannodd e o Loegr tua'r flwyddyn 1870, ac erbyn dechrau'r ganrif roedd yr un peth wedi digwydd yn yr Alban. Yn 1945 dim ond pum pâr oedd ar ôl. Ond ers hynny mae pethau wedi gwella'n raddol; yn 1987, roedd tua 120 o'r adar hyn ar gael a 40 o barau yn nythu, ac erbyn hyn, mae'r nifer o barau wedi codi i dros 600. Mae'r barcut yn hawdd ei nabod oherwydd ei gwt fforchog sy'n wahanol i gwt ei berthynas agos – y boda.

Geirfa
barcut (g)/barcutiaid – kite/s
dywediad (g)/dywediadau – saying/s
cyffredin – common
prin – rare, scarce
goroesi – to survive
pâr (g)/parau – pair/s
graddol – gradual
nythu – to nest
fforchog – forked
perthynas (b)/perthnasau – relative/s, relationship/s
boda (g)/bodaod – buzzard/s

Ffig. 3 Yr adnodd clywadwy sy'n cyd-fynd â darn darllen Uned 2 Cwrs Uwch 1 Ceredigion

Ffig. 4.1 Fflachgardiau sy'n cyd-fynd â darn darllen Uned 2 Cwrs Uwch 1 Ceredigion (Cymraeg)

Ffig. 4.2 Fflachgardiau sy'n cyd-fynd â darn darllen Uned 2 Cwrs Uwch 1 Ceredigion (Cymraeg)

Asesu ar gyfer dysgu

Yn ôl Black a Wiliam (1998: 13), mae yna dystiolaeth gref y gall asesu ffurfiannol godi safonau yn yr ystafell ddosbarth:

> There is a body of firm evidence that formative assessment is an essential feature of classroom work and that development

of it can raise standards. We know of no other way of raising standards for which such a strong *prima facie* case can be made on the basis of evidence of such large learning gains.

Yn ogystal, mae ymchwil ryngwladol dros nifer o flynyddoedd wedi dangos fod rhoi adborth o'r radd flaenaf i ddysgwyr yn gyfraniad pwysig i ddysgu (Pollard, 2008: 395). Asesu ffurfiannol a rhoi adborth da yw conglfeini'r cyrchddull *asesu ar gyfer dysgu.* Mae yna gytundeb ynglŷn â'r 'Syniadau Mawr' sydd tu ôl i asesu ar gyfer dysgu. Mae dysgwyr yn dysgu orau:

- Pryd y deallant yn yr hyn y ceisiant ei ddysgu, ynghyd â'r hyn a ddisgwylir ganddynt.

- Pryd y rhoir adborth ynglŷn ag ansawdd eu gwaith a'r hyn y gallant ei wneud yn well.

- Pryd y rhoir cyngor iddynt am sut i wella'u gwaith.

- Pryd y cânt eu cynnwys yn llawn yn y broses o benderfynu beth sydd angen ei wneud nesaf, ynghyd â phwy a all roi cymorth iddynt os bydd ei angen arnynt (Pollard, 2008, 398).

Wrth ddefnyddio dulliau asesu ar gyfer dysgu, mae'r tiwtor a'r dysgwyr yn gweithio gyda'i gilydd i asesu gwybodaeth y dysgwyr, cael gwybod yr hyn sydd angen iddynt ei ddysgu i wella eu perfformiad ac i ymestyn eu gwybodaeth o'r pwnc dan sylw.

Yn ymarferol, mae mabwysiadu dulliau asesu ar gyfer dysgu yn sicrhau fod:

1. Nodau clir a gweithredol yn cael eu gosod ar ddechrau pob gwers, gan herio myfyrwyr i osod eu meini prawf llwyddiant eu hunain.

2. Gwaith blaenorol myfyrwyr yn cael ei adolygu i fesur lefel eu gwybodaeth bresennol.

3. Gwaith myfyrwyr yn cael ei farcio yn fanwl gan osod cwestiynau ychwanegol sy'n seiliedig ar y gwallau a amlygir yn y gwaith.

4. Gwendidau'r myfyrwyr yn cael eu cymryd i ystyriaeth wrth gyflwyno iaith newydd.

5. Y dysgwyr i gyd yn derbyn adborth clir ar lafar ac ar bapur i dasgau a gweithgareddau a osodir iddynt.

6. Y dysgwyr yn cael eu cynnwys yn y broses o roi a derbyn adborth trwy gynnal gweithgareddau fel asesu cymheiriaid a grwpiau ffocws.

7. Gwersi yn cael eu crynhoi ar y diwedd mewn ffordd sy'n asesu cyrhaeddiad y dysgwyr.

Mae asesu ar gyfer dysgu felly yn ymwneud â sicrhau fod myfyrwyr unigol yn cyfrannu'n llawn at y broses ddysgu.

Un agwedd ar asesu ar gyfer dysgu yw hunanasesu ac asesu cymheiriaid. Mae'r gweithgaredd sy'n cael ei ddisgrifio isod yn gweithio'n dda iawn ar Lefel Uwch a Lefel Hyfedredd, ond gellir ei addasu ar gyfer lefelau is yn ogystal:

1. Llunio ymarfer cywiro iaith i'w wneud fel gwaith hunanastudio.

2. Paratoi taflenni sgorio.

3. Y dysgwyr yn asesu eu gwaith eu hunain.

4. Cynnal ymarfer asesu cymheiriaid lle mae'r dysgwyr yn gweithio mewn parau i gywiro gwaith ei gilydd.

5. Cynnal gweithgaredd dosbarth i wirio'r atebion:

    i. Gofyn i'r dysgwyr, ar antur, ailadrodd brawddeg ac ynddi wall iaith yn gywir ond, ar yr un pryd, sicrhau fod pawb yn ateb o leiaf un cwestiwn.

    ii. Gwahodd esboniad am y gwall a gywirwyd – yn gyntaf gan y myfyriwr a ddewiswyd i ateb y cwestiwn ond, os na allai ateb, gwahodd y myfyrwyr eraill.

    iii. Parhau fel hyn hyd nes i'r gwallau cynwysedig i gyd gael eu trafod.

Dengys atodiad 9 ymarfer cywiro gwallau posib ar Lefel Hyfedredd, tra bo atodiad 10 yn dangos taflen sgorio bosib.

Dengys Ffig. 5 y broses ar waith.

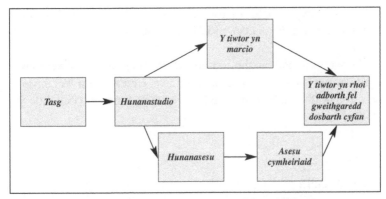

Ffig. 5 Llifsiart sy'n dangos sut y mae gweithgaredd asesu cymheiriaid yn gweithio

Casgliadau

Mae meithrin sgiliau ysgrifennu yn mynd law yn llaw ag ymestyn arddulliau llafar dysgwyr ail iaith. Ond, i sicrhau na fydd dysgwr yn cynhyrchu brawddegau anramadegol – boed ar lafar neu ynteu yn ysgrifenedig – rhaid canolbwyntio ar ddysgu'r patrymau llafar yn drylwyr o gyfnod cynnar yn ystod cwrs ail iaith, gan gyflwyno ymarferion darllen ac ysgrifennu mewn ffordd systematig er mwyn atgyfnerthu'r sgiliau llafar. Ac eto, unwaith y gall dysgwr ddarllen yr iaith darged yn rhwydd a heb gymorth, bydd ffynhonnell werthfawr o wybodaeth ieithyddol, a chymdeithasol, yn agored iddo / iddi. Ond nid yw hyn yn dibrisio gwerth y tiwtor ar gyrsiau uwch, wrth gwrs, sy'n bwysig dros ben o ran cywiro gwaith ysgrifenedig y dysgwr, esbonio rheolau gramadegol na chafwyd amser i'w wneud ar y cwrs sylfaenol, ac wrth gwrs, arwain y dysgwyr at ddarllen deunydd a fydd o wir ddiddordeb iddynt.

Dim ond enghreifftiau yw'r ymarferion a roir uchod; mae modd addasu'r rhan fwyaf ohonynt i'w defnyddio gyda dysgwyr dosbarthiadau ar bob lefel. Ar Lefel Uwch a Lefel Hyfedredd, dylai cynnwys ymarferion o'r fath fod yn seiliedig ar ddefnyddiau iaith gyntaf. Ar y lefelau hyn, dylai'r tiwtor annog y dysgwyr i ddarllen yn helaeth ar eu pennau eu hunain. Ond rhaid cadw mewn cof nad yw pawb â diddordeb mewn llenyddiaeth fel y cyfryw, ac felly dylid gofalu fod gwybodaeth yn cael ei rhoi am destunau anllenyddol. Gall darllen yr adolygiadau yn *Llais Llyfrau* roi amcan o'r hyn sydd ar gael.

Yn olaf, wiw inni anghofio'r adnoddau dysgu hynod o werthfawr sydd i'w cael ar y we fyd-eang erbyn hyn. Ceir rhestr o wefannau a all fod o ddiddordeb i diwtoriaid a dysgwyr Cymraeg o oedolion yn atodiad 11.

Llyfryddiaeth

E. Allen E. ac R. Valette, *Classroom Techniques: Foreign Languages: English as a Foreign Language* (Efrog Newydd: Harcourt Brace Iovanovich Inc., 1977).

Alisdair Archibald, *Writing in a Second Language* (2014), ar gael o *https://www.llas.ac.uk/resources/gpg/2175* [Cyrchwyd 16 Tachwedd 2014]

P. J. Black a D. Wiliam, *Inside the Black Box: Raising Standards through Classroom Assessment* (Llundain: Coleg y Brenin, 1998).

P. Brake, *Canllawiau i Diwtoriaid ar gyfer Cwrs Sylfaenol Ceredigion* (Aberystwyth: Prifysgol Aberystwyth, 2014a).

P. Brake, *Y Cwrs Pellach* (Aberystwyth: Prifysgol Aberystwyth, 2014b).

P. Brake, *Cwrs Uwch 1 Ceredigion* (Aberystwyth: Prifysgol Aberystwyth, 2014c).

P. Brake, *Awgrymiadau i Diwtoriaid i Gyd-fynd â'r Cwrs Pellach* (Aberystwyth: Prifysgol Aberystwyth, 2014ch).

P. Brake, *Portffolio Modiwl 2 TUAAU* (Aberystwyth: Prifysgol Aberystwyth, 2014d).

Donald Byrne, *Teaching Writing Skills* (Llundain: Longman, 1988).

CBAC, *Ffurfiau Llafar Ysgrifenedig* (Caerdydd: CBAC, 1991).

CILT, *Safonau Iaith Cenedlaethol* (2005).

H. Fry, S. Ketteridge a S. Marshall, *A Handbook for Teaching and Learning in Higher Education – Enhancing Academic Practice* (3ydd argraffiad) (Efrog Newydd: Routledge, 2009).

F. Grellet, *Developing Reading Skill: A Practical Guide to Reading Comprehensive Exercises* (Caergrawnt: Gwasg Prifysgol Caergrawnt, 1981).

Bob Morris Jones, *Ar Lafar ac ar Bapur: Cyflwyniad i'r Berthynas rhwng yr Iaith Lafar a'r Iaith Ysgrifenedig* (Aberystwyth: Argraffwyr Cambrian, 1993)

L. A. Kasanga, 'Peer Interaction and Second Language Learning', *Canadian Modern Language Review,* 52/4 (1996), 611–39

R. Kern, (1995),'Restructuring Classroom Interaction with Networked Computers: Effects on Quantity and Quality of Language Production', *Modern Language Journal,* 79/4 (1995), 457–76.

W. Littlewood, *Communicative Language Teaching: an Introduction* (Caergrawnt: Gwasg Prifysgol Caergrawnt, 1981).

E. Nida, *Toward a Science of Translating* (Leiden: E.J. Brill, 1964).

A. Pollard, 'Evidence-informed Professional Practice', in *Reflective Teaching,* 3rd ed. (Llundain: Continuum International Publishing Group Ltd, 2008).

J. Revell, *Teaching Techniques for Communicative English* (Efrog Newydd: MacMillan, 1983).

S. Riscon, *How to Use Games in Language Teaching* (Efrog Newydd: MacMillan, 1981).

W. Rivers, *Teaching Foreign language Skills* (Chicago: Gwasg Prifysgol Chicago, 1981).

G. P. Sampson, 'A Functional Approach to Teaching Writing, *English Language Forum,* 9/3 (Rhydychen: Gwasg Prifysgol Rhydychen, 1981).

M. Warschauer a D. Healey, 'Computers and Language Learning: An Overview', *Language Teaching,* 31 (1998), 57–71.

K. Wiburg ac M. E. Butler-Pascoe, *Technology and Teaching English Language Learners* (Englewood Cliffs, New Jersey: Prentice Hall, Inc., 2002).

Atodiadau

Atodiad 1

Llenwch y bylchau yn y darn canlynol â ffurf dreigledig y gair rhwng cromfachau:

Steve Hughes yw'r enw. Cymro ydw i, yn enedigol o ....
(Llechryd) ar bwys Aberteifi. Gwnes i .... (gradd) mewn
Technoleg yn y coleg yng .... Caerdydd a ....
(ces) i swydd, ar ôl gadael, yn gweithio gyda ....
(cyfrifiaduron). Yn 2004, symudais i'n ôl i'r ardal 'ma, a dechrau
ailddysgu Cymraeg. Ro'n i'n siarad Cymraeg pan o'n i'n
.... (plentyn), ond anghofiais i sut i siarad yr iaith ar ôl
symud i'r .... (dinas). Dw i'n gweithio i gwmni o'r enw
'Ceredigion Computers' nawr ers blwyddyn neu ....
(dwy), a dw i wrth *fy* .... (bodd).

Atodiad 2

Llenwch y bylchau yn y darn canlynol:

Merch ysgol chwech oed o Ynys Môn oedd un o'r rhai a ysbrydolodd fersiwn newydd o *Braille* yn Gymraeg. Bydd llyfryn yn cael .... (1) gyhoeddi yn ystod yr wythnosau nesaf.

Mae Fflur Owen o Ddwyran, ac eraill fel hi, yn debyg .... (2) arwain at gynnydd anferth yn y llyfrau sydd ar gael i blant .... (3) phroblemau gweld. Yn ôl ei hathrawon, mae hi'n ferch fach ddisglair sy'n llarpio llyfrau.

'Pan ddaeth hi i'r ysgol gyntaf, doedd yna ddim byd .... (4) ei chyfer hi', meddai Gwen Mitchell, yr athrawes ran amser sydd wedi cymryd gofal ohoni hi – a chael modd i fyw ar ddiwedd ei gyrfa ddysgu. 'Mae hi'n hogan alluog ac mae'n rhaid cynhyrchu lawer .... (5) lyfrau ar ei chyfer hi.'

Mae gŵr o Gaergybi, Ian Hughes, yn helpu gyda throsi llyfrau ac mae Gwen Mitchell yn dweud .... (6) y profiad wedi ei newid hithau. 'Dyma'r peth mwya' ffantastig yr ydw i wedi .... (7) wneud erioed', meddai.

Ar ôl i'r Cwricwlwm Cenedlaethol ddweud bod rhaid i blant dall hefyd ddysgu darllen Cymraeg a Saesneg, penderfynodd swyddogion yn y maes weithredu ac eisoes mae llyfrau wedi .... (8) datblygu sy'n caniatáu plant dall i ddilyn straeon yn y stafell ddosbarth yr un pryd â phlant eraill, gyda dalen glir o Braille wedi ei gosod dros y tudalennau arferol.

Cyn bo hir, mae gobaith y bydd rhaglen gyfrifiadur wedi ei datblygu i droi llyfrau yn Braille ac, yn ôl un .... (9) aelodau'r pwyllgor .... (10) helpodd ddatblygu'r system newydd, mae'r datblygiad .... (11) un cyffrous.

'I Fflur a rhai fel hi y mae llawer o'r diolch', meddai Rhian Evans o Gynllun Casetiau'r Deillion. 'Mae angen llyfrau ar gyfer plant fel hi ac, wrth iddi dyfu'n hŷn, fe fydd angen mwy a mwy o ddeunydd. Dw i wrth .... (12) modd gyda'r system newydd.'

Roedd hi wedi dechrau gweithio ar ei *Braille* personol ei hunan ar ôl anfodloni ar yr hen system a gafodd .... (13) dyfeisio gan y Gweinidog dall, Puleston Jones, tua'r 20au. 'Erbyn hyn, mae'n bleser trosi llyfrau'n *Braille*', meddai.

'Darllen a sgrifennu yw dau o hoff weithgareddau Fflur', meddai hithau. Hynny ac ymarfer corff. Ond efallai .... (14) bydd rhaid i'r pwyllgor fynd ati cyn bo hir i drosi llyfrau ar drin gwallt – dyna y mae Fflur eisiau .... (15) wneud ar ôl iddi dyfu i fyny.

O Golwg, 25 Mai 1995

Atodiad 3

Enw?	Byw?	Yn wreiddiol?

Atodiad 4.1

Stori 1

O Gaernarfon i Gaerfyrddin mae canolfannau yn paratoi a threfnu a chynllunio pob math o weithgareddau – rhai yn wallgof, rhai yn gerddorol, ond i gyd yn egnïol. Y pwrpas, wrth gwrs, yw'r ymdrech flynyddol i gasglu cymaint o arian ag sy'n bosib i Blant mewn Angen.

Mae llwyddiant yr apêl dros y blynyddoedd wedi bod yn fawr iawn, gyda phlant sy'n anabl mewn un ffordd neu'i gilydd wedi elwa ar grantiau gan y gronfa yn y gorffennol. Mae camerâu BBC Cymru wedi bod o gwmpas Cymru i weld canlyniadau ymgyrch llynedd. Awn ni draw i gamlas Llangollen i weld sut mae'r bobl ifainc sy'n byw ar stad enfawr, brin ei hadnoddau, yn Wrecsam, yn mwynhau'r deuddeg canŵ a brynwyd iddyn nhw.

Gallwn ni weld dau ddeg pedwar o blant Gwynedd a Chonwy, hanner ohonyn nhw'n anabl, yn cael gwyliau ym Mhenllyn, ger Corwen. Mae integreiddio'n bwysig iawn i'r anabl, a dyma gyfle gwych i blant i fwynhau gweithgareddau gyda'i gilydd.

Prynodd Ysgol Gyfun Llanhari, feiciau arbennig wedi eu haddasu i blant anabl gyda'u grant nhw, ac mae'r beiciau wedi eu cynllunio i helpu plant i symud yn rhwyddach a chael hwyl wrth chwarae.

Derbyniodd Ysgol Olchfa, Abertawe, arian i brynu pymtheg minicom, sef teclyn sy'n helpu plant byddar i ddefnyddio'r ffôn. Mae Clwb Hwylio Afon Tywi yn Llansteffan wedi prynu dau gwch wedi eu haddasu ar gyfer plant anabl.

Stori 2

O Fôn i Fynwy mae ysgolion yn paratoi a threfnu a chynllunio pob math o weithgareddau – rhai yn wallgof, rhai yn theatrig, ond i gyd yn egnïol. Y pwrpas, wrth gwrs, yw'r ymgyrch flynyddol i gasglu cymaint o arian ag sy'n bosib i Ddwylo dros y Môr.

Mae llwyddiant yr apêl dros y blynyddoedd wedi bod yn fawr iawn, gyda phlant sy'n anabl mewn un ffordd neu'i gilydd wedi elwa ar grantiau gan y gronfa yn y gorffennol. Mae camerâu ITV Cymru wedi bod o gwmpas Cymru i weld canlyniadau ymgyrch llynedd. Awn ni draw i Fannau Brycheiniog i weld sut mae plant sy'n byw ar stad enfawr, brin ei hadnoddau, ym Merthyr Tudful yn mwynhau'r esgidiau cerdded a brynwyd iddyn nhw.

Gallwn ni weld chwe deg o blant Sir Ddinbych a Sir y Fflint, un rhan o dair ohonyn nhw'n anabl, yn cael gwyliau ym Mhen Llŷn, ger Aber-soch. Mae integreiddio'n bwysig iawn i'r anabl, a dyma gyfle gwych i blant i fwynhau gwyliau gyda'i gilydd.

Prynodd Ysgol Penweddig, Aberystwyth, gadeiriau arbennig wedi eu haddasu i blant anabl gyda'u grant nhw, ac mae'r cadeiriau wedi eu cynllunio i helpu plant symud yn rhwyddach a chael hwyl wrth chwarae.

Derbyniodd Ysgol Glantaf, Caerdydd, arian i brynu deunaw lŵp, teclyn sy'n helpu plant byddar i glywed pobl o'u cwmpas nhw yn y dosbarth.

Mae Clwb Cerddwyr Llambed wedi codi arian i ddanfon plant o deuluoedd difreintiedig yr ardal i Wersyll yr Urdd yng Nglan-llyn ger y Bala.

Stori 3

O Gonwy i Gaerdydd mae colegau yn paratoi a threfnu a chynllunio pob math o weithgareddau – rhai yn wallgof, rhai yn athletaidd, ond i gyd yn egnïol. Y pwrpas, wrth gwrs, yw'r ymdrech flynyddol i gasglu cymaint o arian ag sy'n bosib i Gronfa Achub y Plant.

Mae llwyddiant yr apêl dros y blynyddoedd wedi bod yn fawr iawn, gyda phlant sy'n anabl mewn un ffordd neu'i gilydd wedi elwa ar grantiau gan y gronfa yn y gorffennol. Mae camerâu S4C wedi bod o gwmpas Cymru i weld canlyniadau ymgyrch llynedd. Awn ni draw i Fynydd Cellan, ger Llanbedr Pont Steffan, i weld sut mae plant yn eu harddegau sy'n byw ar stad enfawr, brin ei hadnoddau, yn Llanelli, yn mwynhau merlota.

Gallwn ni weld un deg chwech o blant Sir Fôn, chwarter ohonyn nhw'n anabl, yn cael gwyliau yng Nglyndyfrdwy, ger Llangollen. Mae integreiddio'n bwysig iawn i'r anabl, a dyma gyfle gwych i blant i fwynhau gweithio gyda'i gilydd.

Prynodd Ysgol Uwchradd Treorci, gerbydau arbennig wedi eu haddasu i blant anabl gyda'u grant nhw, ac mae'r cerbydau wedi eu cynllunio i helpu plant i symud yn rhwyddach a chael hwyl wrth chwarae.

Derbyniodd Ysgol Olchfa, Abertawe, arian i brynu a hyfforddi ci tywys ar gyfer disgybl dall.

Mae Merched y Wawr Ceredigion wedi prynu bws mini wedi eu haddasu ar gyfer plant anabl.

Geirfa

cynllunio	– to plan	addasu	– to adapt
gweithgareddau	– activities	ymgyrch	– campaign
gwallgof	– mad	blynyddol	– annual
egnïol	– energetic	merlota	– pony trekking
elwa	– to benefit	hyfforddi	– to train
cronfa (e.b.)	– fund	disgybl	– pupil
adnoddau	– resources		

Atodiad 4.2

	Ble mae'r gweithgareddau yn digwydd?	Pwy sy'n eu paratoi?	Beth yw enw'r elusen?	Pwy sy'n eu ffilmio?
Stori 1				
Stori 2				
Stori 3				

	Faint o blant allwn ni weld?	Beth maen nhw'n mynd i'w fwynhau gyda'i gilydd?	Beth mae rhai ysgolion wedi ei brynu a pham?	Beth mae un ysgol wedi ei dderbyn, ac i beth?	Sut mae pobl eraill/ cymdeithasau wedi helpu?
Stori 1					
Stori 2					
Stori 3					

Atodiad 5

Does 'da fi ddim cof da am ddyddiadau. Dw i'n gallu cofio'r rhai adnabyddus, fel er enghraifft, y pumed ar hugain o Ragfyr a'r cyntaf o Fawrth. Ond, ar ôl hynny, dw i'n mynd ar goll yn gyflym. Ife ar y pedwerydd ar ddeg o Chwefror mae Dydd Sant Ffolant? A beth am Ddydd Santes Dwynwen – y pumed ar hugain o Ionawr? Dw i'n waeth byth pan mae'n dod i ben-blwyddi. Dw i'n sicr taw'r unig reswm dw i'n cofio mhen-blwydd fy hunan yw'r ffaith i fi gael fy ngeni ar ddiwrnod byrra'r flwyddyn, sef ur unfed ar hugain o Ragfyr.

Atodiad 6

Carol yw enw'r fenyw 'ma. Mae hi'n byw yn Y Borth, wyth milltir o Aberystwyth. Mae hi'n dod o Sheffield yn wreiddiol. Mae gŵr Carol yn dod o Dregaron, ac mae dau o blant 'da nhw. Cymraeg yw iaith y tŷ. Dysgodd hi siarad Cymraeg ar ôl iddi hi briodi, ac yn 1985, pasiodd hi'r arholiad 'Defnyddio'r Gymraeg'. Mae mam a thad Carol yn byw yn Rhydypennau, ond mae rhieni ei gŵr wedi marw.

Atodiad 7

'Gwelodd [enw dyn enwog neu ddyn sy'n gyfarwydd i bawb yn y dosbarth]...'
[Enw menyw enwog, neu un sy'n gyfarwydd i bawb yn y dosbarth.]
Meddai fe, '......................'
Meddai hi, '......................'
Meddai'r papurau, '......................'

Atodiad 8

CANLYNIADAU

    e.e. Mae e wedi mynd i'r sinema.
           Bwytith e ormod o bopcorn.

Mae hi'n gorwedd ar y soffa.

Maen nhw wedi blino cerdded.

Mae e'n gyrru'n rhy gyflym.

Mae hi'n astudio trwy'r amser.

Maen nhw'n rhy dwym.

Mae e eisiau rhagor o fwyd.

Dw i'n mynd i sefyll etholiad.

Dw i'n mynd i fwyta cig eidion.

Dych chi'n mynd i nofio yn Ninbych-y-pysgod.

Rwyt ti'n siarad Cymraeg yn rhugl.

Dych chi'n rhy hen i redeg marathon.

Atodiad 9a

Ymarfer cywiro gwallau posib (Lefel Hyfedredd)
(*Fersiwn heb ei gywiro*)

Dylid darllen y testun isod yn ofalus, rhoi cylch o gwmpas y rhannau sy'n anghywir ac ysgrifennu ffurf gywir y rhannau hynny yn y llinell o dan y testun. Does dim angen esbonio pam mae'r ffurfiau gwreiddiol yn anghywir. Mae 20 o gamgymeriadau yn y testun, gan gynnwys gwallau iaith a gwallau teipio.

Engraifft: Nid oedd Richard yn gwybod beth yw wneud.

CYFLEUSTERAU A RHEOLIADAU COLEG LLANWLPAN

....

YN LLANWLPAN

....

Mynediad i adeiladau'r Coleg

....

Ag eithrio pobl ag anabledd, dylid defnyddio'r brif mynedfa yn unig i fynd i mewn, a dod

....

allan o adeiladau, heblaw mewn argyfwng.

....

Ysmygu

....

Am resymau iechyd a diogelwch, ni ganiateir ysmygu tu fewn i adeiladau'r Coleg.

Tân
Dylech bod yn ymwybodol o allanfeydd tân, rhag ofn y digwydd tân neu ddril, i adael yr

....

adeilad lle gynhelir eich dosbarth drwy'r allanfa agosaf. Wedyn, dylid

....

ymgynnull yn y lle priodol lle gelwid cofrestrau. Rhaid i ymwelwyr
â'r Coleg, nad yw'n

....

mynychu cwrs, hysbysebu'r dderbynfa o'u presenoldeb ynghŷd â
bwriad eu ymweliad.

....

Myfyrwyr ag anabledd

....

Mae'r Coleg yn ymrwymol i ehangu cyfleoedd i fyfyrwyr o bob fath,
a rydym yn gwneyd pob

....

ymdrech i sicrhau bod pobun yn cael mynychu ein cyrsiau. Rhodwch
wybod i'r tiwtoriad os oes gennych

....

unrhyw angenion arbennig.

....

Gofal plant

....

Gall gofal plant fod ar gael i fyfyrwyr sy'n astudio yn Llanwlpan.
Am fanylion,

....

cysylltir â'r Rheolwr Gofal Plant, 2, Stryd y Môr, Llanwlpan
SA23 2AB; 01240 523326.

....

Atodiad 9a

Ymarfer cywiro gwallau posib (Lefel Hyfedredd)
(Fersiwn wedi'i gywiro)

Dylid darllen y testun isod yn ofalus, rhoi cylch o gwmpas y rhannau sy'n anghywir ac ysgrifennu ffurf gywir y rhannau hynny yn y llinell o dan y testun. Does dim angen esbonio pam mae'r ffurfiau gwreiddiol yn anghywir. Mae 20 o gamgymeriadau yn y testun, gan gynnwys gwallau iaith a gwallau teipio.

Engraifft: Nid oedd Richard yn gwybod beth yw wneud.

CYFLEUSTERAU A RHEOLIADAU COLEG LLANWLPAN

....

YN LLANWLPAN

....

Mynediad i adeiladau'r Coleg

....

Ac eithrio pobl ag anabledd, dylid defnyddio'r brif **fynedfa** yn unig i fynd i mewn, a dod

....

allan o adeiladau, heblaw mewn argyfwng.

....

Ysmygu

....

Am resymau iechyd a diogelwch, ni chaniateir ysmygu tu **mewn** i adeiladau'r Coleg.

Tân
Dylech **fod** yn ymwybodol o allanfeydd tân, rhag ofn y digwydd tân neu ddril, i adael yr

....

adeilad lle **cynhelir** eich dosbarth drwy'r allanfa agosaf. Wedyn, dylid

....

ymgynnull yn y lle priodol lle **gelwir** cofrestrau. Rhaid i ymwelwyr â'r Coleg, nad **ydynt yn**

....

mynychu cwrs, **hysbysu**'r dderbynfa o'u presenoldeb **ynghyd** â bwriad eu **hymweliad**.

....

Myfyrwyr ag anabledd

....

Mae'r Coleg yn **ymrwymedig** i ehangu cyfleoedd i fyfyrwyr o bob **math**, **ac** rydym yn **gwneud** pob

....

ymdrech i sicrhau bod **pob un / pawb** yn cael mynychu ein cyrsiau. **Rhoddwch / Rhowch** wybod i'r **tiwtoriaid** os oes gennych

....

unrhyw **anghenion** arbennig.

....

Gofal plant

....

Gall gofal plant fod ar gael i fyfyrwyr sy'n astudio yn Llanwlpan. Am fanylion,

....

cysyllter â'r Rheolwr Gofal Plant, 2, Stryd y Môr, Llanwlpan SA23 2AB; 01240 523326.

....

Atodiad 10

Ymarfer asesu cymheiriaid
Cerdyn Sgorio

Enw'r Dysgwr	Y sgôr ar gyfer y gwaith hunanastudio	Sgôr hunanasesu	Y sgôr ar ôl yr ymarfer asesu cymheiriaid (allan o 20)	Y gwahaniaeth rhwng y sgôr ar gyfer y gwaith hunanastudio a'r sgôr ar ôl yr ymarfer asesu cymheiriaid	Canran gwelliant

Enw'r aseswr: .... Llofnod: .... Dyddiad: ....

Atodiad 11

Gwefannau o ddiddordeb i diwtoriaid a dysgwyr y Gymraeg

Gwefannau Defnyddiol i Ddysgwyr Cymraeg

www.ybont.org
Platfform e-ddysgu cenedlaethol ar gyfer Cymraeg i Oedolion. Mae'n cynnwys amrywiaeth o ymarferion, gêmau a deunyddiau eraill i'ch helpu chi ymarfer eich Cymraeg.

canolbarth.ybont.org
Platfform e-ddysgu Canolfan Cymraeg i Oedolion Canolbarth Cymru. Mae'n cynnwys amrywiaeth o ymarferion, gêmau a deunyddiau eraill i'ch helpu chi ymarfer eich Cymraeg.

www.cymraegioedolion.org
Gwefan Llywodraeth Cymru ar gyfer Cymraeg i Oedolion.

https://site.saysomethingin.com
Cwrs dysgu Cymraeg ar-lein sy'n defnyddio podcastiau.

www.cbac.co.uk
Gwybodaeth am gyrsiau ac arholiadau Cymraeg i Oedolion.

www.bbc.co.uk/cymru
Newyddion a gwybodaeth yn gyffredinol.

www.golwg360.com
Papur newyddion cenedlaethol ar-lein.

www.gweiadur.com
Project i greu geiriadur ac adnoddau amlgyfrwng ar gyfer defnyddwyr y Gymraeg o bob oedran a gallu.

www.geiriaduracademi.org
Geiriadur Saesneg-Cymraeg ar-lein yr Academi Gymreig.

www.bbc.co.uk/cymru/cymraeg/dysgu
Nifer fawr o ddeunyddiau ar gyfer dysgwyr ac yn cynnwys cymhorthion megis geiriadur, cywirydd treigladau a chywirydd sillafu.

www.bbc.co.uk/wales/catchphrase
Cwrs dysgu Cymraeg ac adnoddau.

www.bbc.co.uk/wales/colinandcumberland
Ffordd animeiddiedig o ddysgu Cymraeg! Fersiwn de a gogledd.

www.bbc.co.uk/cymru/ieithgi
Gêmau iaith.

http://www.bbc.co.uk/cymrufyw/cylchgrawn
Cylchgrawn Cymraeg ar-lein y BBC.

www.s4c.co.uk
Gwybodaeth am raglenni sy'n addas i ddysgwyr ynghyd â
gwybodaeth am gymorth ychwanegol i ddysgwyr.

www.s4c.co.uk/dysgwyr
Gwefan S4C ar gyfer dysgwyr.

www.iclanguage.com/welsh
Adnoddau ar-lein i helpu plant ac oedolion ifainc i ddysgu Cymraeg.

www.cs.brown.edu/fun/welsh
Cwrs Cymraeg gan Mark Nodine ar gyfer dechreuwyr pur.Taflenni
gwaith Cymraeg a dolenni i adnoddau ar-lein ar gyfer dysgwyr.

www.acen.co.uk
Gwefan arbenigol ar gyfer dysgu Cymraeg, gan gynnwys adnoddau
helaeth megis radio i ddysgwyr ac e-weithgareddau, a hefyd siop ar-
lein.

www.agored.org.uk
Gwybodaeth am gredydau ac adnoddau i gefnogi dysgu.

www.LinkWordLanguages.com
Gwybodaeth am ddulliau gwahanol o ddysgu Cymraeg.

www.meddal/com
Meddalwedd Cymraeg.

www.geiriadur.net
Geiriadur ar-lein Cymraeg.

https://www.saysomethingin.com/welsh/course1
Podcastiau dysgu Cymraeg.

https://www.saysomethingin.com/welsh/ffrindiaith/signup
Yn helpu dysgwyr Cymraeg i gael hyd i a dod i adnabod siaradwyr
Cymraeg rhugl.

http://www.cysgliad.com/cysill/arlein
Gwiriwr sillafu'r Gymraeg ar-lein.

Meithrin Sgiliau Gwrando
a Deall a Gwylio a Deall
Julie Brake

Gwrando yw'r sgìl iaith a ddefnyddir fynychaf. Mae pawb yn treulio mwy o amser yn gwrando ar iaith, boed yn sgwrs mewn amser real neu'n ddarllediad, nag yn ei siarad. Y mae'n rhaid i bawb wrando cyn dysgu siarad iaith, boed yn iaith gyntaf neu'n ail-iaith ac felly mae meddu ar sgiliau gwrando da'n hwyluso'r broses o feistroli ail iaith. Cydnabyddir bod magu'r sgiliau sy'n angenrheidiol i ddeall amrywiaeth o ddeunyddiau llafar yn peri cynnydd yn adnoddau ieithyddol y dysgwyr. Mae'r rhan fwyaf o gyrsiau ail iaith felly yn cynnwys elfen o wrando a deall ac mae datblygiadau technolegol diweddar, megis podlediadau a theclynnau sy'n creu fideos yn hawdd, hefyd wedi arwain at fwy o gyfle i ddefnyddio gweithgareddau gwylio a gwrando yn y dosbarth Cymraeg. Yn aml iawn caiff gweithgareddau gwrando a gwylio eu defnyddio ar y cyd â'r sgiliau ieithyddol eraill, siarad, darllen ac ysgrifennu, ac mae gweithgareddau gwrando a gwylio yn fodd o arfer y sgiliau iaith eraill. Mae llawer y gall y tiwtor ei wneud i godi hyder dysgwyr yr iaith a datblygu eu sgiliau gwrando, gan gynnwys sicrhau bod deunydd ar gael iddynt sy'n cynnwys gweithgareddau wedi'u graddoli sy'n gallu bod o gymorth i ddysgwyr wrth iddynt fynd i'r afael â'r darn ac sy'n tywys y dysgwyr drwy'r deunydd gan gynyddu eu dealltwriaeth a chyda hynny, eu hyder.

Manteision Cyflwyno Gweithgareddau Gwrando a Deall a Gwylio a Deall
Gellir crynhoi pam y dylid ymdrechu i feithrin sgiliau gwrando a deall a gwylio a deall yn y dosbarth fel a ganlyn:

- Yn dibynnu ar y testun neu'r gweithgaredd a gyflwynir gan

y tiwtor, caiff y dysgwr y cyfle i glywed cyfathrebu mewn iaith lafar naturiol mewn cyd-destun cyflawn ystyrlon, lle mae'r iaith yn cael ei chynhyrchu'n ddigymell, yn hytrach na chael ei chyflwyno drwy gyfres o enghreifftiau moel ac artiffisial mewn dosbarth iaith. Daw'r dysgwr yn ymwybodol o'r iaith fel rhywbeth a chanddo ddilysrwydd a gwerth cyfathrebol, sy'n bodoli mewn sefyllfaoedd real, ac nid rhywbeth i'r dosbarth yn unig. Y mae hyn yn arbennig o berthnasol yn yr ardaloedd hynny yng Nghymru lle y mae'n anodd clywed yr iaith yn cael ei siarad bob dydd: mae cyflwyno deunyddiau gweledol a chlywedol yn rhoi cyfle hefyd i ddysgwyr o bob ardal sylwi ar nodweddion Cymraeg llafar o ardaloedd eraill.

- Y mae gwrando ar gyfathrebu, sy'n digwydd mewn gwahanol sefyllfaoedd, yn ymestyn ffiniau ieithyddol ac ymwybyddiaeth gymdeithasol y dysgwr. Drwy weld a chlywed sut y mae'r iaith yn cael ei defnyddio gan wahanol siaradwyr, y mae modd i ddysgwyr weld sut y mae ystumiau, ymddygiad, pwyslais, rhythm a goslef yn cael eu defnyddio mewn sgwrsio naturiol a sut mae goslef yn cyfateb i fynegiant yr wyneb a pha ystumiau sy'n cael eu defnyddio gydag ymadroddion penodol. Gall y dysgwr weld pobl yn defnyddio'r iaith i gellwair, i ymddiheuro, i wylltio, i hel clecs, i gydymdeimlo, i ofyn caniatâd, i fynegi barn, a hyd yn oed i regi, rhywbeth sy'n fwy anodd i'w gyflwyno mewn cyfryngau eraill. Bydd y dysgwyr yn gyfarwydd â'r nodweddion hyn yn eu hiaith gyntaf, ac y mae cyflwyno'r cyfle iddynt weld yr un nodweddion yn yr iaith darged yn fodd o'u galluogi i gryfhau eu gafael ar yr un nodweddion yn eu hail iaith. Y mae defnyddio cyfryngau gweledol er mwyn cyflwyno ac atgyfnerthu patrymau sy'n cael eu defnyddio'n aml megis wrth gyfnewid manylion personol, a gofyn i bobl ailadrodd megis 'Elli di ddweud hynny eto?', 'Beth ddwedoch chi?', trafod digwyddiadau, mynegi barn a.y.y.b., yn ffordd effeithiol a diddorol o ddrilio'r patrymau angenrheidiol.

Gall fideo ddangos sut y mae'r iaith yn cael ei defnyddio mewn sefyllfaoedd cyffredin megis cyfweliad, cyfarfod swyddogol neu mewn siop, neu hyd yn oed pryd mae'r ffurfiau 'ti' a 'chi' yn cael eu defnyddio, a rhoi cyd-destun i'r iaith a gyflwynwyd eisoes. Gall y myfyrwyr weld cyd-destun gwahanol eiriau a phryd y mae'n briodol eu defnyddio yn y cyd-destun cymdeithasol, yn ogystal â chael eu cyflwyno i eiriau ac ymadroddion y gallant eu hefelychu.

- Prin yw'r cyfleoedd a gaiff llawer o ddysgwyr i glywed y Gymraeg yn cael ei siarad tu allan i'r dosbarth, heb sôn am gymryd rhan mewn sgwrs â siaradwr brodorol. Dylid, felly, achub ar bob cyfle i gyflwyno testunau clywedol a gweledol yn y dosbarth sy'n dangos yr iaith naturiol ar waith; caiff y dysgwr ei gyflwyno i nifer fawr o wahanol gymeriadau'n rhyngweithio mewn gwahanol sefyllfaoedd, a chânt y cyfle i glywed amrywiaeth o leisiau brodorol a chael y profiad o wrando ar wahanol acenion, ar leisiau gwrywaidd a benywaidd, lleisiau hen ac ifanc, a lleisiau pobl o wahanol statws cymdeithasol. Y mae llawer o ddysgwyr yn cwyno eu bod yn deall eu tiwtor yn iawn ond eu bod yn methu â deall pobl eraill yn siarad, na dilyn rhaglenni teledu/radio. Drwy efelychu acen a goslef siaradwyr brodorol, daw'r dysgwr i swnio'n fwy rhugl a naturiol a chael ei dderbyn a'i gymathu i'r gymdeithas Gymraeg. Credid bod siaradwyr rhugl yn fwy tebygol o barhau i siarad Cymraeg â dysgwr os yw acen y dysgwr yn swnio'n naturiol Gymraeg. Mewn cyrsiau uwch, gellir defnyddio deunyddiau a fydd yn dangos arddulliau gwahanol, a chyweiriau gwahanol dafodieithoedd. Prin y gall yr un tiwtor, pa mor brofiadol a dawnus y bo, ddarparu'r un ystod o acenion, lleisiau a themâu â deunydd gweledol a chlywedol, na chynnal a sbarduno dosbarth i'r un graddau â deunydd wedi ei recordio a ddefnyddir yn ofalus yn y dosbarth. Y mae deunyddiau gwrando a gwylio hefyd yn gallu cynnwys gwahanol agweddau ar yr iaith, megis amserau gwahanol, moddau gwahanol, a geirfa.

- Un fantais amlwg o ddefnyddio gweithgareddau gwrando a gwylio yw bod gan bobl ddiddordeb cynhenid mewn cyfryngau clywedol a gweledol, a bydd y dysgwyr eisiau gwylio'r hyn sydd wedi ei recordio ar eu cyfer, hyd yn oed os na fyddant yn deall y cyfan. Y mae deunyddiau gweledol felly yn gallu gweithredu fel modd o hybu'r cymhelliant i wrando. Y mae nifer fawr o ddysgwyr yn dysgu'r iaith er mwyn deall y radio a'r teledu; drwy ddefnyddio eitemau addas wedi eu recordio a'u dewis yn ofalus ymlaen llaw, gellid cyflwyno y cyfryngau Cymraeg i'r dysgwyr o ddechrau'r cwrs.

- Os caiff y dysgwr ei gyflwyno'n raddol i'r iaith sy'n cael ei defnyddio ar y cyfryngau torfol a'r cyfryngau newydd yn y dosbarth, y mae'n fwy tebygol o droi at y cyfryngau hyn tu allan i'r dosbarth. Y mae gwrando ar yr iaith yn gyson yn cyfrannu'n fawr at lwyddiant y dysgwr gan ei fod yn ychwanegu'n sylweddol at yr amser cyswllt â'r Gymraeg. Y mae llawer yn digalonni wrth weld cyn lleied o gynnydd a wneir mewn un wers yr wythnos, yn enwedig os na chânt ddigon o gyfle i ymarfer rhwng y gwersi, ac y mae eu hannog i wrando a gwylio deunyddiau Cymraeg y tu allan i'r gwersi'n fodd o gadw'r iaith yn fyw o un dosbarth i'r llall.

- Y mae'n rhaid wrth argymhelliad a hyder i ddysgu iaith ac i lwyddo yn y nod o greu siaradwr Cymraeg newydd, a all ei fynegi ei hun yn hyderus a digymell a deall, cychwyn a chynnal sgwrs, y mae'n rhaid meithrin hyder a chymhelliant y darpar-siaradwr. Heb feddu ar hyder yn ei allu ei hunan, go brin y bydd y dysgwr yn llwyddo yn ei nod o feistroli'r iaith, felly mae'n hanfodol bwysig bod hyder y dysgwr yn cael ei gynnal yn y dosbarth. Rhydd llawer o ddysgwyr y gorau i ddysgu'r iaith oherwydd embaras. Y mae cyflwyno gweithgareddau gwylio syml, megis ateb cwestiynau fel 'a oedd Mair yn hapus', yn fodd o godi hyder dysgwyr gwan neu swil, gan fod modd ateb y cwestiwn trwy sylwi ar dôn y llais ac ystumiau yn hytrach na deall pob gair y mae'r cymeriad yn ei ddweud. Y mae mewnbwn gweledol fel hyn yn hybu dealltwriaeth y dysgwyr o'r sefyllfa sy'n cael ei phortreadu. Gall llwyddo i ddeall darn o ddeunydd wedi'i recordio gynyddu hyder y dysgwr gan ei fod yn cael cyfle i lwyddo mewn cyfrwng lle nad yw'r llwyddiant yn dibynnu ar feistrolaeth lafar.

- Drwy ddefnyddio testunau clyweledol yn ofalus, mae modd dangos i'r dysgwyr fod modd iddynt ddeall siaradwyr brodorol, a bydd yr ymdeimlad hwn yn esgor ar deimlad o gyrhaeddiad ac ysgogi'r cymhelliad sydd ei angen er mwyn parhau i ddysgu rhagor a dod yn rhugl yn yr iaith. Nid oes rhaid dibynnu ar ddeunydd recordiedig hyd yn oed; gall gofyn i rywun o'r gymuned leol ddod i siarad â'r dosbarth fod yn ffordd dda o wella sgiliau gwrando'r dosbarth a chodi eu hyder. Mae'n bwysig defnyddio deunydd gwrando a gwylio'n gyson o ddechrau'r cwrs gan raddoli'r gweithgareddau er mwyn datblygu sgiliau gwrando a gwylio'r dysgwyr.

- Gellir defnyddio'r sgìl gwrando a gwylio i ganolbwyntio ar broblem ramadegol benodol. Gall gwrando ar fwletin newyddion byr, er enghraifft, atgyfnerthu ffurfiau'r stad oddefol. Gall gwrando ar negeseuon ffôn syml atgyfnerthu'r patrymau a ddefnyddir yn aml wrth adael neges, yn ogystal â chyflwyno sefyllfaoedd real i'r ystafell ddosbarth. Yn yr un modd, gellir ffocysu ar agwedd gyfathrebol benodol sy'n rhwyddach ei dangos na'i hesbonio mewn geiriau, megis defnyddio'r ail berson wrth gyfarch.

- Creu digon o amrywiaeth yw nod unrhyw diwtor wrth baratoi gwers. Daw ymarferion gwrando a deall a gwylio a deall ag amrywiaeth i'r dysgu yn ogystal â chyfrwng newydd. Apelia'r teledu at y llygaid, y glust a'r emosiwn, yn enwedig pan fo'r cymeriadau a'r sefyllfaoedd yn ystyrlon ac yn berthnasol i'r dysgwyr.

Anfanteision Cyflwyno Gweithgareddau Gwrando a Deall a Gwylio a Deall

Y mae rhai pethau sy'n gallu bod yn faen tramgwydd i'r tiwtor iaith wrth ddefnyddio deunyddiau wedi'u recordio.

1. Mae gan rai ystafelloedd dosbarth acwsteg wael sy'n effeithio ar glywadwyedd y deunydd. Y mae rhaid ystyried ffactorau ffisiolegol hefyd fel problemau clyw unrhyw aelod o'r dosbarth.

2. Weithiau mae'n anodd sicrhau bod pob myfyriwr mewn grŵp yn gallu clywed/gweld y deunyddiau, yn enwedig os bydd sŵn cefndirol.

3. Weithiau mae'n rhaid i bawb wrando neu wylio yr un pryd â phawb arall ac ar yr un cyflymdra â phawb arall. Nid ydynt yn gallu rheoli'r deunydd eu hunain. Mae hyn yn gallu effeithio ar amseru'r dosbarth.

4. Wrth wrando ar ddeunyddiau yn unig nid yw'r dysgwyr yn gallu gweld y sgwrsio'n digwydd er mwyn cael cliwiau gweledol am ystyr y sgwrs ac nid ydynt yn medru rhyngweithio gyda'r siaradwyr o gwbl i ofyn iddynt arafu/aralleirio a.y.y.b.

5. Er bod defnyddio deunyddiau gweledol yn gallu dangos yr iaith ar waith, y mae pobl fel arfer yn tueddu i ymlacio o flaen y teledu ac mae'n rhaid i'r tiwtor iaith ddarparu ffocws i sicrhau nad yw'r dosbarth yn gwylio'r deunydd yn oddefol. Mae gwrando'n anodd ac mae'n sgìl sy'n gorfod cael ei ddatblygu er mwyn eu defnyddio'n effeithiol. Mae rhai myfyrwyr yn ei chael yn anodd iawn canolbwyntio ar ddeunydd recordiedig, yn enwedig os bydd yn cynnwys geiriau ac ymadroddion dieithr ac mae angen felly ystyried unrhyw weithgareddau sy'n seiliedig ar y sesiwn yn ofalus iawn.

6. Y mae rhai deunyddiau clywedol a gweledol yn dyddio'n gyflym iawn ac yn gallu bod yn eithaf drud os bydd y tiwtor iaith yn penderfynu eu prynu.

7. Y mae'n anodd cael hyd i ddeunyddiau sydd â lefel iaith briodol, yn enwedig i'r dosbarthiadau is.

8. Y mae problemau hawlfraint yn gallu peri anhawster i'r tiwtor iaith.

Dewis Deunyddiau Addas

Y mae'r dewis eang o ddeunyddiau y gellir eu defnyddio yn yr ystafell ddosbarth gan gynnwys deunydd recordiedig ar CD ROM a DVD, rhaglenni o'r radio a'r teledu (mae safleoedd sy'n caniatáu i chi weld rhaglenni sydd wedi cael eu darlledu eisoes ar y teledu neu'r radio'n ddefnyddiol iawn), tapiau sain, tapiau fideo, ffeiliau sain a fideo o'r rhyngrwyd, deunyddiau o wefannau rhannu fideos a.y.y.b. O ganlyniad, mae dewis y deunyddiau mwyaf priodol, eu didoli'n ddarnau defnyddiol, perthnasol a hawdd eu trafod, datblygu deunyddiau ategol (yn enwedig ar gyfer dysgu tu allan i'r dosbarth) a hyfforddi dysgwyr i'w defnyddio'n iawn o'r pwys mwyaf. Mae'n bosibl i'r tiwtor greu ei fideos ei hunan drwy ddefnyddio cyfrifiadur a chamera fideo a hefyd ei ddarnau gwrando ei hunan. Y brif fantais o wneud hyn yw ei fod yn gallu canolbwyntio ar anghenion y dysgwr ac mae'r iaith a'r acen yn gyfarwydd i'r myfyrwyr, ond os nad oes llawer o sgìl technegol gan y tiwtor gall y fideo edrych yn amhroffesiynol chymryd llawer o amser i'w gynhyrchu. Y mae cymaint o ddeunyddiau ar gael ar ffurf ddigidol, gall y tiwtor chwarae traciau recordiedig yn syth o chwaraewr mp3 neu gyfrifiadur. Nid oes rhaid cyfyngu'r mewnbwn i ddeunyddiau recordiedig yn unig; mae rhoi gwahoddiad i siaradwr gwadd hefyd yn fodd o hybu sgiliau gwrando a gwylio'r myfyrwyr cyhyd â bod iaith y siaradwr yn addas i lefel y dosbarth. Cofiwch hefyd nad oes rhaid defnyddio deunyddiau masnachol; gallwch recordio'r myfyrwyr eu hunain yn ystod y wers neu ofyn i'r myfyrwyr gael sgwrs fer â rhywun y tu allan i'r dosbarth a defnyddio'r sgwrs honno fel sail i ymarfer gwrando, gan ofyn i'r myfyrwyr drafod mewn grwpiau'r hyn y maent yn ei gofio. Y mae hyn yn datgelu yr hyn sy'n bwysig ym marn y myfyrwyr a gall y tiwtor ei hun fod yn ffynhonnell werthfawr.

Er mwyn meithrin sgiliau gwrando da, hybu cymhelliant a chynnydd y dysgwyr a'u hannog i wrando a gwylio'r iaith tu allan i'r ystafell ddosbarth, y mae nifer o bethau y dylid eu cadw mewn cof wrth bennu deunyddiau i'w defnyddio yn y dosbarth. Dylai'r deunyddiau fod yn rhai diddorol, yn amrywiol ac yn heriol er mwyn cynnal cymhelliant y dysgwyr. Mae'n bwysig iawn o ran cymhelliant ac ysgogi'r myfyrwyr i wrando bod y testun ei hun yn eu diddanu ac o ddiddordeb iddynt. Y mae hyn yn arbennig o wir yn achos deunydd gweledol yr ydym yn tueddu i'w gysylltu ag ymlacio a gwylio hamddenol. Dylai'r deunydd fod yn symbylol sy'n eu hysgogi i weld a chlywed mwy a thrafod yr hyn a gyflwynir. Gorau oll os yw'r deunydd yn gyfoes ac yn adlewyrchu'r hyn sy'n digwydd yn y byd tu allan i'r ystafell ddosbarth, megis bwletinau newyddion, sefyllfaoedd cymdeithasol, digwyddiadau chwaraeon a hyd yn oed rhagolygon y tywydd. Wrth ddefnyddio sefyllfaoedd bob dydd, rydych yn dangos patrymau iaith i'r myfyrwyr eu hefelychu ac yn dangos yr iaith yn ei chyd-destun.

Cyn dewis deunydd, rhaid penderfynu beth yw nod y gweithgaredd, er enghraifft atgyfnerthu patrwm iaith penodol, profi dealltwriaeth gyffredinol, cynyddu hyder, cynnig amrywiaeth, pontio rhwng dwy elfen mewn gwers a.y.y.b., gan y bydd hyn oll yn effeithio ar eich dewis.

Dylid cadw gallu ieithyddol presennol y dysgwyr mewn cof. Ar y naill law, y mae angen cyfyngu'r iaith i lefel gwybodaeth y dysgwyr ac, ar y llaw arall, y mae angen sicrhau bod yr iaith a glywir yn adlewyrchu'r iaith a siaredir yn y gymuned leol. Dylech gadw mewn cof hefyd hyd y testun, gan dorri darn hir yn ddarnau llai, ei ansawdd a'r anhawster, cyflymdra'r siarad, acen y siaradwyr a hefyd nifer y siaradwyr sydd i'w clywed. Mae gorfod gwrando ar lawer o bobl yn siarad yn drysu myfyrwyr, felly mae'n well cyfyngu'r nifer o leisiau a glywir i ryw dri yn unig.

Yn ogystal ag acenion siaradwyr, mae gofyn ystyried geirfa. Dylech ddewis darnau nad oes ynddynt ormod o eiriau nac ymadroddion dieithr, fel y gall y dysgwr ganolbwyntio ar wrando. Yn ddelfrydol, bydd y darn yn cynnwys digon o ailadrodd geirfaol a chystrawennol. Os deunydd wedi'i baratoi at ddysgu fydd gennych, y mae'n debygol y bydd yr iaith wedi ei graddoli yn barod ac y bydd geiriau a strwythurau yn cael eu hailadrodd. Ceir adnoddau clywedol a gweledol sy'n cyd-fynd â chwrslyfrau ail-iaith sydd ag

amcan dysgu amlwg a deunydd atodol cysylltiedig. Un o fanteision
defnyddio adnoddau sydd wedi cael eu creu'n fasnachol ar gyfer
dysgwyr yw bod yr iaith wedi ei graddoli, y mae'r deunydd yn hawdd
ei reoli, o ansawdd da, ac yn aml iawn yn cynnwys deunyddiau atodol.
Y mae defnyddio'r adnoddau sydd yn cyd-fynd â gwerslyfr sy'n
integreiddio gyda'r gwaith a wnaethpwyd yn y dosbarth yn ffordd dda
o atgyfnerthu patrymau neu eirfa.

Os cyflwynir darn o raglen deledu, dylid sicrhau ei fod yn fyr a
bod ganddo ddigon o symud a chliwiau gweledol. Y mae rhaglenni
'cylchgrawn' yn ddelfrydol, gan fod yr eitemau'n fyr ac yn aml yn
ddiddorol ac yn ddifyr. Y mae nifer fawr o eitemau addas i'w
defnyddio mewn ystafell ddosbarth ar gael o wefannau rhannu
fideos sy'n fyr ac yn ddiddorol iawn. Mantais amlwg defnyddio
deunydd gweledol yn lle clywedol yn unig yw ei fod yn rhoi'r cyfle
i weld iaith y corff. Gall is-deitlau ar DVD fod yn ffordd hawdd o
gyflwyno hyn.

Gymaint ag y bo modd dylai tiwtor iaith ddefnyddio deunyddiau
dilys, sef deunyddiau a luniwyd gan siaradwyr rhugl ar gyfer
cynulleidfa o siaradwyr rhugl heb ystyried anghenion siaradwyr nad
ydynt yn rhugl, gan fod hyn yn rhoi profiadau dilys o iaith i'r
dysgwyr ac yn ei dro yn cymell y dysgwr i ddefnyddio'r iaith boed
yn oddefol neu'n weithredol. Cofiwch nad oes rhaid i'r myfyrwyr
ddeall pob gair, a bod modd defnyddio'r un darn gyda dosbarthiadau
ar sawl lefel gan amrywio'r gweithgareddau; os byddwch yn
recordio bwletin newyddion, gallwch ofyn i ddosbarth ar lefel
Mynediad wrando am eiriau penodol, gallwch ddefnyddio'r un
bwletin i ofyn i ddosbarth ar lefel uwch roi prif ymadroddion y darn
ar gerdyn a gofyn i'r myfyrwyr roi'r darnau yn eu trefn a gosod
cwestiynau a phwyntiau trafod i ddosbarth sydd ar lefel eithaf uchel.
Os byddwch yn llunio gweithgareddau sydd yn briodol i lefel y
dosbarth caiff y dysgwyr wefr o ddeall deunydd nad yw wedi ei
raddoli ar eu cyfer.

Rhaid dethol deunydd yn ofalus iawn a chadw eich dosbarth mewn
cof wrth bennu darn a gweithgaredd. Mae eisiau adnabod y dosbarth
yn dda cyn cyflwyno deunydd clywedol a gweledol a meithrin eu
hunanhyder. Mae eisiau bod yn gyfarwydd iawn â safon dosbarth a
gwybod am eu gwendidau a'u cryfderau; os bydd y deunydd yn rhy

heriol – fel pob deunydd a ddefnyddir mewn dosbarth – bydd y dosbarth yn diflasu ac yn colli hyder ynddynt eu hunain. Mae rhai dosbarthiadau'n ymateb yn well i fathau penodol o ddeunydd nag eraill. Rhaid ystyried a yw'r ffeil sain/fideo'n addas ar gyfer y dosbarth o gwbl. Nid yw'n syniad da defnyddio deunydd recordiedig gyda dosbarth yr ydych chi'n ei ddysgu am y tro cyntaf; ni fyddwch eisiau darganfod bod gan unigolyn yn y dosbarth anawsterau clyw ar ôl i'r sesiwn gwrando ddod i ben. Wrth gyflwyno unrhyw ddeunydd recordiedig dylech adael i'r myfyrwyr ddod yn gyfarwydd â llais, acen, cyflymdra a thôn y siaradwr cyn disgwyl iddyn nhw fynd i'r afael ag unrhyw dasgau cysylltiedig.

Defnyddio Adnoddau yn yr Ystafell Ddosbarth

Mae angen i'r tiwtor gynorthwyo'r dysgwyr i fabwysiadu strategaethau gwrando effeithiol er mwyn codi hyder y myfyrwyr i ddefnyddio'r iaith tu allan i'r dosbarth, atgyfnerthu eu sgiliau gwrando ac yn y pen draw greu siaradwyr rhugl. Nid yw'n ddigon dewis darn ar hap a'i chwarae yn y dosbarth, nid rhywbeth sy'n cymryd lle'r tiwtor yw deunydd gwrando/gwylio; fel yn achos pob gweithgaredd a gyflwynir yn y dosbarth, y mae rôl y tiwtor yn allweddol i lwyddiant gweithgaredd sy'n seiliedig ar wrando neu wylio. Dylai sesiwn gwrando neu wylio gael ei baratoi'n drwyadl ac yn drefnus ymlaen llaw. Dylai unrhyw dasgau cysylltiedig gael eu strwythuro'n effeithiol a rhoi digon o gyfle i ddysgwyr ddefnyddio eu gwybodaeth a'u profiad blaenorol, er mwyn osgoi pryder a chynyddu hyder y dysgwyr. Mae angen sicrhau bod y dysgwyr yn cymryd rhan weithredol yn y gweithgaredd, cydnabod anawsterau'r myfyrwyr ac awgrymu ffyrdd o oresgyn yr anawsterau hyn.

Wrth Baratoi'r Wers

1. Rhaid sicrhau cyn y dosbarth bod yr offer yn gweithio'n iawn a'ch bod yn gwybod sut i'w defnyddio; bydd y dosbarth eisiau gwylio fideo, nid y tiwtor yn ymdrechu i ddatrys problemau technegol. Rhaid sicrhau hefyd fod

ansawdd y deunydd yn dda; y mae hyn yn arbennig o
bwysig pan fyddwch yn defnyddio deunydd heb gliwiau
gweledol. Nid oes dim sy'n fwy tebygol o ddryllio hyder y
dosbarth nac esgor ar rwystredigaeth na methu â deall darn,
yn enwedig os bydd y darn hwnnw'n cael ei chwarae fwy
nag unwaith. Os caiff hyder dysgwr yn ei allu i gyflawni
gweithgaredd ei ddryllio ar ddechrau gweithgaredd y
mae'n annhebygol y caiff yr hyder hwnnw ei adennill yn
ystod y gweithgaredd.

2. Cyn mynd i'r wers, y mae'n rhaid penderfynu faint o
    gymorth y bydd ar y myfyrwyr ei angen er mwyn deall
    rhediad y darn. Weithiau gall fod yn fuddiol esbonio ystyr
    rhai geiriau allweddol neu ddarparu geirfa ragbaratoawl. Y
    mae faint o eirfa yr ydych yn ei chyflwyno i'r dysgwyr cyn
    iddynt wrando/wylio'n dibynnu i ryw raddau ar amcanion
    y sesiwn, ond ni ddylid cyflwyno ystyr pob gair newydd
    rhag ofn ichi lethu'r dysgwr o'r cychwyn cyntaf a chreu
    pryder a'r teimlad 'fydda i byth yn deall y darn hwn' cyn
    i'r dysgwyr hyd yn oed glywed y darn. Fel arfer mae'n
    well peidio â chyflwyno mwy na thri gair newydd. Yn sicr
    dylech osgoi darnau sy'n cynnwys gormod o eiriau dieithr
    neu eiriau arbenigol, ond yn fynych iawn, ni fydd rhaid i'r
    dysgwyr ddysgu geiriau newydd er mwyn deall prif rediad
    syniadol rhaglen. Dylid pwysleisio bod dyfalu ystyr o fewn
    cyd-destun yn sgìl defnyddiol i'w feistroli, gan atgoffa'r
    myfyrwyr nad ydym fel arfer yn deall pob gair y byddwn
    yn ei glywed. Os byddwch yn penderfynu bod rhaid i'r
    myfyrwyr wybod ystyr rhai geiriau allweddol er mwyn
    cyflawni'r gweithgaredd, mae ymarfer y geiriau hyn drwy
    weithgareddau cyn iddynt wrando ar neu wylio'r prif
    ddarn, er enghraifft llenwi'r bylchau neu baru geiriau a
    diffiniadau, yn ffordd dda o sicrhau bod y myfyrwyr yn
    adnabod y geiriau yn y darn. Y mwyaf o ddefnydd y bydd
    y myfyrwyr yn ei wneud o'r geiriau newydd cyn y
    gweithgaredd ei hun, y mwyaf tebygol yw hi y byddant yn
    adnabod y gair pan fyddant yn ei glywed.

3. Rhaid penderfynu pryd y byddwch yn cyflwyno'r sesiwn gwrando/gwylio yn ystod y wers, dylai'r sesiwn gael ei integreiddio'n dda i weddill y wers. Gorau oll os bydd yn gweithredu fel pont rhwng gwahanol elfennau'r wers.

4. Rhaid penderfynu hefyd ar y trefniant gorau ar gyfer y sesiwn. Gwaith dosbarth, gwaith grŵp, gwaith pâr neu weithio fel unigolyn. Bydd hyn yn dibynnu i ryw raddau ar natur y gweithgaredd. Os bydd sawl peiriant ar gael mae modd troi'r gweithgaredd yn waith grŵp. Mae sawl mantais i waith grŵp; gall y dysgwyr reoli'r deunydd eu hunain a phennu eu cyflymdra eu hunain, y mae'n bosibl y bydd dysgwyr swil yn fwy tebygol o ymateb, gall aelodau'r grŵp gynorthwyo'i gilydd ac y mae gwaith grŵp hefyd yn debygol o esgor ar gyd-drafod yn dilyn y gweithgaredd. Mae gweithio mewn grŵp yn galluogi myfyrwyr i reoli'r deunydd eu hunain a phenderfynu sawl gwaith y maent yn ei glywed a pha rannau y maent yn gwrando arnynt fwy nag unwaith. Fel arfer hefyd y mae gwaith grŵp yn ysbarduno mwy o ryngweithio wrth i'r myfyrwyr gydweithio a chyfathrebu â'i gilydd ac felly maen nhw'n cael siarad yn hwy na phetai'r gweithgaredd yn weithgaredd dosbarth; mae'r ffocws yn symud o'r tiwtor yn gweithredu fel patrwm i'r myfyrwyr yn helpu ei gilydd. Mae hyn hefyd yn wir am waith mewn parau. Bydd y tiwtor yn monitro'r drafodaeth, gan ofyn am dystiolaeth am farn y myfyrwyr, yn cadarnhau, yn ysgogi ac yn ysbarduno.

5. Y mae'n rhaid hefyd benderfynu sawl gwaith yr ydych am chwarae'r darn. Bydd hyn wrth gwrs yn dibynnu ar nod a ffocws y gwrando; a ydych am i'r dysgwyr wrando am fanylion, os ydych am iddynt ganolbwyntio ar bwynt ieithyddol penodol – sawl enghraifft o'r goddefol sydd mewn bwletin newyddion, er enghraifft – neu ddim ond am iddynt ddeall testun neu gyd-destun y sgwrs. Er bod tynnu gwybodaeth gyffredinol ar ôl gwrando ar ddarn unwaith yn sgìl pwysig, fel arfer mae'n well gadael i'r dysgwyr glywed y darn mwy nag unwaith. Cofiwch ein bod yn cael

y cyfle i ofyn am eglurhad neu gael clywed rhywbeth eto
yn y byd go iawn. Mae dealltwriaeth y dysgwr yn cynyddu
wrth iddo glywed yr un patrymau'n cael eu hailadrodd,
ond peidiwch ag ailchwarae'r darn hyd syrffed a diflasu'r
dosbarth; fel arfer ni fydd gwrando ar ddarn fwy na thair
gwaith yn cynyddu dealltwriaeth y myfyrwyr o'r darn
hwnnw. Bydd y myfyrwyr eu hunain fel arfer yn dymuno
gwrando ar ddeunydd mwy nag unwaith, a dylech nodi ar
ddechrau'r sesiwn y bydd y deunydd yn cael ei chwarae
mwy nag unwaith. Os na fyddwch ond eisiau chwarae'r
darn dwywaith, nodwch hynny yn eich cyflwyniad i'r
sesiwn; cofiwch fod rhai myfyrwyr yn dibynnu ar y ffeil yn
cael ei chwarae nifer o weithiau. Mae'n syniad da hefyd
gadael i'r myfyrwyr wrando ar ddarn unwaith heb geisio
mynd i'r afael ag unrhyw weithgaredd er mwyn iddynt
ymgyfarwyddo â'r lleisiau. Mae'n bwysig bod yn hyblyg;
byddwch yn barod i stopio'r deunydd, os bydd angen.
Rhaid cadw cyflymdra'r wers mewn golwg bob tro ac
mae'n well pwysleisio diben yr ymarfer wrth gyflwyno'r
gweithgaredd. A oes rhaid i'r myfyrwyr gael ystyr
cyffredinol i ateb gofynion yr ymarfer yn hytrach na deall
bob gair? Os nod yr ymarfer yw codi ffeithiau perthnasol
o'r testun yn lle sylwi ar fanylion, nodwch hynny.

Yn Ystod y Wers

Bydd y gweithgareddau a gyflwynir gan y tiwtor felly yn dibynnu i
raddau helaeth ar ddiben yr ymarfer ei hun: a yw'r tiwtor am i'r
myfyrwyr wrando er mwyn deall rhediad sgwrs yn unig, neu a oes
angen iddynt godi gwybodaeth benodol neu sylwi ar batrymau iaith
a gyflwynwyd fel dril. Pan fyddwch chi wedi dewis y deunydd
rydych chi am ei ddefnyddio yn y dosbarth mae angen meddwl am
sut y byddwch yn ei integreiddio i'r wers. Mae'n bwysig ystyried
beth fydd yn digwydd:

- cyn y sesiwn gwrando/gwylio
- yn ystod y sesiwn gwrando/gwylio
- ar ôl y sesiwn gwrando/gwylio

Cyn yr Ymarfer

Mae hi'n hynod bwysig paratoi yr hyn fydd yn digwydd yn ystod yr ymarfer. Y pwyslais yw cynorthwyo'r myfyrwyr i lwyddo a'u galluogi i ragweld cynnwys y sesiwn gwrando/gwylio. Mae'r ffordd yr ydych yn cyflwyno'r sesiwn yn bwysig. Mae'n syniad da rhoi cyflwyniad cryno o gefndir y darn gan nodi amcanion y sesiwn; mae hyn yn fodd o arfogi aelodau'r dosbarth gan godi eu hyder ar y dechrau a lleihau eu pryder gan eu bod yn gwybod beth i'w ddisgwyl. Yn anaml iawn y byddwn ni'n clywed iaith ddi-gyda-destun yn ein bywydau bob dydd ac unwaith y bydd myfyrwyr yn gwybod cyd-destun y darn, gallant ragfynegi beth fydd y cynnwys tebygol. Gallwch gynnal sesiwn rhaeadru syniadau er mwyn atgoffa myfyrwyr o batrymau a geirfa berthnasol. Mae cyflwyno gweithgareddau ar yr un pwnc â'r gweithgaredd gwrando/gwylio cyn y sesiwn gwylio/gwrando hefyd yn paratoi'r myfyrwyr yn dda at y sesiwn. Gall cyflwyniad byr fel hwn ennyn diddordeb y dysgwr yn yr hyn sydd i ddod. Wrth gyflwyno'r sesiwn, gellir esbonio'r cyd-destun yn fras, gan nodi pethau fel lleoliad y sgwrs, neu natur y rhaglen a recordiwyd, pam mae'r bobl yn siarad – perswadio, negodi, sawl llais y byddant yn ei glywed, pwy sy'n siarad, pam maen nhw'n siarad a'r berthynas rhyngddynt o bosibl – fel y bo'r dysgwr yn gwybod beth i'w ddisgwyl; cofiwch fod rhyw fath o elfen ragddisgwyliedig ym mhob sgwrs yr ydym yn cyfrannu ati yn ein bywydau bob dydd. Ni ddylid byth adael i'r dysgwr fynd i mewn i'r gweithgaredd yn 'oer', mae'r cyflwyniad i sesiwn gwylio/gwrando'n elfen hanfodol sydd ag effaith sylweddol ar ba mor llwyddiannus y maent yn gwrando, yn enwedig y tro cyntaf y byddant yn clywed darn. Mae'n bwysig peidio â chyflwyno gormod. Nodwch pa mor hir y bydd y darn a'r nifer o weithiau y bydd y myfyrwyr yn ei glywed/weld. Y mae tasgau y mae'r dysgwyr yn gallu eu cyflawni'n magu hyder y dosbarth ac felly mae angen darparu cyfarwyddiadau clir i'r dosbarth sy'n dangos iddynt sut y gallant lwyddo a sicrhau bod y myfyrwyr yn gwybod beth sydd rhaid iddynt ei wneud yn ystod y sesiwn.

Wrth reswm, y mae rhaid sicrhau bod pawb yn y dosbarth yn gallu gweld/clywed. Mae'n bosibl y bydd rhaid gofyn i'r dysgwyr symud yn nes at y cyfarpar. Os yn bosibl mae dod â sawl teclyn i'r dosbarth yn fuddiol gan fod hyn yn galluogi'r myfyrwyr i weithio mewn grwpiau a rheoli'r deunydd eu hunain; gall hyn fod yn fuddiol iawn. Os ydych yn teimlo na fydd modd i bawb glywed deunydd, efallai y bydd yn bosibl gofyn i'r dysgwyr wrando/wylio darn yn eu hamser eu hunain a gosod tasg gysylltiedig yn y wers ganlynol.

Yn Ystod y Sesiwn

Yn ystod y sesiwn dylech gadw golwg ar ymateb y dosbarth i weld a oes angen ymyrryd a bod yn barod i addasu neu ddod â'r sesiwn i ben os yw'r dosbarth yn cael trafferth. Os mai gwaith grŵp neu waith pâr sy'n cael ei wneud, dylech fynd o gwmpas yn cynorthwyo.

Ar ôl y Sesiwn

Ar ôl y sesiwn gwylio/gwrando wrth gwrs mae angen gwirio bod y myfyrwyr wedi cyflawni'r nod a thrafod unrhyw anawsterau o godod. Un ffordd o wneud hyn yw gwirio atebion mewn parau/grwpiau. Os trwy atebion ysgrifenedig yr asesir y gweithgaredd, ni ddylid poeni'n ormodol am gamsillafu neu gamdreiglo. Mewn ymarferion gwrando a deall a gwylio a deall, meithrin sgiliau gwrando a wneir ac nid profi'r gallu i ysgrifennu'n gywir. Rhaid pwysleisio hyn wrth gyflwyno'r ymarfer gan nodi mai gwrando a chodi'r wybodaeth berthnasol sy'n bwysig, ac nid ysgrifennu cywir. Cofiwch mai diben yr ymarfer yw gwrando ac nid cynhyrchu.

Llunio Gweithgareddau Addas

Mae unrhyw un sy'n eistedd heb ddeall nemor ddim o'r hyn sy'n cael ei gyflwyno ac yn ffaelu cyflawni'r hyn a ofynnwyd iddo'i wneud yn mynd i deimlo'n annigonol ac yn fethiant llwyr. I'r perwyl hwn, mae'n syniad da pennu lefel y gweithgaredd fymryn yn is na gallu ieithyddol y dosbarth a graddoli unrhyw dasgau sy'n seiliedig ar y darn. Ni ddylid gadael i unrhyw ddysgwr fethu â chyflawni tasg gwrando a deall neu wylio a deall. Os na fyddwch yn sicr o sut y bydd eich dosbarth yn ymateb i sesiwn gwrando/gwylio, mae'n well dechrau drwy osod tasg nad yw'n profi cof y myfyrwyr yn unig, megis llenwi bylchau lle bydd y myfyrwyr yn dyfalu'r atebion cyn gwrando i wirio eu hatebion, rhoi geirfa i'r myfyrwyr a gofyn iddynt nodi lle mae'r geiriau yn digwydd yn y darn, stopio'r ffeil sain a gofyn i'r dysgwyr ddyfalu beth sy'n digwydd nesaf a.y.y.b.

Mae'n bwysig cadw'r gweithgaredd yn fyr, ni ddylai'r deunydd fod yn hwy na rhyw dair munud, yn enwedig gyda dechreuwyr. Fel arfer, mae'n well dewis darn byr, a gweithio'n drylwyr arno a seilio mwy nag un gweithgaredd arno na chyflwyno darn hir a braidd cyffwrdd ag ef. Mae hyn yn arbennig o wir os byddwch yn gwahodd siaradwr gwadd o'r tu allan i siarad â'r dosbarth; dylech roi digon o gyfle i'r dosbarth holi'r siaradwr a chymathu'r wybodaeth a gyflwynir. Mae modd estyn gweithgaredd drwy gynnig gweithgaredd sy'n datblygu'r thema.

Nid oes angen defnyddio deunyddiau recordiedig er mwyn meithrin y sgìl gwrando; gall y myfyrwyr wrando ar ei gilydd, yn disgrifio, er enghraifft, eu hoff lyfr/ffilm/le – gall sgyrsiau felly gael eu recordio yn ystod y wers i'w defnyddio eto. Gall y myfyrwyr ddyfeisio rhaglen radio lle mae'n rhaid i bob siaradwr sôn am un hoff beth/bwyty.

Y mae gweithgaredd fel siarad â phartner nes cael hyd i bump o bethau sydd ganddynt mewn cyffredin hefyd yn meithrin sgiliau gwrando yn ogystal â'r sgìl siarad.

Y mae gweithgareddau fel 'Mae Seimon yn dweud – Neidiwch!' a gêmau cylch fel 'Dewch yma os oes gennych gar coch' yn ymarferion gwrando ar eu symlaf. Mae cyflwyno siaradwr gwadd neu gyflwyno sesiwn gwrando 'byw', lle byddwch chi fel tiwtor yn darllen darn, siarad am lun, cael eich cyfweld gan y dosbarth, neu'n adrodd stori, hefyd yn ffyrdd o ddatblygu a meithrin sgiliau gwrando. Os byddwch yn penderfynu gweithredu fel hyn mae angen sicrhau bod y myfyrwyr yn gwybod beth i'w ddisgwyl, beth yw'ch disgwyliadau ohonynt, eich bod chi'n monitro ymateb y dosbarth, siarad yn naturiol a rhyngweithio â'r dosbarth cymaint ag sy'n bosibl. Mae angen sicrhau bod unrhyw siaradwr gwadd yn gyfarwydd â lefel y dosbarth a'r prif batrymau ieithyddol sydd wedi cael eu cyflwyno ac na fydd yn cynnig esboniadau hirwyntog. Mae myfyrwyr yn tueddu i hoffi cael y cyfle i ryngweithio â phobl o'r tu allan ac mae hyn yn gallu gweithredu fel pont rhwng y dosbarth a'r gymuned ehangach. Dylai'r siaradwr gwadd fod o ddiddordeb i'r dosbarth. Mae bob tro'n werthfawr cael llais arall yn y wers, felly os bydd y tiwtor yn fenyw mae'n well gwahodd dyn a'r ffordd arall. Weithiau mae'n bosibl cyfuno gwahanol ddosbarthiadau am sesiwn cyfarfod â siaradwr gwadd sy'n dod â llawer o fanteision yn ei sgil. Dylai siaradwr gwadd fod yn ysgogol, gall fod yn fanteisiol i recordio'r siaradwr a gofyn i'r dysgwyr grynhoi'r sgwrs mewn parau neu grwpiau. Dylech holi'r siaradwr yn fanwl ymlaen llaw fel y bo modd ichi ragweld unrhyw ymadroddion newydd. Mantais amlwg pan fydd y tiwtor yn darllen neu'n adrodd stori i'r dosbarth yw'r gallu i gadw golwg ar ymateb y myfyrwyr ac addasu'n syth drwy aralleirio, defnyddio ystumiau, cyflymu, neu ailadrodd er mwyn egluro'n syth os na fydd y dysgwyr yn deall yr hyn sy'n cael ei ddweud, gan mai chi sy'n rheoli'r mewnbwn. Gall y tiwtor annog y myfyrwyr i dorri ar ei draws, gan ofyn am gael clywed darnau eto, neu ofyn cwestiynau estynnol gan greu digon o ryngweithio. Mae hyn yn ddefnyddiol iawn mewn dosbarthiadau o allu cymysg. Drwy ymyrryd fel hyn mae'r dysgwyr yn gorfod canolbwyntio. Gall y tiwtor ddechrau dweud stori 'roeddwn i'n aros mewn ystafell aros pan ddaeth rhywun i mewn' a'r dysgwyr yn cynnig cwestiynau fel 'ble roedd yr ystafell aros', 'beth oeddech chi'n wneud?', 'dyn neu fenyw ddaeth i mewn?' a.y.y.b. Neu gall y tiwtor dweud rhai ffeithiau amdano'i hun a'r dosbarth yn penderfynu ai gwir neu gau yw'r ffeithiau hynny.

Mae tiwtor y dosbarth hefyd yn ymwybodol o wybodaeth flaenorol ac anghenion y dysgwyr ac yn gallu ymateb i'w hanghenion gan reoli'r deunydd yn well na'r un ffynhonnell arall. Posibiliad arall am gyflwyno sesiwn gwrando yn y dosbarth yw gofyn i'r dysgwyr eu hunain recordio sgwrs neu ddarn a bydd y dysgwyr yn gwylio/gwrando ar ei gilydd.

Y mae angen gwneud mwy na chwarae ac wedyn gosod cwestiynau. Nid oes dim yn bod ar osod cwestiynau; yn wir, dyma'r ffordd symlaf o fesur dealltwriaeth myfyrwyr ond mae hefyd yn bwysig gofyn i'r myfyrwyr wneud rhywbeth â'r hyn y maent yn ei glywed – trafod, tynnu llun, dewis yr ateb cywir, neu lunio nodiadau. Mae rhai myfyrwyr yn gweld ymarferion fel y rhain yn llai bygythiol nag ateb cwestiynau sydd ond yn profi'r cof. Y mae'n syniad da ceisio creu gweithgareddau sy'n tywys y myfyrwyr drwy'r darn ac yn hwyluso eu dealltwriaeth yn hytrach na chreu rhai sydd ond yn profi eu cof. Mae cwestiynau sydd ond yn profi cof y myfyrwyr yn gallu bod yn heriol i bobl sydd â phoblemau cof tymor byr. Y mae'n bwysig peidio â bod yn rhy uchelgeisiol wrth ddewis gweithgareddau i'w gwneud yn y dosbarth. Hawdd iawn anghofio pa mor anodd i'r dysgwr yw gweithgaredd 'gwrando a deall' neu 'wylio a deall' nad yw ond yn rhes o gwestiynau moel. Y mae gweithgaredd o'r fath yn anodd iawn i'r dysgwr gan ei fod yn gorfod:

- adnabod eitemau ieithyddol yn y deunydd;

- deall y deunydd a dal yr hyn y mae'n ei ddeall yn y cof tymor byr;

- deall cwestiwn yr athro a chwilio am yr wybodaeth angenrheidiol;

- mynegi'r ateb o flaen dysgwyr eraill y dosbarth.

Mewn ymarferion gwrando a deall sy'n cael eu dilyn gan gwestiynau ar bapur, felly, y mae disgwyl i'r dosbarth ddeall y darn yn y lle cyntaf, cofio llawer iawn o wybodaeth ac wedyn mynegi'r ffeithiau'n rhugl a chywir. Bydd hyn oll yn drech na llawer o ddysgwyr. Wrth lwc mae dewisiadau di-ri am weithgareddau a strategaethau y gallwch eu defnyddio gyda deunydd recordiedig; nid oes rhaid dibynnu ar daflenni o gwestiynau yn unig. Bydd y gweithgareddau y byddwch yn eu dewis yn dibynnu i raddau helaeth ar nod y sesiwn. A ydych angen meithrin y sgìl gwrando neu angen profi'r sgìl hwnnw.

Mae'n gallu bod yn fanteisiol i osod tasgau'n lle cwestiynau oherwydd:

- mae'n bosibl i'r myfyrwyr weithio gyda'i gilydd i gyflawni'r tasgau gan drafod â'u cyd-fyfyrwyr a gwrando arnynt;

- mae tasgau fel arfer yn ymwneud â sawl sgìl ieithyddol, nid dim ond gwrando; mae modd cyfuno sgiliau ysgrifennu, siarad a darllen i dasg sy'n seiliedig ar wrando; mae rhoi'r cyfle i fyfyrwyr ddefnyddio sawl sgìl yr un pryd yn fuddiol iawn;

- mae'n rhoi'r cyfle i ddefnyddio'r iaith mewn cyd-destun.
- mae'r myfyrwyr yn gwneud penderfyniadau.

Rhagfynegi

Gellir gosod tasgau nad ydynt yn dibynnu ar ddealltwriaeth drylwyr o'r testun, megis chwarae darn unwaith yn unig, rhewi'r recordiad a gofyn i'r dosbarth ddyfalu beth sy'n mynd i ddigwydd nesaf neu beth gaiff ei ddweud nesaf, neu osod cwestiynau megis 'Pam mae'r dyn yn gwisgo fel y mae? I ble mae e'n mynd? Beth sy'n mynd i ddigwydd iddo fe?' Gellir gwneud yr un math o weithgaredd dyfalu ond drwy chwarae darn a gofyn i'r dysgwr ddyfalu beth a ddigwyddodd cyn y darn hwnnw. Amrywiad ar hyn yw gofyn i'r myfyrwyr lenwi bylchau mewn sgript cyn gwrando neu ar ôl gwrando unwaith ac wedyn gwrando i weld pa mor gywir oedd eu hatebion. Gall y myfyrwyr gymharu eu hatebion cyn iddynt gael gwrando ar y darn eto. Drwy osod cwestiynau tebyg, y mae modd i'r dysgwr fod yn greadigol ond bydd ganddo 'prop' i'w greadigrwydd a rhywbeth i gynorthwyo ei ddychymyg. Un o fanteision eraill gweithgaredd proffwydo o'r fath yw bod yr atebion yn benagored ac nid oes fersiwn cywir/anghywir. Y mae hwn yn weithgaredd arbennig o dda ar gyfer dosbarth o allu cymysg. Nid oes disgwyl i'r dysgwr wrando ac ysgrifennu ymadroddion hir neu frawddegau ar yr un pryd, a gallant ganolbwyntio ar wrando yn unig. Wrth wneud ymarferion lle nad oes disgwyl iddo/iddi lunio atebion ysgrifenedig hir, y mae'n llai tebygol o fynd i banig wrth glywed ymadrodd neu air ddieithr. Amrywiad ar hyn yw edrych ar luniau o bobl a penderfynu p'un sy'n cael ei ddisgrifio. Lleiheir y pwysau fwyfwy wrth gyflwyno'r gweithgareddau hyn fel gwaith pâr neu waith grŵp. Nid oes rhaid cyfyngu'r gweithgaredd hwn i ddeunydd recordiedig, mae'n gweithio'r un mor dda gyda'r tiwtor neu siaradwr gwadd yn darllen yn uchel, neu'n siarad am ddigwyddiad, neu'n adrodd stori. Gall y siaradwr stopio ar unrhyw ran yn yr adrodd a gofyn i'r myfyrwyr ddyfalu beth sy'n digwydd nesaf, neu ddisgrifio pobl neu gynnig rhyw sylw arall ar y stori. Os bydd gennych fideo, weithiau mae'n bosibl chwarae'r darn heb sain a gofyn i'r dysgwyr ddyfalu testun a chefndir y sgwrs, neu ddileu'r geiriau ychwanegol mewn trawsysgrif.

Gweithgaredd llafar y gellir ei wneud ar unrhyw lefel yw chwarae fideo heb sŵn, a gofyn i'r dysgwyr lunio eu deialog eu hunain. Ni ddylai'r darn fod yn hwy na rhyw bedair munud a dylai fod digon o gyfathrebu amlwg yn y darn. Gellir cymharu'r gwahanol fersiynau ac wedyn gweld y fideo eto gyda'r sŵn. Gellir hefyd cyflwyno un ochr sgwrs, a gofyn i'r dysgwr lenwi hanner arall y sgwrs. Mae rhoi'r cyfle i fyfyrwyr drafod mewn parau'r hyn y maent wedi'i glywed yn rhoi llai o bwysedd arnynt ac yn rhoi'r rhyddid i fyfyrwyr eu mynegi eu hunain a rhoi eu hatebion yn eu geiriau eu hunain. Gellir defnyddio fideo a'r radio i ddatblygu sgiliau ysgrifennu drwy ofyn i'r dysgwr lunio brawddegau syml, cardiau post, ffurflenni, llythyrau syml, neu gwblhau sgript.

Gweithgareddau Dilafar

Gall y dysgwr brosesu mwy o eirfa, a mwy o batrymau ieithyddol os nad oes raid iddo ateb ar lafar. Yn y broses dysgu iaith, daw dealltwriaeth cyn y gallu i siarad. Cwyn a glywir yn aml gan lawer o ddysgwyr yw eu bod yn deall yn iawn ond nad ydynt yn medru cyfathrebu. Gellir defnyddio y gred hon er budd y dysgu drwy adael i'r dysgwr adeiladu ar yr hyn y mae'n meddwl y gall eisoes ei wneud. Y mae meddu ar sylfaen sicr o ddealltwriaeth oddefol yn fan cychwyn gwych ar gyfer gwaith llafar yn nes ymlaen, ac y mae hyn yn ddadl gref dros ddarparu gweithgareddau sydd wedi eu cynllunio ar gyfer meithrin dealltwriaeth o hanfodion yr iaith a gwrando gweithredol heb orfod cynhyrchu ar lafar o'r cychwyn cyntaf. Gweithgareddau y gellir eu gosod yw cywiro camgymeriadau, cwblhau siartiau, diagramau a brawddegau, sylwi ar wahaniaethau, bingo, cwblhau siart cylch neu fanylion mewn grid. Mae gosod cwestiynau penodol yn seiliedig ar ddarn yn bosibiliad ond y drafferth gyda chwestiynau penodol yw bod y myfyrwyr yn gwrando am yr wybodaeth hon yn unig ac yn diystyru neu'n ffiltro allan y brif wybodaeth.

Ar y dechrau, dylid anelu at gyflwyno gweithgareddau lle bydd y dysgwr yn canolbwyntio ar rythmau a synau'r iaith. Gweithgareddau sylwi yw'r rhain ac y mae'r atebion i'r cwestiynau a osodwyd yn dibynnu ar wrando'n astud am gliwiau yn nhôn lleisiau'r bobl ar y ffeil sain yn hytrach na deall pob gair a leferir. Ceir enghraifft o weithgaredd o'r fath isod. Nid oes angen deall gair o'r sgwrs mewn gwirionedd gan fod yr atebion i'r cwestiynau yn set 1 yn amlwg.

Cwestiynau

Set 1

1. Dynion neu ferched sy'n siarad?
   Bydd yn amlwg wrth y lleisiau

- Beth yw enwau'r siaradwyr?
  Gellir dyfalu pa air yw'r enw wrth ei leoliad yn y brawddegau agoriadol sy'n amlwg yn eiriau o gyfarch

- Faint yw eu hoedran nhw?
  Bydd yn amlwg wrth y lleisiau

Mae gwrando er mwyn ffurfio barn am bobl yn llawer llai bygythiol i ddysgwyr na gwrando er mwyn ateb rhes o gwestiynau. Gellir casglu llawer wrth dôn llais, megis pa mor dda y mae pobl yn adnabod ei gilydd, eu barn am ei gilydd a'u barn am bethau eraill, a sut y maent yn teimlo. Gellir casglu llawer wrth wrando am gliwiau eraill megis synau cefndirol er mwyn penderfynu lleoliad, a geiriau cytras â geiriau mewn ieithoedd y maent yn gyfarwydd â hwy er mwyn deall rhediad y sgwrs. Drwy gyflwyno gweithgareddau tebyg yn gynnar yn y cwrs, nid yn unig y daw'r dysgwr i ddeall nad oes rhaid iddo ddeall pob gair mewn sgwrs, y mae hefyd yn gosod sgiliau gwrando sylfaenol y gellir adeiladu arnynt yn ystod gyrfa dysgu'r dysgwr. Y mae cwestiynau o'r math, nad ydynt yn dibynnu ar ysgrifennu, megis paru lluniau, yn gallu annog dysgwyr swil neu wan i gymryd rhan yn y gweithgaredd.

Gellir datblygu'r gwrando gweithredol hwn, sy'n canolbwyntio ar sut y mae rhywbeth yn cael ei ddweud ac nid beth sy'n cael ei ddweud, drwy gyflwyno gweithgareddau nad ydynt yn dibynnu ar y dysgwr yn deall pob gair ond sy'n gwneud iddo sylweddoli bod y modd y mae rhywbeth yn cael ei fynegi yr un mor bwysig â'r hyn a leferir. Pwrpas y gwrando yw cael y dysgwr i gofio geiriau neu ymadroddion, hyd yn oed os na ddeallant bopeth yn y darn. Gellir gofyn iddynt sylwi ar y gwahanol atebion neu gynffoneiriau mewn darn, neu wahanol ffyrdd o fynegi hoffter, neu ofyn iddynt lunio rhestri gramadegol megis y ffurfiau amhersonol neu oddefol sy'n digwydd mewn darn.

Ymhlith y gweithgareddau eraill nad ydynt yn gorfodi'r myfyrwyr i ateb ar lafar y mae:

a) Taflen/Grid gwrando/gwylio

Y mae grid gwrando neu grid gwylio'n ffordd effeithiol iawn o gael i'r dysgwr hoelio ei sylw ar yr hyn sy'n wirioneddol bwysig ac i beidio â phoeni'n ormodol am eiriau dieithr. Gellir defnyddio grid pan fydd y dysgwr yn chwilio am yr un math o wybodaeth megis amserau neu ddyddiadau mewn sawl eitem. Gellir defnyddio darnau 'digwyddiadau lleol' o raglenni ar y radio a'r teledu, neu fwletinau newyddion. Isod ceir enghraifft o grid gwrando y gellir ei lunio yn seiliedig ar fwletin newyddion:

Enghreifftiau o gridiau gwylio

Grid yn seiliedig ar sgwrs

Siaradwr	1	2	3
Am beth maen nhw'n siarad?			
Ers faint maen nhw'n nabod ei gilydd?			
Sut maen nhw'n teimlo nawr?			

Gwiriwch eich atebion gyda'ch partner

Grid yn seiliedig ar fwletin newyddion

Stori	Pwy?	Ble?	Beth?	Pryd?
1				
2				
3				

Mae'n bosibl defnyddio grid mwy nag unwaith, os byddwch yn defnyddio bwletin newyddion yn sail i weithgaredd; gallwch lunio grid syml fel hyn a all gael ei ddefnyddio dro ar ôl dro. Mae hyn yn ddefnyddiol os byddwch yn recordio'r bwletin yn aml iawn neu am ddefnyddio'r newyddion ar-lein yn y wers. Nid oes rhaid meddwl am weithgareddau bob tro ac rydych yn sicrhau na fydd y pwnc yn dyddio.

Gellir cyflwyno gridiau gwrando/gwylio'n gynnar iawn. Isod ceir enghraifft y gellir ei defnyddio yn gynnar mewn cwrs er mwyn atgyfnerthu patrymau'n ymwneud â manylion personol:

Gwrandewch ar y ffeil sain, a rhowch yr wybodaeth iawn yn y grid. Fyddwch chi <u>ddim</u> yn deall popeth
Listen to the tape and enter the correct information in the grid. You <u>won't</u> understand everything.

Enw	Byw	Gweithio	Ddoe

Ar ôl mynd drwy'r atebion, cymerwch le un o'r bobl yma. Gofynnwch gwestiynau i'ch partner.
After checking the answers, pretend that you are one of these people. Ask your partner questions.

Enghraifft o daflen gwylio a chanddi gwestiynau sydd wedi eu graddoli er mwyn tywys y dysgwyr drwy'r darn

1. **Darllenwch y geiriau isod. Maen nhw wedi dod o stori rydych chi'n mynd i wrando arni. Gyda'ch partner, ceisiwch ddyfalu beth yw'r stori.**
   dathlu, pen-blwydd priodas, gwraig, bwyty, gweinydd, anghofio, dadlau, pysgod a sglodion

2. **Gwrandewch ar y stori gyfan**
   1) Beth dych chi'n ei ddysgu am Marc?
   2) Beth ddigwyddodd
      – yn y tŷ
      – yn y bwyty
      – yn y dref
      – yn y siop bysgod a sglodion

   3) **Trafod** Ydych chi wedi anghofio rhywbeth pwysig. Beth ddigwyddodd? Oes yna bethau na fyddwch chi byth yn eu hanghofio?

Mae gadael i'r myfyrwyr drafod ar ôl cwblhau'r cwestiynau yn rhoi cyfle iddynt gyflwyno eu cefndir a phrofiadau bywyd i'r dosbarth sy'n adnodd gwerthfawr.

Amrywiadau eraill ar y daflen gwylio yw gwrando ar ragolygon y tywydd a nodi'r tywydd ar fap. Gorau i gyd os bydd y tiwtor wedi paratoi bwrdd wedi'i lamineiddio y gellir ei ddefnyddio dro ar ôl tro. Gallwch hefyd ofyn i'r dosbarth wrando ar ddisgrifiadau/ cyfarwyddiadau a dilyn y cyfarwyddiadau ar fap. Os byddant yn gwrando ar ddisgrifiad o le, gallwch estyn y gweithgaredd drwy ofyn iddynt drafod mewn grwpiau bychain a fyddent eisiau mynd yno neu beidio, gan nodi'r rhesymau dros eu penderfyniad. Mantais trafod mewn grŵp yw bod pawb yn tueddu i gofio rhywbeth gwahanol ac mae'n rhoi'r cyfle i'r dysgwyr eu mynegi eu hunain gan ddefnyddio eu geiriau eu hunain. Mae'n syniad da amrywio'r cwestiynau gan sicrhau cydbwysedd rhwng ymatebion deallusol (sy'n gofyn am wybodaeth) a rhai emosiynol (sy'n gofyn am farn). Dylech geisio defnyddio deunydd gweledol lle y bo'n bosibl gan fod hyn yn rhoi'r cyfle i godi cliwiau o iaith y corff a'r cyd-destun gweledol.

Nid oes rhaid cyfyngu gweithgaredd 'llenwi gwybodaeth' i gridiau'n unig. Gellir gofyn i'r dysgwr lenwi coeden achau neu ffurflen seml neu dynnu lluniau yn ôl yr hyn sy'n cael ei ddisgrifio ar y ffeil sain. Gellir gofyn iddynt ddilyn cyfarwyddiadau a llenwi lleoedd ar fap. Gellir rhannu'r dosbarth yn grwpiau, a gofyn i bob grŵp chwilio am un math o wybodaeth mewn darn, a'u hailgrwpio er mwyn llenwi'r grid cyfan.

Cwestiynau aml ddewis/ticio blwch/gwir neu gau

Gall cyflwyno cwestiynau amlddewis leihau pryder y myfyrwyr a lleihau'r pwysau arnynt i gynhyrchu eu brawddegau eu hunain. Gorau oll os byddwch wedi graddoli'r cwestiynau'n rhai sy'n dibynnu ar gliwiau gweledol: Sawl person sydd yno? Sut mae'r bobl yn teimlo?

Darllenwch y cwestiynau canlynol, wedyn gwyliwch y fideo a dewiswch yr ateb cywir. Mae gosod gwestiynau amlddewis/gwir/gau yn ddefnyddiol cyn rhes o gwestiynau penagored er mwyn rhoi cliw i'r myfyrwyr o sut y bydd y darn yn datblygu. Mae darllen a gwrando yr un pryd yn heriol i lefelau is. Mae enghraifft o ymarfer aml ddewis isod.

Gweithgareddau bob dydd

Rydych chi'n mynd i wrando ar ddarn; dewiswch y berfenw cywir o'r dewis isod.

a) gwneud   b) gweld   c) golchi   ch) cael   d) prynu
dd) gorffen   e) yfed

.... y gwely

.... coffi

.... ffrindiau

.... y llestri

.... cinio

.... car

Cwestiwn aml-ddewis

Dewiswch yr ansoddair addas o'r rhestr isod:

Roedd Dafydd

> yn ddig
>
> mewn brys
>
> yn brysur
>
> yn siomedig
>
> yn nerfus
>
> yn hapus

Gwyliau Haf

Mae'r daflen hon sydd yn cynnig cwestiynau amlddewis yn tywys y myfyrwyr drwy'r deunydd ac yn cynnig rhai pwyntiau trafod ar y diwedd.

1. Gwrandewch ar Ifan, Sioned, a Guto'n cael eu cyfweld am eu gwyliau haf. Dyfalu i ba wledydd aethon nhw. Pan fyddwch yn gwrando ar y ffeil sain, gwirio'ch atebion.

    Ffrainc   Yr Almaen   Yr Unol Daleithiau
    Iwerddon   Gwlad Groeg

2. Gyda'ch partner darllenwch drwy'r restr ganlynol. Ticiwch y rhai rydych yn meddwl oedd yn cael eu crybwyll yn y cyfweliad

    a) Roedd y bobl yn gyfeillgar

    b) Roedd hi'n bwrw glaw bob dydd

    c) Doedd y gwesty ddim yn agos iawn i'r môr

    ch) Roedd yr ystafell yn frwnt

    d) Roedd prisiau'n rhad iawn

    dd) Roedd hi'n rhy boeth i mi

    e) Hoffwn i fynd yno eto

    f) Gwnaethon ni lawer o ffrindiau newydd

    ff) Aethon ni ar sawl gwibdaith ddiddorol

3. Gwrandewch ar y cyfweliadau eto er mwyn gwirio'ch atebion i 2. Nodwch I am Ifan, S am Sioned a G am Guto os byddant yn dweud un o'r pethau hynny am eu gwyliau nhw.

4. Sut hwyl gawsoch chi ar eich gwyliau diwethaf? Ydy un
    o'r brawddegau yn 2 yn disgrifio'ch gwyliau diwethaf
    chi? Trafodwch gyda phartner.

b) Ymarferion Cyfannu (Cloze)

Mewn ymarferion cyfannu neu lenwi bylchau, mae'n rhaid i'r
myfyrwyr wrando/wylio i sylwi ar fwy o fanylion. Y mae hyn yn
ymarfer da i'w gyflwyno er mwyn meithrin sgiliau gwrando'r
myfyrwyr gan fod rhaid iddynt ganolbwyntio ar y testun a chodi'r
gair cywir os bydd yr ymarfer wedi ei seilio ar sgript.

Y mae llenwi bylchau yn weithgaredd arall y gellir ei ddefnyddio
er mwyn datblygu'r sgìl gwrando. Gyda darnau byrion, dylid sicrhau
bod y dysgwr yn cael clywed y darn ddwywaith cyn gofyn iddynt
lenwi'r bylchau. Gwell rhewi'r ffeil sain os byddwch yn defnyddio
darnau gweddol hir i roi digon o amser i'r dysgwr ddewis.

Taflen

A   Mae'n gas 'da fi ....

B   A fi

A   Roedd hi'n .... flynyddoedd yn ôl.

B   Oedd, ond mae'n .... fel teithio ar fws erbyn hyn.

A   Mae pawb yn .... yn eu seddi fel sardinau

B   Ydyn. Rhai'n siarad, rhai'n ...., rhai'n tisian.

A. Does dim .... i droi o gwbl.

B. Mae pobl yn .... bob dwy funud i fynd i'r tŷ bach.

A. Ac mae plant yn sgrechian, yn llefain neu'n
    ....'r sedd.

B. Mae .... sw yn yr awyr.

A. Hoffwn i fod yn medru fforddio teithio yn yr adran
    .... cyntaf

B. On'd yw pawb!

Gellir gosod yr atebion a rhai atebion anghywir mewn blwch os
dymunir.

c) Ticio blychau

Darperir grid ac arno nifer o eiriau ac ymadroddion. Rhaid i'r myfyrwyr dicio'r geiriau y maent wedi eu clywed yn y sgript.

	Wedi clywed
heb os nac oni bai	
cyfrifiannell	
bob nos	
ofnadwy	
disgwyl	
hyfryd	

ch) Defnyddio lluniau

Nid oes rhaid cael grid o eiriau. Gallwch roi lluniau i'r myfyrwyr gael dewis y rhai sy'n cael eu disgrifio, neu gyfres o luniau sy'n ffurfio deialog. Rhaid i'r myfyrwyr wrando ar y ddeialog a rhoi'r lluniau yn eu trefn. Gallwch hefyd ofyn i'r dysgwyr dynnu llun ar ôl iddynt wrando ar ddisgrifiad. Dylech bwysleisio nad yw dawn artistig yn angenrheidiol. Nid oes rhaid cael deunydd wedi'i recordio i wneud y gweithgaredd hwn; mewn parau neu grwpiau mae un myfyriwr yn disgrifio llun nad yw'r myfyrwyr eraill yn ei weld ac wedyn mae'r myfyrwyr na ddisgrifiodd y llun yn gorfod mynd i gasglu'r llun cywir o rywle arall.

Gwaith llafar

Y mae sawl gweithgaredd y gellir ei gyflwyno er mwyn sicrhau bod y dysgwr yn cyflawni tasg mewn awyrgylch anfygythiol, yn ogystal â gofyn iddo dicio bylchau, neu ateb cwestiynau cywir/anghywir. Gall fideo fod yn gyfrwng effeithiol iawn i ysgogi gwaith llafar. Drwy ddangos eitem fer ac wedyn gofyn i'r dysgwr chwarae rôl yn seiliedig ar y darn a welwyd, y mae modd rhoi canllawiau ieithyddol i'r dysgwr i'w gynorthwyo; wrth chwarae rôl sydd wedi ei seilio ar ddarn a welwyd gan y dosbarth i gyd mae cyd-destun clir yn cael ei osod, ond eto caiff y dysgwyr y cyfle i ddyfeisio a llunio eu gwaith eu hunain. Nid yw pob dysgwr yn greadigol wrth gwrs, ond mewn gweithgaredd o'r fath gellir dangos nad oes angen bod yn greadigol i greu. Gyda lefelau is, gellir dangos rhywun yn prynu mewn siop, neu'n trefnu gwyliau, neu ddadl seml. Mae'n rhaid sicrhau y caiff y dysgwr ddigon o amser i baratoi. Ar lefelau uwch, gellir defnyddio deunydd wedi'i recordio fel deunydd trafodaeth. Y mae'r rhan fwyaf o drafodaethau dosbarth yn elwa ar baratoi trylwyr ymlaen llaw. Os nad yw dysgwyr yn gyfarwydd iawn â phwnc trafodaeth neu os nad ydynt yn meddu ar yr adnoddau ieithyddol i fedru mynegi eu syniadau, gall trafodaeth heb ei pharatoi fod yn siomedig iawn ac yn esgor ar rwystredigaeth. Bydd pob dysgwr yn digalonni os nad yw'r drafodaeth yn arwain i unlle. Gall gwrando ar ddarn helpu i strwythur barn y dysgwr a'i ddull o drin y drafodaeth. Os defnyddir deunyddiau sydd o ddiddordeb i aelodau'r dosbarth, y mae'n fwy tebygol o arwain at sgwrs naturiol. Dylid cofio na ellir siarad yn rhydd ar unrhyw bwnc oni bai bod gan y dysgwyr feistrolaeth ar eirfa weddol helaeth, rheswm arall pam y dylid cyfyngu trafodaeth dosbarth ar bynciau dyrys i'r lefelau uwch.

Arddywediad

Gallwch chi ddefnyddio darn recordiedig neu ddarllen yn uchel er mwyn rhoi ymarfer arddywediad. Cofiwch gadw'r darn yn fyr a siarad ar gyflymdra naturiol, gan sicrhau bod seibiau naturiol yn y dweud, gan wylio'r myfyrwyr i weld a ydych yn mynd yn rhy araf/gyflym.

Rhai o'r gwahanol fathau o weithgareddau y gellir eu cyflwyno

- a)   Gwrando i wirio atebion
- b)   Gwrando i ateb cwestiynau
- c)   Gwrando i lenwi bylchau
- ch) Gwrando i gwblhau nodiadau

d) Gwrando a dewis y llun/gair mwyaf priodol

dd) Cwestiynau amlddewis neu nodi'r geiriau/ymadroddion a glywir

e) Gwrando a pharu'r lluniau a'r disgrifiadau

f) Gwrando ac ysgrifennu'r hyn yr ydych yn ei glywed

ff) Cymharu â fersiwn rhywun arall/sgript

g) Gwrando a rhoi digwyddiadau mewn trefn

ng) Gwrando a chwblhau'r siart/tabl

Gofyn Cwestiynau

Ffordd gyffredin iawn a syml iawn o brofi dealltwriaeth myfyrwyr o destun recordiedig yw drwy ofyn cwestiynau i gadw ffocws y myfyrwyr ar y deunydd. Mae cwestiynau'n gallu helpu'r myfyrwyr i ddilyn y testun, a dangos i'r tiwtor lle mae problemau. Dylech sicrhau bod y cwestiynau'n gorfodi'r myfyrwyr i wrando drwy gydol y darn ac yn helpu'r myfyrwyr i ddeall drwy eu tywys drwy'r testun yn hytrach nag yn ceisio eu dal allan; gall y cwestiynau hefyd ddangos i'r myfyrwyr beth yw prif bwyntiau'r testun.

Dylai'r atebion y mae disgwyl i fyfyrwyr eu cynhyrchu fod yn rhai byr, fel nad oes rhaid iddynt ddal llawer o wybodaeth yn eu cof wrth wrando. Y mae ateb cwestiynau sy'n seiliedig ar ddarn yn llai o fygythiad os mai'r dysgwr ei hunan sy'n llunio'r cwestiynau. Ar ôl chwarae'r darn sawl gwaith, rhowch amser iddynt lunio rhyw 4/5 cwestiwn mewn grwpiau neu mewn parau. Gallant brofi grwpiau eraill yn y dosbarth ar ffurf cwis; y mae grwpiau'n gallu cael eu hannog i fynd y tu hwnt i'r cwestiynau a ddarparwyd gan y tiwtor a datblygu eu cwestiynau eu hunain i'w ateb mewn grwpiau. Drwy wneud hyn y mae'r dysgwyr yn gwerthuso eu dealltwriaeth yn hytrach na phrofi eu gallu i gofio agweddau o'r testun. Gall myfyrwyr hefyd feddwl am gwestiynau i ofyn mewn cyfweliad i siaradwr gwadd neu i'r tiwtor sydd yn mabwysiadu *persona* wahanol a chael eu hannog i feddwl am gwestiynau dilynol.

Mae'n bwysig bod unrhyw gwestiynau sy'n cael eu gosod yn gorfodi'r myfyrwyr i wrando drwy gydol y darn. Os byddwch yn gosod ond dau gwestiwn mewn darn 3 munud, y mae modd i'r myfyrwyr eu hateb yn syth, byddant yn llai parod i barhau i wrando ac mae eu sylw yn debygol o grwydro. Dylai cwestiynau osgoi profi'r cof yn unig; dylai'r cwestiynau helpu myfyrwyr i ddeall drwy eu tywys drwy'r darn gan wella eu sgiliau gwrando, felly peidiwch â gosod tasgau sy'n gorfodi'r myfyrwyr i ysgrifennu gormod. Rhaid penderfynu beth yw diben yr ymarfer gwrando cyn pennu tasg, ai profi'r myfyrwyr ynteu eu dysgu sut i wrando.

Cwestiynau Penagored

Gall gofyn cwestiynau nad ydynt yn seiliedig ar wybodaeth ieithyddol felly godi hyder y dysgwyr. Gall tasgau lle mae disgwyl i'r myfyrwyr wrando ar y drafodaeth a cheisio cael argraff gyffredinol neu ffurfio barn am y cymeriadau; cwestiynau fel 'Faint o bobl sy'n siarad', 'Sut mae Ifan yn gofyn y cwestiwn', 'Pam rydych chi'n meddwl bod Mari'n gwrthod mynd', neu rai lle mae gofyn i'r myfyrwyr wrando er mwyn gwahaniaethu rhwng gwahanol leisiau i gael hyd i'r ateb yn hwyluso'r broses o fynd i'r afael â'r testun i'r myfyrwyr. Mae gofyn cwestiynau penagored yn cael yr un effaith; 'Oes rhai siaradwyr sy'n fwy dealladwy na'r gweddill?' 'Beth oedd yn gwneud iddynt fod yn ddealladwy', 'sef cwestiynau sy'n gwirio dealltwriaeth sylfaenol cyn mynd ymlaen i bethau mwy cymhleth.

Gallwch ofyn rhai cwestiynau penagored cyn symud ymlaen at gwestiynau mwy manwl, lle bydd rhaid i'r myfyrwyr chwilio am fwy o fanylion – cymryd nodiadau, nodi sawl gwahanol fath o dywydd sy'n cael ei grybwyll a.y.y.b. Y mae cwestiynau agored, sef cwestiynau y bydd y dysgwyr eu hunain yn dewis sut i'w hateb ac nad yw'r tiwtor yn gwybod sut y bydd y myfyrwyr yn ateb, e.e. 'Sut rydych chi'n meddwl yr oedd Mari'n teimlo pan gafodd ei thŷ ei ladrata?' yn hawdd eu dyfeisio, a gallwch eu defnyddio unrhyw bryd y bydd angen mwy o ymdrech ar ran y dysgwyr. Y mae'r dysgwyr yn cael bod y math hwn o gwestiynau'n ddiddorol a byddant yn gallu rheoli eu dysgu eu hunain; mae'n bwysig ar gyfer hyder a chymhelliant y dysgwyr bod y tiwtor yn gwerthfawrogi eu hatebion. Y mae rhai anawsterau wrth ddefnyddio cwestiynau penagored; fel arfer mae angen meddwl yn greadigol, rhywbeth y mae rhai myfyrwyr yn ei chael yn anodd. Bydd rhai myfyrwyr eraill yn swil iawn wrth wneud y gweithgaredd hwn. Mae'n bosibl defnyddio mwy o gwestiynau agored ar lefel uwch gan fod myfyrwyr yn gallu eu mynegi eu hunain yn well. Amrywiad arall ar ofyn cwestiynau agored yw gofyn i'r myfyrwyr grynhoi darn ar bapur.

Cwestiynau Penodol

Mae gofyn cwestiynau penodol, lle mae un ateb yn bosibl yn gallu helpu myfyrwyr i ganolbwyntio ar y darn a rhoi'r teimlad o lwyddo. Mae hyn yn gallu cynnwys rhywbeth mor elfennol â 'sawl gair sydd yno sy'n dechrau â 'ch' os byddwch am helpu myfyrwyr i ganolbwyntio ar ffurfiau ieithyddol, ond mae'n bwysig peidio â llethu'r myfyrwyr â chwestiynau rhag ofn iddynt golli synnwyr/ ystyr y testun wrth chwilio am atebion.

Os bydd y dysgwr wedi dod i arfer â chlywed deunydd wedi ei recordio ac yn hyderus gyda'r cyfrwng, a bod eu hyder wedi cael ei adeiladu drwy weithgareddau lle mae'r cwestiynau yn rhai y gellir eu hateb heb orfod dibynnu gormod ar ddeall pob gair, ni ddylai'r naid i ateb cwestiynau uniongyrchol fod yn rhy fawr. Gallwch estyn gweithgaredd gwrando drwy osod gwaith ysgrifenedig i'r myfyrwyr a gofyn iddynt ysgrifennu crynodeb o'r hyn y maent wedi eu clywed.

Cwestiynau penodol wedi'u seilio ar fwletin newyddion

1. Beth gafodd ei ddwyn yn Abertawe?

2. Sut cafodd y ferch ei lladd yng Nghaerdydd?

3. Pryd a ble cafodd y bom ei danio?

4. Faint o bobl fydd yn gweithio yn y ffatri newydd?

5. Pam bydd y Prif Weinidog yn Iwerddon yr wythnos nesaf?

6. Pam mae'r ymgyrchwyr yn dathlu ym Mhowys?

7. Pam cafodd John James ei ddiswyddo?

8. Beth bydd yn cael ei adeiladu yn y gogledd y flwyddyn nesaf

Ehangu'r cyfle i wrando

Mae'n bwysig iawn bod dysgwyr yn dod yn wrandawyr annibynnol a dylech annog myfyrwyr i wrando a gwylio y tu allan i'r dosbarth. Dylai myfyrwyr gael eu hannog i wrando a gwylio deunyddiau Cymraeg yn eu hamser eu hunain ac mae cannoedd os nad miloedd o ddeunyddiau addas ar gael ar y rhyngrwyd i hwyluso hyn. Y mae llawer o fyfyrwyr yn mwynhau darllen a gwrando yr un pryd ac mae rhai llyfrau ar gael ar brint ac ar CD. Nid oes rhaid cyfyngu gweithgareddau gwrando a deall a gwylio a deall i'r ystafell ddosbarth yn unig. Y mae amser yn brin mewn gwers ac weithiau mae'n bosibl defnyddio adnoddau allanol drwy osod gwaith gwrando fel gwaith cartref. Yn sicr y mae'n rhaid i diwtoriaid yr unfed ganrif ar hugain ddefnyddio technoleg newydd a hen er mwyn dod â'r byd y tu allan i'r ystafell ddosbarth a chynyddu'r ystod o ddeunyddiau sydd ar gael i'w defnyddio yn y dosbarth. Mae digonedd o ddeunydd ar gael, gan gynnwys podlediadau (ffordd o gyhoeddi ffeiliau ar y rhyngrwyd sydd wedyn yn cael eu lawrlwytho i ddyfais gwrando unigolion yn y dosbarth), darllediadau Cymraeg ar-lein, a fideos *YouTube* ac mae'n hawdd iawn i diwtoriaid anfon ffeiliau .wav neu mp3 i fyfyrwyr. Y mae annog dysgwyr i ddewis drostynt eu hunain yr hyn y maent yn gwrando arno'n cael effaith ddramatig ar ddysgu'r myfyrwyr. Gall y gwrando ddigwydd yn y car, yn y tŷ neu wrth fynd â'r ci am dro neu hyd yn oed yn gwrando ar gerddoriaeth wrth gadw'n heini yn y gampfa. Gallwch greu storfa o ddeunyddiau, gan gynnwys eich gwaith recordiedig neu'ch fideo eich hunain, mewn blwch a mynd ag ef o ddosbarth i ddosbarth a chreu casgliad parhaol i fyfyrwyr ei lawrlwytho i'w ddyfeisiau eu hunain a gofyn i'r myfyrwyr ysgrifennu crynodeb am y deunyddiau a gosod lefel anhawster. Os byddant yn crynhoi'r cynnwys bydd ganddynt fwy o resymau dros wrando/gwylio ac y mae rhannu gwybodaeth a'u cyd-fyfyrwyr yn ffordd dda o ennyn eu cymhelliant. Gallwch hefyd ddefnyddio rhaglenni sydd wedi eu cynhyrchu'n arbennig at ddefnydd dysgwyr y Gymraeg os nad oes problemau hawlfraint. Cadwch allu ieithyddol eich myfyrwyr mewn cof; os bydd lefel yr iaith a gyflwynir yn rhy uchel fydd yn digalonni'r myfyrwyr ac yn dryllio eu cymhelliant. Bydd rhai myfyrwyr wrth eu bodd yn defnyddio'r deunyddiau yr ydych yn eu darparu neu'n gwylio'r teledu a'r radio, ond byddwch yn gorfod annog eraill a rhoi rhesymau da iddynt ddefnyddio deunyddiau awdio allanol. Pwysleisiwch drwy'r amser nad oes rhaid iddyn nhw ddeall pob dim y byddant yn ei glywed ac y dylent ymlacio a gwrando'n hamddenol.

Y mae gwaith fideo yn hyblyg dros ben, a gellir ei ddefnyddio ar bob lefel er mwyn datblygu sgiliau gwrando, siarad, ac ysgrifennu. Y mae cyflwyno fideo yn ffordd wych o gyflwyno deunydd byw, cyfoes i'r dosbarth, yn ogystal â chymell dysgwyr i droi at raglenni Cymraeg eu gorsaf radio leol, Radio Cymru neu raglenni Cymraeg S4C. Dylid eu hysbysu am y gwasanaeth is-deitlau i'w cynorthwyo i ddilyn rhaglenni teledu. Y mae pob dysgwr yn elwa ar glywed neu wylio eitemau wedi eu graddio'n fwriadol ar eu cyfer ar y teledu a'r radio. Gallwch hefyd ofyn i'ch myfyrwyr greu fideo fel gwaith grŵp. Un o fanteision hyn yw y byddant yn defnyddio sgiliau eraill, yn ogystal â rhai gwrando, er y bydd rhaid gwrando'n astud i olygu'r deunydd. Anfanteision gosod tasg o'r fath yw y bydd rhai dysgwyr yn swil ac yn ofni'r dechnoleg neu'n anghyfarwydd â'i defnyddio. Ar ôl i'r myfyrwyr wrando neu wylio a chyflawni gweithgaredd, dylech roi digon o amser iddynt adfyfyrio ar y sesiwn gan godi unrhyw broblemau ynglŷn ag acen, cyflymdra, ynganiad neu eirfa y maent wedi dod ar eu traws yn ystod y sesiwn.

Gweithgareddau Atodol

Nid yw'r un o'r pedwar sgìl ieithyddol yn bodoli ar ei ben ei hun, a gellir ymestyn unrhyw weithgaredd gwylio neu wrando a wnaethpwyd yn ystod gwers drwy osod gwaith cartref, er enghraifft ysgrifennu bywgraffiad byr o siaradwr gwadd. Os bydd y dosbarth yn gwrando ar rywun yn siarad am ei fywyd bob dydd, gallant wedyn ysgrifennu cofnod yn ei ddyddiadur.

Gall gweithgareddau gwrando a gwylio gael eu dilyn gan weithgaredd arall yn seiliedig ar y darn gwrando, er enghraifft, os ydych wedi bod yn gwrando ar negeseuon ffôn, gall hyn arwain at sesiwn lle bydd myfyrwyr yn gweithio ar eu deialogau eu hunain.

Cerddoriaeth

Y mae i wrando ar gerddoriaeth ei le hefyd yn y dosbarth. Mae cerddoriaeth yn apelio at yr emosiwn ac yn gallu newid yr awyrgylch mewn dosbarth, gan weithredu fel pont rhwng byd hamdden a byd dysgu. Gall caneuon fod yn gofiadwy iawn; maent yn gallu helpu myfyrwyr i ganolbwyntio ar ynganu, yn enwedig rhythm geiriau. Mae caneuon fel arfer yn cynnwys cytgan sy'n cael ei adrodd, gan roi cyfle i ddysgwyr glywed yr un patrymau sawl gwaith. Mae caneuon hefyd yn cymell pobl i ddysgu, yn enwedig pan gaiff y dosbarth ddewis y gân. Caiff ei defnyddio mewn awgrymeg er mwyn creu awyrgylch fydd yn gwneud i'r myfyrwyr fod yn 'gysurus a hyderus'. Y mae sawl mantais i wrando ar gerddoriaeth; gall hwyluso dysgu patrymau newydd, gan fod ymadroddion yn cael eu hailadrodd sawl gwaith, ac mae digonedd o ganeuon ar *YouTube* sydd hefyd yn cynnwys geiriau'r caneuon ar y fideo. Gallwch roi rhai o ymadroddion y gân i'r myfyrwyr eu ticio pan fyddant wedi clywed y gân, neu roi llinellau'r gân ar stribedi o bapur a gofyn iddynt eu had-drefnu yn y drefn gywir, neu roi geiriau'r gân ar bapur gyda geiriau ychwanegol, di-angen ymhob llinell, gan ofyn i'r dysgwyr ddileu unrhyw eiriau nad oeddynt wedi eu clywed, neu dicio geiriau pan fyddant yn codi yn y gân.

Y mae David Nunan wedi disgrifio 'gwrando' fel y 'sgìl Sinderela', y sgìl rydym yn gwybod lleiaf amdano a'r un sydd yn cael ei esgeuluso er mwyn canolbwyntio ar siarad, ond gall cyflwyno deunydd wedi'i recordio i'r dysgwr fod o gymorth arbennig mewn amryw ffyrdd ac y mae'r defnydd y gellid ei wneud o ddefnyddiau a recordiwyd yn eang dros ben. Y mae gweld pobl yn ymddwyn yn naturiol mewn deunydd nad yw'n ymdrechu i gyfleu gwers ieithyddol yn gyfrwng i ehangu profiad y dysgwr a rhoi'r cyfle iddo ymgynefino â theithi'r iaith. Y mae gwahaniaeth rhwng clywed a gwrando ac er bod y cyntaf yn bwysig wrth ddysgu iaith, rhaid sicrhau bod digonedd o bwyslais ar wrando'n astud. Cofiwch pa mor bwysig y mae ynganiad a goslef, yn bwysig tu hwnt gan fod siaradwyr y Gymraeg yn ei chael yn anodd deall dysgwyr sy'n camynganu, ac y maent yn fwy tebygol o droi at y Saesneg os na fydd yr ynganiad yn naturiol. Rhaid i weithgaredd fod o ddefnydd i'r myfyrwyr ac yn eu galluogi i gyfathrebu er mwyn iddynt weld diben yn yr ymarfer. Y mae rhai gweithgareddau'n cynnwys gwylio pobl yn cyflawni gweithgareddau bob dydd, megis siopa neu wrando ar ragolygon y tywydd, ac wedyn gofyn i'r dysgwyr drafod yr hyn maent wedi ei weld neu ei wylio. Y mae gwrando'n sgìl cymhleth ac angenrheidiol y mae angen mynd wrthi'n fwriadol i'w feithrin. Y mae'n cael ei ddatblygu wrth i'r myfyrwyr gael ymarfer mewn awyrgylch anfygythiol ac felly mae'n hynod bwysig bod pob tiwtor yn cyflwyno sesiynau gwrando neu wylio'n aml iawn yn ystod eu gwersi.

Atodiad Un: Prawf Gwrando a Deall sydd wedi ei raddoli

Rhaid cynllunio gweithgarwch o'r fath yn fanwl iawn. Mae'n dra phwysig neilltuo digon o amser ar gyfer yr ymarferion hyn.

1. Chwarae'r darn heb weithgareddau – i'r dysgwr ddod yn gyfarwydd â'r deunydd. Mae'n bwysig pwysleisio nad ydych yn disgwyl i'r myfyrwyr ddeall pob gair. Weithiau bydd rhai ymadroddion nad ydych eisiau tynnu sylw atynt.

2. Mynd dros y darn yn fwy manwl; cyn ei ail-chwarae, efallai bydd rhai pethau y byddwch eisiau tynnu sylw atynt. Cofiwch ei bod yn well peidio â chyflwyno geiriau newydd allan o'u cyd-destun. Rhowch y fideo/ffeil sain i roi amser i'r dysgwr brosesu'r wybodaeth.

Mae angen chwarae'r ffeil sain drosodd a throsodd nes bod y dysgwyr yn teimlo'n ddigon hyderus i allu ateb y cwestiynau.

Y Sgript

Mair:	Bore da, Nia.
Nia:	Bore da, Mair.
Mair:	Mae'n oer.
Nia:	Mae'n oer iawn, ond mae'n sych.
Mair:	Mae'n sych, diolch i'r drefn.

Cwestiynau

<u>Set 1</u>

1. Dynion neu ferched sy'n siarad?
3. Beth yw enwau'r siaradwyr?
3. Faint yw eu hoedran nhw?

<u>Set 2</u>

1. Pa adeg o'r dydd yw hi?
2. Ydy hi'n dwym?
3. Ydy hi'n bwrw?
4. Pwy sy'n falch?
5. Pam mae hi'n falch?

Asesu
Emyr Davies

Mae'n bwysig fod tiwtoriaid yn deall rhywbeth am asesu. Yn wir, rhan o waith pob tiwtor yw asesu cynnydd y dysgwyr yn y dosbarth. Dylai pob tiwtor hefyd fod yn gwybod pa gyfleoedd sydd ar gael i'r dysgwyr gael eu hasesu'n allanol ac i ennill cymhwyster. Nod y bennod hon yw sôn am egwyddorion cyffredinol asesu a'r dulliau posibl o wneud hynny, gan wybod bod y dulliau penodol a ddefnyddir ym maes Cymraeg i Oedolion yn newid.

Yn y gorffennol, bu rhai tiwtoriaid yn wrthwynebus i unrhyw fath o asesu, a chlywir y rhagfarn hon o hyd weithiau. Eu pryder oedd bod asesu'n rhwystro'r dysgu ac yn caethiwo'r tiwtor; mewn gwirionedd, mae asesu *da* yn beth cadarnhaol ac yn rhan hanfodol o sgiliau'r tiwtor iaith. Mae asesu da'n cryfhau cymhelliant y dysgwyr ac yn rhoi cyfeiriad i'r dysgu; mae'n rhoi nod i'r dysgwr a'r tiwtor weithio tuag ato, gan adnabod unigolion sydd angen cymorth a'r hyn y mae angen i'r tiwtor ei adolygu; gall asesu sy'n arwain at gymhwyster fod yn sbardun i'r dysgwr ac yn ddefnyddiol i gyflogwyr neu eraill. Wrth gwrs, gall asesu *gwael* gael effaith negyddol ar y dysgwyr a'r dysgu, ac mae'n werth tynnu sylw at arferion i'w hosgoi. Cyfrifoldeb y tiwtor yw sicrhau bod yr asesu'n cael ei gyflwyno mewn ffordd briodol, sy'n addas i'r dysgwyr sydd dan ei ofal/ei gofal, ac sy'n mynd i gael effaith gadarnhaol.

Felly, mae sawl *math* o asesu. Nid mater o sefyll arholiad mewn neuadd chwyslyd mohono, er mai dyna fydd atgof llawer o oedolion wrth feddwl am eu profiad o asesu yn yr ysgol. Mae'r bennod hon yn edrych ar fathau gwahanol o asesu, a ffyrdd posibl o'i gynnal sy'n llesol i'r dysgwyr ac yn cefnogi nod sylfaenol y maes, sef creu rhagor o siaradwyr Cymraeg. Er mwyn penderfynu a ydy'r asesu'n addas, rhaid gwybod beth yw ei bwrpas a gwybod beth yw anghenion y dysgwyr sy'n cael eu hasesu. Oni wneir hynny, mae perygl y bydd yr asesu'n anaddas, yn feichus i'r tiwtor ac yn negyddol ei effaith.

Asesu Ffurfiannol

Fel ymhob maes academaidd, clywir gwahaniaethau barn a defnyddir termau gwahanol i gyfeirio at weithgareddau tebyg sy'n gorgyffwrdd â'i gilydd. Un o'r termau cyffredin a ddefnyddir yw asesu *ffurfiannol*. Fel arfer, mae hyn yn asesu sy'n digwydd dan ofal y tiwtor dosbarth. Mae'n digwydd yn barhaus, ac mae'n cael ei gynnal mewn ffordd anffurfiol a naturiol yn ystod y gwersi. Pwrpas y math hwn o asesu yw helpu'r dysgu a'r addysgu, adnabod cryfderau a bylchau yn yr hyn a ddysgwyd er mwyn addasu'r rhaglen waith a chynllunio gwersi'r dyfodol. Fodd bynnag, pennawd eang yw asesu ffurfiannol, ac mae'n cynnwys agweddau gwahanol ar waith y tiwtor, o'r gwaith manwl fesul munud, i'r cynllunio fesul tymor neu flwyddyn.

Mae tiwtoriaid da'n *asesu* eu dysgwyr yn reddfol drwy'r amser. Wrth wrando ar ddysgwyr yn siarad neu'n cyflawni tasg, bydd y tiwtor yn *asesu'r* perfformiad ac yn rhoi adborth. Trwy hyn, mae'r tiwtor yn dod i adnabod y dysgwyr yn dda iawn ac yn gallu cynnig help ychwanegol priodol i'r rhai sy'n cael trafferth. Mae'r adborth y mae'r tiwtor yn ei roi'n bwysig, ac mae'n bwnc sydd wedi cael llawer o sylw gan ymchwilwyr yn y blynyddoedd diwethaf. Dangoswyd bod adborth ystyrlon yn gallu cael effaith gadarnhaol ar y dysgu. . . ond beth yw adborth *ystyrlon*?

Ar un olwg, mae'n hawdd rhoi adborth. Tuedd rhai tiwtoriaid yw canmol pob ymdrech a ddaw o enau'r dysgwyr; ond mae cynnig 'Da iawn' yn adborth i bob dim yn colli pob gwerth ac ystyr yn fuan iawn. Oes, mae angen bod yn gadarnhaol, ond mae angen bod yn adeiladol yn ogystal wrth ddweud ymhle y gall y dysgwr wella a sut i wneud hynny. Yn yr un modd does dim diben rhoi 9 allan o 10 neu radd A yn adborth i waith ysgrifenedig neu waith cartref, heb fod modd i'r dysgwr ddehongli'r adborth hwnnw a'i ddefnyddio i wella.

Felly mae marcio'r gwaith cartref hyd yn oed yn fath o asesu: mae'n dweud wrth y tiwtor faint o afael sydd gan y dysgwr ar y gwaith a ddysgwyd ac mae'r adborth yn helpu'r dysgwr i wella ac i adolygu pwyntiau allweddol.

> Pwynt trafod:
> Pa fath o adborth a ddylai'r tiwtor ei roi i'r dysgwr yn ystod y wers, neu wrth farcio'r gwaith cartref?

Er nad yw rhoi adborth a marcio'n cael ei weld fel *asesu* weithiau, dyna'n union y mae'r tiwtor yn ei wneud wrth fodelu'r ateb cywir, wrth ganmol neu wrth dynnu sylw at rywbeth y gellir ei wella. Agweddau ar asesu *ffurfiannol* yw'r materion hyn i gyd. Gwelwyd pwyslais cynyddol ar 'asesu ar gyfer dysgu' ym maes addysg yn gyffredinol ers diwedd y 1990au, ac mae'r syniadau hyn wedi treiddio'n raddol i faes dysgu iaith a Chymraeg i Oedolion. Mae'r ymchwil yn dangos bod gweithredu'r syniadau hyn yn arwain at gynyddu cyrhaeddiad y dysgwyr, at gryfhau cymhelliant, yn rhoi hyder, ac yn gwella dealltwriaeth y dysgwyr o'r broses ddysgu, eu cryfderau a'u gwendidau eu hunain.

Agwedd arall ar 'asesu ar gyfer dysgu' yw pwysigrwydd gosod nod – nodau'r cwrs, nodau'r tymor a nodau'r wers. Trwy egluro nodau'r dysgu, mae'n ei gwneud hi'n bosibl i'r dysgwr a'r tiwtor fesur cynnydd, gwybod beth a gyflawnwyd a'r hyn y mae angen ei adolygu. Dim ond trwy adnabod y nodau'n glir y mae modd mesur p'un a yw'r dysgwyr wedi cyflawni'r nodau hynny ai peidio. Er enghraifft, trwy osod 'gallu dweud rhywbeth am y tywydd a holi amdano' fel nod i'r wers, mae modd *asesu* a yw'r dysgwr yn gallu gwneud hynny ar y diwedd neu ar ddechrau'r wers nesaf. Gall y nodau fod yn benodol iawn, e.e. 'erbyn diwedd y wers, bydda i'n gallu holi rhywun o ble maen nhw'n dod yn wreiddiol ac ateb yr un cwestiwn fy hun'; gallant fod yn fwy eang, e.e. 'erbyn diwedd y tymor, bydda i'n gallu siarad am fy niddordebau'. Dyma'r math o nodau a osodir ar ddechrau unedau mewn llyfrau cwrs, neu a roddir mewn unedau 'adolygu' lle bo cyfle i edrych yn ôl dros unedau a gyflwynwyd ynghynt. Fodd bynnag, er bod y llyfr cwrs yn erfyn defnyddiol, yn ffynhonnell syniadau i ddiwtoriaid ac yn ganllaw anhepgor i ddysgwyr, ni ddylid ei ddefnyddio'n slafaidd nac yn ddifeddwl. Cyfrifoldeb y tiwtor yw dethol beth sy'n mynd i ateb anghenion y dysgwyr dan ei ofal/ei gofal, cynllunio nodau *ac* ymateb i anghenion dysgwyr unigol.

Mae'n fwy anodd gosod nodau ar gyfer y tymor hir, ond mae'n werth cynnal trafodaeth â'r dysgwyr ar ddechrau pob cwrs a chytuno ar y nodau, a'r hyn y mae disgwyl iddynt ei wybod neu allu ei wneud erbyn diwedd y tymor neu'r flwyddyn. Sut mae mesur cyflawniad wedyn? Sut mae gwybod a ydy'r dysgwyr wedi cyrraedd y nod neu'r nodau? Mae sawl ffordd o wneud hynny. Yn gyntaf, gall y dysgwyr hunanasesu trwy edrych ar osodiadau sy'n crynhoi'r hyn a ddysgwyd a chan drafod pa mor hyderus ydyn nhw eu bod wedi dysgu'r darn hwnnw o iaith. Er enghraifft, mae uned adolygu un llyfr cwrs a ddefnyddir gan nifer o ddarparwyr yn cynnwys datganiadau fel a ganlyn:

- Dw i'n gallu mynegi barn drwy ddefnyddio 'bod'
- *I can express an opinion using 'bod'*

- Dw i'n gallu siarad am fy hoff / gas bethau
- *I can talk about my favourite things / things I hate*

- Dw i'n gallu holi am hoff / gas bethau
- *I can ask about my favourite things / things people hate*

ac yn y blaen (Cwrs Sylfaen CBAC, Uned 10). Mae nifer o amrywiadau'n bosibl ar y dull hwn o grynhoi'r hunanasesu, e.e. gall fod yn rhestr gyfair o ddatganiadau i'w ticio; gall y dysgwyr fynegi pa mor hyderus ydyn nhw eu bod yn medru gwneud yr hyn a nodir. Mewn rhai ysgolion, defnyddir system 'goleuadau traffig' i gofnodi lefel hyder y dysgwyr yn yr hyn a ddysgwyd: y golau gwyrdd yn dynodi 'cwbl hyderus'; y lliw melyn yn lled hyderus ond angen atgyfnerthu; y lliw coch yn dynodi 'heb ddeall o gwbl'. Eto, rhaid defnyddio'r pethau hyn yn synhwyrol ac yn gytbwys; mae mesur hyder y dysgwyr *ymhob dim* y maent i fod wedi ei ddysgu'n mynd i fod yn feichus i'r tiwtor ac yn ddiflas i'r dysgwyr. Nid yw'n llesol i'r dysgwyr deimlo bod eu hymdrechion yn cael eu rhoi dan chwyddwydr asesu *drwy'r* amser.

Gall y tiwtor gynllunio profion anffurfiol, neu dasgau sy'n dangos eu bod wedi cyflawni'r nodau a restrwyd. Dylai'r tasgau hynny fod yn debyg i'r mathau o weithgareddau a ddefnyddir yn y dosbarth yn rheolaidd beth bynnag, a dylent fesur yr un sgiliau. Hynny yw, does dim diben gosod tasg asesu ysgrifenedig i brofi a ydy'r dysgwyr wedi meistroli'r patrymau neu'r ffwythiannau hynny ar lafar. Er enghraifft, i fesur a ydy'r dysgwyr yn medru cyflawni'r ddau nod olaf a restrwyd uchod (holi pobl am eu hoff neu gas bethau ac ateb), gellir paratoi holiadur syml i bawb holi ei gilydd am eu hoff fwyd, neu eu hoff ddiod. Wrth i'r tiwtor fynd o gwmpas, bydd yn dod i wybod yn fuan pwy sy'n gallu dweud y brawddegau a'r cwestiynau perthnasol. Yna, gall adnabod pwy sy'n cael trafferthion a rhoi ychydig o adborth adeiladol. Dyma ffordd syml o asesu grŵp mawr, nad yw'n ymyrryd â'r dysgu ac sydd hefyd yn gyfle i adolygu darn o iaith a ddylai fod yn gyfarwydd i bawb. Os bydd nifer yn cael trafferth, dylai'r tiwtor adolygu'r cynlluniau gwersi nesaf i roi sylw i'r darnau o iaith sydd heb ymwreiddio'n iawn.

Nid y tiwtor yw'r unig un sy'n gallu rhoi adborth fel hyn i'r dysgwyr. Mae asesu gan gymheiriaid yn gwneud defnydd o'r wybodaeth a'r sgiliau sydd gan ddysgwyr eraill yn y dosbarth. Tueddir i anghofio am ddylanwad ac effaith oedolion eraill sydd ar y cwrs, a bod modd eu defnyddio fel arf seicolegol ac addysgol. Er enghraifft, trwy wneud gwaith pâr neu waith grŵp, a thrwy gynllunio tasgau'n ofalus, gall dysgwyr hyderus mwy rhugl roi adborth defnyddiol i ddysgwyr eraill, llai hyderus. Wrth reswm, rhaid adnabod y dosbarth yn dda i fedru gwneud hyn yn llwyddiannus, ac mae perygl o wneud i'r dysgwyr gwannach deimlo'n lletchwith, neu eu bod yn cael eu camarwain; mae perygl hefyd i'r dysgwyr cryfach syrffedu a theimlo nad ydyn nhw'n dysgu dim byd. Techneg arall sy'n gweithio'n dda mewn rhai cyd-destunau yw asesu trwy bortffolio. Hynny yw, mae'r dysgwyr yn crynhoi enghreifftiau o'u gwaith (llafar yn ogystal ag ysgrifenedig) dros gyfnod o dymor neu flwyddyn a thrwy hynny'n dangos y cynnydd a wnaed.

Mae manteision ac anfanteision i'r dulliau yma i gyd. O'i gyflwyno'n synhwyrol ac yn gytbwys, gall asesu ffurfiannol wneud lles i'r addysgu, rhoi ymdeimlad o gynnydd i'r dysgwyr a chodi safonau.

Asesu Crynodol

Asesu crynodol sy'n dod i'r meddwl, pan fydd llawer o bobl yn clywed y gair 'asesu'. Fel arfer, mae hyn yn asesu sy'n digwydd ar ôl cyfnod o amser dan amodau arholiad, ac yn cael ei ddarparu gan gorff allanol, e.e. gan sefydliad dyfarnu fel CBAC. Wrth drafod termau fel 'ffurfiannol' a 'chrynodol', dylid cofio nad yw'r deuoliaethau a restrir mewn llyfrau ar asesu byth mor ddu a gwyn ag y maent yn ymddangos ar yr olwg gyntaf. Hynny yw, mae modd defnyddio arholiadau pen tymor allanol at ddibenion ffurfiannol, addysgol; yn yr un modd, mae modd i'r tiwtor dosbarth ddefnyddio profion yn y dosbarth dan amodau ffurfiol, gan grynhoi'r gwaith a ddysgwyd hyd hynny ar y cwrs. Wrth reswm, mae manteision ac anfanteision i'r math hwn o asesu hefyd.

Pwynt trafod:
Beth yw manteision ac anfanteision asesu trwy arholiad?

Un o fanteision asesu trwy arholiad yw ei fod yn arwydd gwrthrychol o allu'r dysgwr. Fel arfer, mae arholiadau iaith yn cael eu rhannu yn ôl y sgiliau iaith, gan gynnig profion siarad, gwrando, darllen ac ysgrifennu ar wahân. Wrth reswm, mae'n anodd gwahanu'r sgiliau'n llwyr, e.e. fel arfer mae'n rhaid *darllen* cwestiwn er mwyn gwneud prawf gwrando; yn yr un modd, mae'n rhaid *gwrando* ar gwestiwn mewn prawf siarad. Y peth pwysig yw na ddylai'r cwestiwn, neu'r *eitem* (a defnyddio'r term cywir) fod yn fwy anodd na'r testun ei hun, neu fod y cwestiwn sydd i fod i sbarduno ateb syml yn rhy gymhleth i'r ymgeisydd.

Mae llawer o gwestiynau i'w hystyried wrth ddatblygu arholiad, e.e. ydy'r arholiad yn ddilys ('valid' yw'r term Saesneg)? Hynny yw, ydy'r arholiad yn mesur yr hyn y mae'n *ceisio* ei fesur? Ydy'r sgôr neu'r radd a ddyfernir i'r ymgeisydd yn dweud rhywbeth ystyrlon am allu'r ymgeisydd hwnnw i ddefnyddio'r iaith darged mewn cyd-destun real? Ydy'r arholiad yn ddibynadwy? Hynny yw, ydy'r arholiad yn gyson bob tro y mae'n cael ei gynnal, ac yn asesu dysgwyr o gefndiroedd gwahanol yn deg? Ydy'r arholiad yn cael effaith gadarnhaol ar y dysgu? Ydy'r cyfan yn ymarferol? Mae toreth o lyfrau academaidd ar gael sy'n archwilio'r cysyniadau hyn yn fanwl (gw. y llyfryddiaeth ddethol isod).

Cyn sôn yn benodol am yr arholiadau a ddefnyddir yn y maes Cymraeg i oedolion, mae angen gwahaniaethu ymhellach rhwng dau fath o asesu crynodol: prawf *cyflawniad* a phrawf *hyfedredd*. Mae'r cyntaf yn fesur o faint mae'r ymgeisydd yn ei wybod o lyfr cwrs neu faes llafur penodol. Mae'r ail yn rhoi cipddarlun cyffredinol o hyfedredd yr ymgeisydd yn yr iaith darged, fel arfer o fewn lefel ddiffiniedig. Profion hyfedredd cyffredinol yw'r arholiadau a ddefnyddir ym maes Cymraeg i oedolion. Mae nifer o lyfrau cwrs gwahanol yn cael eu defnyddio mewn dosbarthiadau ledled y wlad, ac er eu bod yn debyg i'w gilydd, mae peth gwahaniaethau. Seilir yr arholiadau i raddau helaeth ar yr hyn sy'n greiddiol i'r rhain a thrwy hynny, maent yn ateb anghenion y dysgwr cyffredin... i'r graddau y gellir adnabod yr anghenion hynny. Ni ddylid dibynnu ar un llyfr cwrs penodol i fod yn ddiffiniad cyflawn a chyfredol o ofynion yr un arholiad.

Arholiadau Cymraeg i Oedolion

Mae cyfres o bedwar arholiad penodol i faes Cymraeg i oedolion dan yr enw 'Defnyddio'r Gymraeg' a ddarperir gan CBAC. Mae'r rhain yn gymwysterau sydd wedi eu hachredu, hynny yw, maent wedi eu cymeradwyo gan reoleiddwyr fel y gall darparwyr neu golegau gynnig cyrsiau sy'n arwain atynt a derbyn cyllid am wneud. Yn ogystal â hynny, mae'r cymwysterau wedi eu perthynu i fframwaith Ewrop, neu'r CEFR ('Common European Framework of Reference'); ymhelaethir ar hynny isod.

Dyma'r enwau i'r lefelau, o'r gwaelod i fyny: Mynediad, Sylfaen, Canolradd ac Uwch. Defnyddir yr un enwau wrth gyfeirio at lyfrau cwrs ac at lefelau'r cyrsiau gan ddarparwyr, felly mae'n hawdd i ddysgwr ac eraill wybod yn fras beth yw'r lefel y cyfeirir ati. Mae lliwiau gwahanol yn gysylltiedig â phob lefel: Mynediad (melyn), Sylfaen (gwyrdd), Canolradd (glas), Uwch (coch), a hynny'n ffordd gyflym, weladwy o adnabod lefel yr arholiad neu'r adnodd. Mae'n anodd dweud faint o amser y mae'n ei gymryd i gyrraedd diwedd pob lefel benodol; mae hynny'n dibynnu ar lu o newidynnau gwahanol, e.e. gwybodaeth flaenorol, cyfleoedd i ymarfer, cymhelliant, gallu cynhenid, dwyster y cwrs ac yn y blaen. Ar gyfartaledd, mae'n cymryd o leiaf dwy flynedd i gyrraedd diwedd lefel mewn dosbarthiadau unwaith yr wythnos, ond mae hynny'n gallu amrywio'n fawr.

Mae pob arholiad yn cynnwys profion yn y sgiliau iaith ar wahân: gwrando, siarad, darllen ac ysgrifennu, ac maent yn cael eu hasesu'n allanol (hynny yw, nid y tiwtor dosbarth sy'n gyfrifol am asesu). Nid yw'r sgiliau wedi'u pwysoli'n gyfartal; rhoddir llawer mwy o farciau am siarad nag unrhyw un o'r sgiliau eraill (y prawf siarad sydd i gyfrif am tua hanner y marciau). Dyma'r sgìl y rhoddir sylw iddi yn y rhan fwyaf o ddosbarthiadau Cymraeg i oedolion; gallu sgwrsio yn Gymraeg yw'r hyn y mae'r dysgwyr yn dymuno ei gael o'r gwersi fel arfer; hefyd, dyna genhadaeth sylfaenol y maes – creu rhagor o siaradwyr Cymraeg. Yn ogystal â'r prif sgiliau, ceir elfen o brofi gramadeg, yn bennaf ar ffurf ymarfer llenwi bylchau. Dim ond canran bychan o'r marciau a roddir am y rhan hon.

Yn gefn i bob arholiad, mae manyleb ar gael, sy'n cynnwys disgrifiad o'r arholiad, y meini prawf asesu a phrofion enghreifftiol, ac mae crynodeb o'r gofynion mewn llyfrynnau i ymgeiswyr ar y lefelau gwahanol. Gellir cael hyd i'r rhain, a nifer o gyn-bapurau ar wefan CBAC (www.cbac.co.uk) gan gynnwys ffeiliau sain i'r profion gwrando.

Ar bob lefel, mae croeso i ymgeiswyr ddefnyddio'r ffurfiau llafar a ddysgwyd ganddynt ar y cyrsiau a darperir fersiynau gwahanol (de a gogledd) o'r papurau lle bo angen hynny, gan gynnwys fersiynau gwahanol o'r profion gwrando. Erbyn lefel Canolradd, disgwylir i ymgeiswyr allu deall rhai nodweddion o'r dafodiaith arall, e.e. ydy/yw, rŵan/nawr. Erbyn y lefel Uwch, disgwylir i ymgeiswyr ddeall y rhan fwyaf o'r iaith lafar yn y dafodiaith arall, yn ogystal â Chymraeg mwy llenyddol yn y cywair ffurfiol.

Isod, ceir disgrifiadau cryno o'r hyn a ddisgwylir ar y lefelau gwahanol, a manylir ar *un* o'r profion yn unig ymhob lefel (siarad ar lefel Mynediad, ysgrifennu ar lefel Sylfaen, gwrando ar lefel Canolradd a darllen ar lefel Uwch). Mae'r arholiad Uwch yn cael ei adolygu ar hyn o bryd, felly ni ellir rhoi gwybodaeth gyfredol am y lefel honno. Nid pwrpas y bennod hon yw cyflwyno'r arholiadau Cymraeg i oedolion yn eu crynswth, ond yn hytrach amlygu rhai nodweddion a fydd yn eu tro'n amlygu egwyddorion ac ystyriaethau'n ymwneud ag asesu.

Mynediad

Mynediad yw'r lefel isaf y gellir sefyll arholiad arni. Ar y lefel hon, mae disgwyl i'r ymgeiswyr allu cynhyrchu ymadroddion cyfarwydd, rhagweladwy gan ynganu'n ddealladwy. Rhaid ateb cwestiynau a gofyn cwestiynau am bynciau cyfarwydd iawn: gwybodaeth bersonol gefndirol, diddordebau. Disgwylir i'r ymgeiswyr allu dweud rhywbeth am beth wnaethon nhw yn y gorffennol, a siarad am bobl eraill yn y trydydd person. Mae'r profion goddefol (gwrando a darllen) yn gofyn i'r ymgeiswyr chwilio am ffeithiau syml a'u hadnabod mewn testun cyffredinol ei natur, e.e. chwilio am ffeithiau mewn hysbysebion; adnabod geiriau allweddol mewn bwletin tywydd. Rhoddir 55 y cant am y prawf siarad a dim ond 10 y cant o'r marc terfynol ar gyfer y prawf ysgrifennu. Mae pedair rhan i'r prawf siarad:

    i.   Darllen deialog yn uchel

   ii.   Ateb cwestiynau

  iii.   Ateb cwestiynau am lun

  iv.   Holi cwestiynau

Pan fydd yr ymgeisydd yn darllen deialog yn uchel, asesu'r ynganu a wneir. Ymhob deialog, mae pedair brawddeg gan yr ymgeisydd i'w darllen yn uchel, a rhoddir marc am bob brawddeg allan o 10. Mae'r brawddegau'n cynnwys deuseiniaid, ymadroddion cyffredin a chyfuniadau sydd yn achosi trafferth i ymgeiswyr yn aml. Bydd y marcwyr yn defnyddio'r disgrifyddion sydd yn y fanyleb wrth asesu, gan roi'r marc sydd ynghlwm wrth y disgrifiad mwyaf priodol. Yn Rhan 2, rhaid i'r ymgeisydd ateb cwestiynau gan y cyfwelydd, gan gynnwys rhai cwestiynau ymestynnol, hynny yw, sgil-gwestiynau yn dilyn atebion i gwestiynau craidd, e.e.

    1.   Beth yw'ch gwaith chi?

    2.   Oes teulu gyda chi?

    3.   Ble dych chi'n dysgu Cymraeg?

    4.   Sut roedd y tywydd ddoe?

    5.   Beth wnaethoch chi neithiwr?

    6.   [Cwestiwn ymestynnol]

    7.   Beth dych chi'n hoffi'i wneud yn eich amser sbâr?

    8.   [Cwestiwn ymestynnol]

Disgwylir i'r ymgeisydd ateb mewn brawddeg lawn, gywir. Cywirdeb yw'r maen prawf a ddefnyddir, ac mae cynllun manwl o frawddegau rhannol gywir gan y marcwyr wrth law. Fel arfer, rhoddir marciau uchel (nid marciau llawn) am gamgymeriadau bach (e.e. treiglo) a rhoddir marc cryn dipyn yn is os bydd y gystrawen yn anghywir. Mae'r cwestiynau craidd i'w cael yn y fanyleb, felly mae'r ymgeiswyr yn gallu paratoi'n drwyadl ar gyfer y rhan hon, heblaw am y cwestiynau ymestynnol, wrth gwrs. Mae Rhan 3 y prawf siarad Mynediad yn debyg mewn un ffordd (ateb cwestiynau'r cyfwelydd a wneir) ond y tro hwn yn y trydydd person. Rhaid ateb mewn brawddeg lawn, gywir eto, gan gynnwys cwestiwn am ffotograff (fel arfer yn cyfleu swydd neu fath o weithgaredd hamdden). Yn Rhan 4, rhaid i'r ymgeisydd ofyn cwestiynau i'r cyfwelydd, gan gynnwys sbardunau gwahanol a restrir ar daflen yr ymgeisydd. Eto, cywirdeb y ffurf a asesir. O bob rhan o'r prawf siarad, tuedda'r ymgeiswyr i sgorio'n is yn y rhan olaf, a hynny'n adlewyrchiad o'r ffaith na roddir digon o gyfleoedd i ddysgwyr ymarfer cwestiynu yn y dosbarth – ateb cwestiynau'r tiwtor a wneir gan amlaf, felly mae'r dysgwyr yn cael anhawster wrth ffurfio cwestiwn.

Mae'r prawf siarad Mynediad yn rhagweladwy, yn gyfyngedig i batrymau penodol. Eto, mae pob prawf siarad yn cael ei recordio a'i asesu'n allanol, fel gyda'r lefelau eraill. Wrth esgyn trwy'r lefelau, mae'r prawf siarad yn llai rhagweladwy; mae'r eirfa a'r patrymau gofynnol a'r pynciau trafod yn ehangu; ac mae mwy o ddisgwyl i'r ymgeisydd fedru siarad yn annibynnol, yn fyrfyfyr ac yn estynedig.

Sylfaen

Mae'r arholiad nesaf gam ymhellach na'r lefel Mynediad; mae disgwyl i'r ymgeiswyr ddeall ystod helaethach o iaith a'i defnyddio, ac mae'r meini prawf asesu'n ehangu hefyd.

Ar lefel Sylfaen, rhoddir hanner y marciau am y prawf siarad a 15 y cant o'r marciau am y prawf ysgrifennu. Dwy dasg sydd i'r prawf hwnnw:

i.   Ysgrifennu nodyn neu neges

ii. Ysgrifennu darn yn defnyddio'r gorffennol

Mae gan yr ymgeiswyr 40 munud i ysgrifennu'r ddau ddarn. Er mwyn ysgrifennu neges, mae'r ymgeiswyr yn cael sbardun yn gofyn iddyn nhw ddiolch, ymddiheuro, llongyfarch neu esbonio rhywbeth, felly mae pwrpas clir i'r dasg. Rhoddir y sbardunau yn Gymraeg ac yn Saesneg, fel nad oes problem deall y cwestiwn ei hun – prawf ysgrifennu yw hwn. Dyma rai enghreifftiau o'r sbardunau i ysgrifennu neges, lle rhoddir dewis o dri ar y papur:

    i.   Dych chi'n trefnu trip i fynd i weld sioe yn Llundain. Ysgrifennwch at bawb sy'n dod yn esbonio'r trefniadau.

    ii.   Mae rhywun yn y gwaith yn gadael, a dych chi ddim yn gallu/medru mynd i'r parti ymddeol. Ysgrifennwch nodyn ato/ati i esbonio.

Rhoddir dewis o ddau yn yr ail dasg, lle mae'n rhaid i'r ymgeiswyr ysgrifennu darn yn y gorffennol gan gyfeirio at hysbysiad. Dyma enghraifft:

> Aethoch chi ar wyliau tramor yn ddiweddar. Ysgrifennwch ddarn i wefan yn disgrifio'r gwyliau. Cyfeiriwch at fanylion yn yr hysbyseb yma.

> *Cyngor Gwyliau / Holiday Advice*
> *Sut roedd y gwesty?*
> *Beth oedd yn dda a beth oedd yn ddrwg am y gwyliau?*
> *Anfonwch eich cyngor aton ni drwy'r wefan: www.ybont.org*

Mae pwrpas i'r ysgrifennu a chynulleidfa benodol, ac mae'r testunau o fewn profiad pob ymgeisydd. Rhaid i'r marcwyr roi marc ar sail meini prawf gwahanol, yn hytrach na rhoi marc argraff am y cyfan. I'r tasgau hyn, y meini prawf a ddefnyddir yw cywirdeb, ystod, geirfa a phriodoldeb (ydyn nhw wedi cyflawni gofynion y dasg). Dyma enghraifft o asesu *analytig* yn hytrach nag asesu *holistig* (argraff gyffredinol). Ceir disgrifiadau i gyd-fynd â phob maen prawf yn y fanyleb a'r marc sy'n gweddu i'r disgrifiad hwnnw a roddir i'r ymgeisydd am y dasg. Felly, mae'n bosibl i ymdrechion sy'n wallus lwyddo, oherwydd eu bod yn sgorio'n well dan y meini prawf eraill. Tuedd tiwtoriaid yw canfod gwallau'n unig, gan gadw cywirdeb mewn cof fel yr unig faen prawf, ond mae'r arholiad yn ceisio dangos beth mae'r ymgeisydd yn *gallu* ei wneud o safbwyntiau gwahanol.

Fel y nodwyd, mae'r arholiad Sylfaen gam sylweddol yn uwch na'r Mynediad, ac yn wir yn cynnwys y rhan fwyaf o'r patrymau a'r amserau berfol pwysig. Wrth godi trwy'r lefelau, mae'r wybodaeth a'r sgiliau disgwyliedig ar y lefel is yn gynwysedig yn y lefel nesaf, e.e. mae disgwyl i ymgeiswyr Sylfaen fedru'r sgiliau a ddisgwylir ar lefel Mynediad. Yn ei hanfod, mae lefel Sylfaen yn cynnwys elfennau rhagweladwy y gall ymgeiswyr baratoi ar eu cyfer *ac* elfennau annisgwyl y mae'n rhaid ymateb iddynt ar y pryd.

Canolradd

Erbyn lefel Canolradd, mae disgwyl i ymgeisydd allu siarad yn estynedig heb ymgyfyngu i batrymau parod. Rhoddir 15 y cant o'r marciau ar gyfer y prawf gwrando a deall ar lefel Canolradd, ac mae dwy ran i'r prawf:

   i.   Deialog

   ii. Bwletin Newyddion

Mae'r profion gwrando ar bob lefel yn cael eu recordio ymlaen llaw gan actorion neu leiswyr profiadol. Anelir at gael darnau sy'n glir a heb fod yn annaturiol o araf a herciog. Erbyn lefel Canolradd, mae disgwyl i'r ymgeiswyr allu deall testunau a brawddegau hir, geirfa fwy haniaethol ac anarferol na'r lefelau is, a medru 'casglu' ystyr a bwriad siaradwr, yn hytrach na chodi ffaith foel. Er enghraifft, dyma ddarn byr o ddeialog a ddefnyddiwyd mewn prawf yn y gorffennol:

   A. Dwedwch wrthon ni ychydig o'ch hanes chi yn gynta, Anwen.

   B. Pan o'n i'n ddeunaw oed, es i i astudio cerddoriaeth ym Mhrifysgol Llundain ac wedyn gwnes i gwrs diploma yno. Ro'n i wedi meddwl mynd i Gaerdydd i wneud y cwrs, ond roedd llawer o ffrindiau gyda fi yn Llundain, felly aros yno wnes i...

Mae'n bosibl gofyn nifer o gwestiynau ffeithiol ar sail y darn hwn, e.e. 'Ble astudiodd Anwen gerddoriaeth? Faint oedd ei hoed yn mynd i'r brifysgol?' ac yn y blaen. Fodd bynnag, y cwestiwn a ofynnwyd yn y papur Canolradd oedd 'Pam dewisodd Anwen wneud y diploma yn Llundain?', sy'n gofyn am ddealltwriaeth lawnach o fwriad y siaradwr, gan fod rhaid i'r gwrandäwr gasglu'r ateb o'r cyd-destun.

Ymhob manyleb, mae rhestr o eirfa graidd i diwtoriaid ac arholwyr ei defnyddio fel canllaw (mae'r rhestri Mynediad a Sylfaen eisoes ar gael, ac mae'r Canolradd ar waith). Wrth lunio eitemau, sicrheir bod unrhyw air neu ymadrodd sy'n allweddol er mwyn deall y testun hefyd yn y rhestr. Fodd bynnag, rhaid i brofion goddefol gynnwys elfennau dieithr a fydd yn anghyfarwydd i'r ymgeiswyr. Rhan o sgìl yr ymgeisydd (a'r dysgwr yn y byd go iawn) yw anwybyddu'r annealladwy, a dethol yr wybodaeth angenrheidiol. Mae hyn yn digwydd yn y profion gwrando a darllen ar bob lefel.

Uwch

Fel y nodwyd, ni ellir amlinellu'r arholiad Uwch gan ei fod yn cael ei adolygu'n llwyr ar hyn o bryd. Erbyn y lefel hon, mae disgwyl i ymgeiswyr allu siarad yn weddol rugl, a thrafod amrywiaeth o bynciau cyfarwydd ac anghyfarwydd. Mae disgwyl iddynt allu mynegi barn, gan bwyso a mesur dadleuon ac estyn ymatebion ar lafar ac yn ysgrifenedig. Mae prawf ymhob sgìl, fel ar y lefelau eraill, ac mae'r prawf darllen yn cynnwys testunau mwy ffurfiol neu lenyddol. Un o'r rhain yw darn o nofel neu ryddiaith Gymraeg. Wrth newid yr arholiad presennol, sydd eisoes yn cynnwys darn ffuglen, mae datblygwyr y cymhwyster yn trafod newid fformat yr ymateb. Yn yr arholiad presennol, gofynnir nifer o gwestiynau ar sail y darn, a rhaid i'r ymgeisydd roi ateb byr, gan gofio nad oes cosb am wallau iaith yn yr atebion ysgrifenedig. Mae'n bosibl y bydd y fformat newydd yn cynnwys cwestiynau ac atebion amlddewis, fformat a welir mewn arholiadau iaith dros y byd. Dyma enghraifft ar sail darn o destun a ddefnyddiwyd mewn arholiad Uwch yn y gorffennol. Daw'r darn allan o'r llyfr *Tair Rheol Anrhefn* gan Daniel Davies a gyhoeddwyd gan Y Lolfa yn 2011.

Roedd Paul ryw ganllath o ddrws y fflat a rannai gyda'i gariad, Llinos Burns, pan gafodd syniad. Bu'n bwriadu gofyn y cwestiwn y cyfeiriodd Mansel ato ers amser ond roedd arno ofn cael ei wrthod. Heno fyddai'r cyfle olaf a gâi cyn i'r ddau fynd ar eu gwyliau ben bore y diwrnod wedyn. Penderfynodd y byddai un ddiod arall yn rhoi cyfle iddo roi trefn ar ei syniadau. Felly galwodd am beint yn y dafarn agosaf at ei gartref, sef yr Hen Lew Du.

Y cwestiwn a ofynnwyd ar sail y darn hwn yn y gorffennol oedd: 'Pam roedd hi'n bwysig fod Paul yn gofyn y cwestiwn heno?' Fodd bynnag, mae'r fformat aml-ddewis yn gorfodi'r ymgeisydd i ddarllen yn fwy gofalus ac i ddeall y darn yn llawn, yn lle codi brawddeg neu ran o frawddeg o'r testun gwreiddiol, e.e.

Roedd rhaid i Paul ofyn cwestiwn i Llinos heno, oherwydd...

a. dyma'r unig amser posibl.
b. doedd e ddim eisiau iddi ddweud 'na'.
c. roedd e wedi bwriadu gofyn ers talwm.
ch. roedd e'n rhannu fflat â hi.

Mae cwestiynau amlddewis yn cael eu defnyddio ar bob lefel yn y gyfres hon o arholiadau, yn y profion goddefol (darllen neu wrando), ac mae'n fformat sy'n dod yn fwyfwy cyffredin mewn arholiadau iaith dros y byd.

Pwynt trafod:
Beth yw manteision ac anfanteision cwestiynau amlddewis mewn arholiad?

Mae'n amlwg fod nifer o'r atebion eraill yn yr enghraifft uchod yn anghywir, ac wedi eu llunio i ddenu ymgeiswyr sydd heb ddeall y testun yn llawn – 'gwrthdynwyr' yw'r term ar gyfer y rhain. Mae'n anodd llunio eitemau amlddewis, a rhaid eu cynbrofi i sicrhau eu bod yn gweithio fel cwestiynau arholiad. Mae'r fformat yn cynnig cyfleoedd i brofi pethau fel bwriad y siaradwr, neu fesur dealltwriaeth y darllenydd o arwyddocâd darn hirach. Gall y fformat 'atebwch mewn brawddeg' esgor ar atebion amwys neu anghyflawn, ac weithiau, gall ymgeiswyr godi'r ateb fesul gair o'r testun gwreiddiol heb ddangos dealltwriaeth. Mae'r fformat amlddewis yn hawdd ei farcio, ac yn gweddu'n dda i gyfrwng electronig, os bydd yr ymgeisydd yn ymateb i'r cwestiynau ar-lein (nid yw'r arholiadau Cymraeg i oedolion ar gael ar-lein ar hyn o bryd). Mae anfanteision i'r fformat hwn hefyd, e.e. mae perygl y gall yr ymgeisydd daro ar yr opsiwn cywir ar hap; mae gofyn i'r ymgeisydd ddarllen llawer mwy nag y byddai fel arall, ac mae rhai ymgeiswyr sy'n methu dod i'r arfer â'r fformat o gwbl a'r ffaith fod atebion yno i'w camarwain yn fwriadol.

Wrth ddatblygu arholiadau newydd neu eu diwygio, rhaid i'r fformat a ddewisir adlewyrchu'r *math* o ddarllen y ceisir ei asesu. Os mai chwilio am wybodaeth, adnabod ffeithiau neu ddarnau arwyddocaol mewn testun ffeithiol yw'r nod, mae'n bosibl mai atebion byrion sydd orau; ar y llaw arall, os bydd y prawf yn asesu gwir fwriad awdur neu ystyron a ymhlygir, gall y fformat amlddewis fod yn addas.

Materion Cyffredinol

Mae'r cylch datblygu arholiadau uchod yn un hir. Bydd eitemau (cwestiynau) yn cael eu llunio gan weithgor o bobl sydd â phrofiad o ddysgu ar y lefel berthnasol, cyn mynd trwy broses o graffu manwl i sicrhau bod yr eitemau'n deg, yn gywir ac yn cydymffurfio â gofynion y fanyleb. Wedyn, bydd yr eitemau'n cael eu cynbrofi. Hynny yw, bydd y papur yn cael ei sefyll dan amodau arholiad gan ddysgwyr sydd ar fin sefyll yr arholiad byw. Mae'n gyfle i'r ymgeiswyr hynny gael profiad o sefyll arholiad a chael peth adborth am sut maen nhw wedi gwneud gan eu tiwtoriaid (gan ddychwelyd pob papur i CBAC wrth gwrs). Caiff papurau cynbrofi eu dadansoddi, ynghyd â sylwadau ansoddol y tiwtoriaid amdanynt cyn mynd gerbron y gweithgor arholiadau perthnasol eto. Bydd yr eitemau'n cael eu diwygio neu eu dileu'n llwyr os ydynt yn rhy hawdd neu'n rhy anodd, a defnyddir data cymharol o berfformiad yr ymgeiswyr yn yr arholiad byw er mwyn cymharu â'r cynbrofion. Fel hyn, mae'n bosibl sicrhau bod yr arholiad yn gyson o flwyddyn i flwyddyn. Nodwyd uchod fod dibynadwyedd yn un o hanfodion unrhyw gyfundrefn arholiadau, ac mae'r cynbrofi'n rhan bwysig o'r dystiolaeth fod yr arholiadau Cymraeg i Oedolion yn ddibynadwy ac yn gyson.

Yn ogystal â'r cynbrofi, dadansoddir marciau'r ymgeiswyr wedi'r arholiadau byw cyn y cyfarfod dyfarnu, sef y cyfarfod lle trafodir marciau terfynol yr ymgeiswyr. Does fawr ddim lle i *ddehongli* wrth farcio profion goddefol (darllen a gwrando) – mae cynllun marcio manwl yn cynnig yr atebion cywir. Fodd bynnag, wrth asesu'r profion cynhyrchiol, mae marcwyr gwahanol yn siŵr o ddehongli perfformiadau'r ymgeiswyr mewn ffyrdd ychydig yn wahanol. Wrth hyfforddi marcwyr, ac yn y cyfarfodydd safoni (lle bydd pawb yn marcio'r un grŵp o ymgeiswyr), y nod yw lleihau'r gwahaniaethau hynny. Pan fydd y marciau'n cael eu dadansoddi, daw'n amlwg weithiau fod rhai marcwyr yn tueddu i fod yn hael neu'n llym. Mewn amgylchiadau felly, mae'n rhaid graddoli'r marciau o ryw ychydig er mwyn rhoi tegwch i'r ymgeiswyr. Yn yr arholiadau Cymraeg i oedolion ar lefelau Canolradd ac Uwch, mae'r profion siarad, sef y rhan bwysicaf o'r arholiad, yn cael eu hasesu ddwywaith gan farcwyr gwahanol, annibynnol. Mae hyn yn ffordd gostus o asesu, ond yn ffordd dda o sicrhau bod y marcio'n gyson ac yn deg. Wrth ddadansoddi ystadegau arholiadau, edrychir ar ystadegau arholiadau'r gorffennol dros gyfnod o dair blynedd neu fwy er mwyn sicrhau eu bod yn gyson, e.e. y cymedr i'r tasgau a'r papurau, y gwyriad safonol, y ffactorau hygyrchedd (faint gafodd yr ateb cywir) ac ati. Weithiau, canfyddir bod un eitem heb weithio'n gywir am ba bynnag reswm, ac mewn achosion felly mae'n bosibl dileu'r eitem honno wrth gyfrifo'r marciau. Mae llawer o wybodaeth ystadegol, ynghyd â chynlluniau marcio, sylwadau arholwyr ac enghreifftiau o waith ymgeiswyr, i'w cael yn y bwletin arholiadau blynyddol, sydd ar wefan CBAC.

Un o'r egwyddorion y soniwyd amdani ar y dechrau oedd pwysigrwydd yr adlif ('washback' yw'r term Saesneg), sef effaith yr arholiadau ar yr addysgu, ac anfonir holiadur at bob ymgeisydd yn dilyn yr arholiadau i fesur hyn ac i gael adborth ehangach am draw-effaith yr arholiadau. Mae'r sylwadau ar y cyfan yn gadarnhaol; mewn ffordd, mae hynny i'w ddisgwyl gan fod yr ymgeiswyr hyn yn *dewis* sefyll yr arholiad, ac yn aml ar lefel sy'n uwch na'r un sydd ei hangen i lwyddo. Weithiau, mae sylwadau ansoddol yr ymgeiswyr yn ddefnyddiol ac yn gymorth wrth ddatblygu'r arholiadau a'u gwella – o ran cynnwys ac o ran sut mae'r arholiadau'n cael eu cynnal yn y canolfannau arholi. Ni ddylai'r un ffordd o asesu aros yn yr unfan, ac wrth weithredu system ansawdd, dylai'r rhai sy'n gyfrifol am yr arholiad edrych yn barhaus am ffyrdd o'u gwella, er mwyn sicrhau bod yr asesu'n ddilys, yn ddibynadwy ac yn ateb anghenion y maes.

Rheoli ansawdd yw un o'r pethau y mae ALTE yn ei hybu, sef y gymdeithas i brofwyr ieithoedd yn Ewrop (Association of Language Testers in Europe). Mae CBAC yn aelod o'r gymdeithas hon mewn perthynas â'r arholiadau Cymraeg i oedolion. Mae 34 o aelodau llawn yn ALTE, yn cynrychioli 26 o ieithoedd Ewropeaidd, o'r ieithoedd llai eu defnydd i'r ieithoedd mawr, yn cynnwys y Saesneg. Er mwyn bod yn aelod o ALTE, rhaid cwrdd â safonau ansawdd uchel, a chael awdit allanol i brofi bod yr arholiadau'n cwrdd â'r safonau hynny. Ymhlith y safonau, mae rhai'n ymwneud â dadansoddi data, gweithdrefnau diogelwch, dilysrwydd a thegwch (tystiolaeth nad yw'r arholiad yn rhagfarnu yn erbyn grwpiau penodol). Yn ogystal â'r rhain, rhaid perthynu'r arholiadau â fframwaith allanol, a'r fframwaith a ddefnyddir ledled Ewrop yw'r CEFR (Common European Framework of Reference), sy'n cynnwys disgrifiadau trawsieithyddol cyffredin. Cyfeirir at y rhain fel 'lefelau ALTE' weithiau, ond fframwaith Cyngor Ewrop yw hwn mewn gwirionedd. Y labeli a ddefnyddir ar y chwe lefel (o'r isaf i'r uchaf) yw A1, A2, B1, B2, C1 ac C2. Cynhaliwyd project ymchwil i berthynu'r arholiadau Cymraeg i oedolion â'r lefelau hyn, a chanfod bod y tri arholiad yn cyfateb i ofynion A1 (Mynediad), A2 (Sylfaen) a B1 (Canolradd). Pan fydd yr arholiad Uwch newydd wedi ei ddatblygu'n llawn, bydd yn cael ei berthynu i'r lefel nesaf yn y fframwaith.

Cloi

Dim ond blas ar faes asesu a roddir yn y bennod hon. Mae'n faes arbenigol ac iddo oblygiadau pellgyrhaeddol i ymgeiswyr ac i faes dysgu Cymraeg i oedolion yn gyfan. Rhoddwyd sylw helaeth i'r arholiadau, ond nid yw hynny'n dweud bod asesu crynodol o reidrwydd yn *well* nag asesu ffurfiannol. Rhaid gwneud yn siŵr fod diben yr asesu'n glir, fel bod y dull asesu priodol yn cael ei weithredu. Er bod llawer o newidiadau'n digwydd i'r maes byth a hefyd, mae'r arholiadau'n cynnig mynegbyst sefydlog i'r dysgu ac yn dylanwadu mewn ffordd gadarnhaol ar waith y tiwtor ac ar agweddau pobl o'r tu allan tuag at y maes. Wrth i sefydliadau yn y sector cyhoeddus orfod darparu cyrsiau i'w staff dan Safonau Iaith Llywodraeth Cymru, bydd cynnal cyfres o asesiadau ffurfiol a chymwysterau safonol i'r oedolion sy'n dysgu Cymraeg yn hanfodol.

Llyfryddiaeth

J. C. Alderson, *Assessing Reading* (Caergrawnt: Gwasg Prifysgol Caergrawnt, 2000).

L. F. Bachman ac A. S. Palmer, *Language Testing in Practice* (Rhydychen: Gwasg Prifysgol Rhydychen, 1996).

P. Black a D. Wiliam, *Inside the Black Box, Raising Standards Through Classroom Assessment* (King's College London: School of Education, 2001).

G. Buck, *Assessing Listening* (Caergrawnt: Gwasg Prifysgol Caergrawnt, 2001).

Cyngor Ewrop, *Common European Framework of Reference for Languages: Learning, Teaching, Assessment* (Caergrawnt: Gwasg Prifysgol Caegrawnt, 2001).

A. Green, *Exploring Language Assessment and Testing* (Llundain ac Efrog Newydd: Routledge, 2014).

S. C. Weigle, *Assessing Writing* (Caergrawnt: Gwasg Prifysgol Caergrawnt, 2002).

C. J. Weir, *Language Testing and Validation: An Evidence-Based Approach* (Palgrave Macmillan: Basingstoke, 2005).

Gwefannau defnyddiol

www.cbac.co.uk

www.alte.org

Dysgu Anffurfiol
Siôn Meredith

1. Pam dysgu anffurfiol?

Hanfod dysgu anffurfiol yw defnyddio'r Gymraeg ym mhob math o ffyrdd y tu allan i'r dosbarth. Mae adran 2 isod yn ystyried yn fwy manwl beth mae hynny yn ei olygu.

Er mwyn llwyddo i ddod yn siaradwyr rhugl, mae'n rhaid i ddysgwyr ganfod ffyrdd o ddefnyddio'r Gymraeg yn helaeth y tu allan i'r dosbarth. Mae gallu cynhenid dysgwyr a dulliau effeithiol gan y tiwtor yn arwyddocaol, ond mae arbenigwyr yn awgrymu mai parodrwydd dysgwyr i gyfathrebu y tu allan i'r dosbarth ac ymarfer yr iaith yn rheolaidd yw'r ffactorau allweddol ar gyfer llwyddiant (Newcombe, 2009: 57). Fel arfer bydd angen tua 1,500 o oriau cyswllt gyda'r iaith darged er mwyn cyrraedd y lefel uchaf wrth ddysgu iaith. Bydd dysgwyr Basgeg yn dilyn cyrsiau sy'n cynnig rhwng 1,500 a 1,800 o oriau (Gruffudd a Morris, 2012: 58), tra bo cyrsiau Cymraeg i Oedolion fel arfer yn cynnig hyd at 600 o oriau, a hynny dros nifer o flynyddoedd. Sut y gall dysgwyr gau'r bwlch? Drwy ymarfer a defnyddio'r Gymraeg yn helaeth y tu allan i'r dosbarth.

Mae astudiaethau'n dangos mai cymhellion integreiddiol sydd gan y rhan fwyaf o ddysgwyr Cymraeg i Oedolion. Hynny yw, maent yn dysgu Cymraeg er mwyn cymhathu. Dangosodd ymchwil ymhlith dysgwyr lefelau uwch a hyfedredd (Gruffudd a Morris, 2012: 89-91) mai'r cymhellion pwysicaf oedd byw yng Nghymru, siarad â phobl yr ardal, a phlant. Mae hynny'n gyson â chanfyddiadau arolwg o ymadawyr cynnar o gyrsiau yng Nghanolbarth Cymru (Gweriniaith, 2013: 11), ymhlith dechreuwyr yn bennaf, a ddangosodd mai byw yng Nghymru, plant, gwaith a chymdeithasu oedd y cymhellion pennaf. Gan hynny, mae gofyn i diwtoriaid gefnogi dysgwyr a'u harfogi i ddefnyddio'r Gymraeg yn eu bywyd-pob-dydd, er mwyn eu galluogi i ddod yn fwy rhugl a hyderus. Dadleuwyd hefyd (Newcombe, 2007: 34) bod dysgwyr yn dal gafael ar eu cymhelliant, ac yn cynyddu eu cymhelliant, wrth iddynt gael profiadau o siarad Cymraeg mewn sefyllfaoedd go-iawn y tu allan i'r dosbarth. Mae cael blas da ar ddefnyddio'r Gymraeg yn ystyrlon yn codi archwaeth i ddysgu rhagor. Dylid cychwyn y broses hon gyda dysgwyr ar lefelau is.

Ond nid peth rhwydd yw cael profiadau adeiladol a chadarnhaol wrth fentro i ddefnyddio'r iaith y tu hwnt i'r dosbarth. Nid yw hi mor syml ag anfon dysgwyr allan gyda gorchymyn i ddod o hyd i siaradwyr Cymraeg a dechrau ymarfer. Mae'r bennod hon felly yn ystyried pa rwystrau y mae dysgwyr yn eu hwynebu wrth geisio defnyddio'r Gymraeg, a sut y gall y tiwtor gefnogi dysgwyr i oresgyn y rhwystrau hyn.

Rydym wedi gweld felly bod dysgu anffurfiol yn gwbl greiddiol i brofiad y dysgwyr am y rhesymau canlynol:

- Mae angen ymarfer yn helaeth er mwyn dod yn rhugl
- Gall dysgu anffurfiol gynorthwyo i wireddu dyheadau dysgwyr i gymhathu, ac fe all profiadau da borthi cymhelliant, a rhoi hwb i ddysgwyr ar bob lefel i ddal ati.

2. Beth yw dysgu anffurfiol?

Mae'r Strategaeth Genedlaethol ar gyfer Dysgu Anffurfiol 2009–12 yn diffinio dysgu anffurfiol fel hyn:

> gweithgaredd dysgu sy'n galluogi dysgwyr y Gymraeg i estyn ac ymarfer y defnydd o'r Gymraeg er mwyn ennill hyder, cynyddu rhuglder yn yr iaith, a chymathu dysgwyr â siaradwyr rhugl. Fel arfer bydd y gweithgaredd dysgu yn digwydd y tu allan i gwrs ffurfiol, ac ni fydd wedi ei achredu. Gweithgaredd grŵp neu un ac un ydyw fel arfer, ond gellir dysgu'n anffurfiol yn annibynnol, e.e. drwy ddarllen neu wrando ar y radio.

Yn ddiweddar, datblygodd mwy o ddealltwriaeth ym maes Cymraeg i Oedolion ynglŷn â dysgu nad yw'n ffurfiol, neu ddysgu lled-ffurfiol. Awgrymodd prosiect ymchwil o dan arweiniad Prifysgol Caerdydd (Mac Giolla Chríost et al., 2012: 184) y gellir diffinio dysgu lled-ffurfiol fel cyfleoedd dysgu a drefnir gan ddarparwyr y tu hwnt i'r cwricwlwm yn y dosbarth, gan gynnwys gweithgareddau cymdeithasol, clybiau darllen ac ati. Ar y llaw arall, awgrymir bod dysgu anffurfiol yn cyfeirio at weithgareddau dysgu a ddilynir yn fwy annibynnol gan ddysgwyr. Mewn gwirionedd, nid oes ffiniau clir rhwng dysgu ffurfiol, lled-ffurfiol ac anffurfiol. Y gamp i ddiwtoriaid a darparwyr – ac i ddysgwyr eu hunain – yw plethu'r elfennau hyn mewn gwead cyfoethog o brofiadau dysgu. Yr hyn sy'n greiddiol i'r cyfan yw creu cyfleoedd i ddefnyddio'r Gymraeg, a bydd y bennod hon yn rhoi sylw i ddulliau ymarferol o wneud hynny.

Datblygodd mwy o ddealltwriaeth ymhlith addysgwyr yn ddiweddar ynglŷn â phwysigrwydd dysgu annibynnol er mwyn sicrhau llwyddiant dysgwyr, a chydnabyddir bod gofyn i fyfyrwyr ddatblygu eu strategaethau dysgu eu hunain cyn belled ag y gallant, er mwyn dod yn ddysgwyr annibynnol. Mae hynny'n arbennig o gymwys ar gyfer dysgu iaith fel oedolyn (Harmer, 2001: 335). Gellir annog a meithrin dysgu annibynnol mewn nifer o ffyrdd. Gosod gwaith cartref yw'r dull mwyaf cyffredin, ac mae hwnnw'n ddull cydnabyddedig ym maes Cymraeg i Oedolion. Mae ymarfer defnyddio'r Gymraeg y tu allan i'r dosbarth hefyd yn ffordd ragorol i feithrin dysgu annibynnol. Wrth ddysgu iaith, gellir cyfuno'r ddwy elfen hon, drwy osod tasgau gwaith cartref i ddysgwyr, boed yn unigol neu mewn parau, i ddefnyddio'r Gymraeg yn gyfathrebol y tu allan i'r dosbarth. Bydd natur ieithyddol yr ardal yn llywio'r dasg i raddau helaeth, ond gellir cychwyn yr arfer hwn yn gynnar ar y daith ddysgu. Gall dechreuwyr gyfnewid cyfarchion, neu holi am wybodaeth syml gan siaradwyr rhugl (er enghraifft ar ffurf holiadur syml), neu gofnodi arwyddion Cymraeg neu ddwyieithog. Gellir graddoli i ddysgwyr ar lefelau uwch, drwy, er enghraifft, osod tasg i ddod o hyd i wybodaeth benodol gan siaradwr Cymraeg, neu ddefnyddio holiadur mwy cymhleth, neu recordio sgwrs â siaradwr brodorol.

Gwneir defnydd da ar rai cyrsiau o gynlluniau dysgu unigol, a adnabyddir yn aml fel 'Taith Iaith'. Canfu prosiect ymchwil (Campbell, 2009: 9) bod mwyafrif y dysgwyr ar y pryd yn gweld y cynlluniau dysgu unigol yn ddiwerth, a gwnaed sylwadau hallt, megis *'It's an administrative exercise to keep pen-pushers in jobs.*

They are not for the benefit of learners!' Roedd lleiafrif y dysgwyr yn gweld manteision, gan gynnwys y gallu i roi ffocws ar yr hyn yr oedd dysgwyr wedi ei gyflawni, a chael cyfle i adolygu ac edrych ymlaen. Cyffelyb oedd barn tiwtoriaid a holwyd. O ganlyniad i'r adroddiad hwn, aeth canolfannau a darparwyr Cymraeg i Oedolion ledled Cymru ati i drawsnewid y cynlluniau dysgu unigol, a derbyn argymhelliad Campbell (2009: 21) i'w defnyddio'n bennaf ar gyfer cofnodi bwriadau'r dysgwyr i ddefnyddio'r Gymraeg y tu allan i'r dosbarth, ac i gynnal adolygiadau misol o'r defnydd cymdeithasol o'r Gymraeg gan ddysgwyr. Mae 'Taith Iaith' yn annog dysgwyr i gofnodi 'waw ffactor' bob mis ar gyfer eu llwyddiannau, bach neu fawr, wrth ddefnyddio'r Gymraeg y tu allan i'r dosbarth. O ganlyniad i'r newidiadau hyn, caiff y cynlluniau eu hystyried gan ddysgwyr a thiwtoriaid at ei gilydd fel offerynnau mwy defnyddiol i feithrin dysgu annibynnol, ac i ddathlu cerrig milltir wrth ddefnyddio'r Gymraeg.

I grynhoi, hanfod dysgu anffurfiol yw creu cyfleoedd i ddefnyddio'r Gymraeg, drwy weithgareddau lled-ffurfiol, o dan arweiniad tiwtor, neu ddysgu anffurfiol, neu yn annibynnol. Cyfrifoldeb y dysgwyr yn bennaf yw canfod eu strategaethau eu hunain i ddysgu'n anffurfiol, ond mae lle i'r tiwtor gynllunio, cefnogi a meithrin arferion da, ynghyd â meithrin cyd-gefnogaeth gan y dysgwyr i'w gilydd.

3. Beth sy'n rhwystro dysgwyr rhag defnyddio'r Gymraeg, a sut mae goresgyn y rhwystrau hynny?

Mae'r cyd-destun ar gyfer dysgu Cymraeg yn debyg i sefyllfa ieithoedd eraill llai eu defnydd, megis Basgeg a Chatalaneg. Mae gan ddysgwyr a siaradwyr rhugl iaith arall sy'n gyffredin rhyngddynt. Mae'r mwyafrif llethol o siaradwyr Cymraeg hefyd yn siarad Saesneg yn rhugl, ac mae bron pob dysgwr Cymraeg hefyd yn rhugl yn Saesneg. Gall dysgwyr a siaradwyr rhugl sgwrsio'n gwbl ddiymdrech yn y *lingua franca,* ac mae gofyn am ewyllys ac ymdrech arbennig ar ran y dysgwyr a'r siaradwyr rhugl fel ei gilydd i sgwrsio yn yr iaith darged, sef y Gymraeg.

Yn aml iawn, agweddau, ymwybyddiaeth ac arferion siaradwyr Cymraeg rhugl sy'n peri rhwystr i'r dysgwyr. Mae Newcombe (2009: 70), awdur a ddysgodd Gymraeg fel ail iaith, yn dadansoddi'r berthynas rhwng siaradwyr Cymraeg rhugl a dysgwyr, ac mae hi'n tynnu sylw at y tueddiadau hyn:

- Mae siaradwyr Cymraeg rhugl yn tueddu i fod yn rhy barod i droi i'r Saesneg. Hyd yn oed pan fydd dysgwyr yn gwneud yr ymdrech i siarad Cymraeg, maent yn aml yn cael ymatebion yn Saesneg, a gall hynny ddigalonni dysgwyr. Gall fod nifer o gymhellion, ymwybodol neu anfwriadol, gan siaradwyr rhugl, ac un ohonynt yw'r awydd i fod yn gwrtais a chreu perthynas rwydd gyda phobl drwy sgwrsio naturiol a rhugl.

- Mae llawer yn dibynnu ar hyder siaradwyr rhugl yn eu sgiliau iaith eu hunain, fel a amlygir mewn datganiadau fel 'dyw fy Nghymraeg i ddim yn ddigon da', a 'dych chi'n dysgu Cymraeg go-iawn', neu 'dych chi'n siarad Cymraeg *posh*'.

- Nid yw'r Gymraeg yn bwysig yng ngolwg rhai siaradwyr Cymraeg rhugl, ac felly pam gwneud ymdrech arbennig i siarad Cymraeg gyda dysgwyr?

- Mae hi'n anodd newid iaith a sefydlwyd yn y berthynas rhwng pobl â'i gilydd. Os yw pobl wedi dod i adnabod ei gilydd yn Saesneg, bydd yn heriol i newid iaith y berthynas, ac yn enwedig felly po fwyaf agos y berthynas. Mae angen ewyllys gref a phendantrwydd i gyflawni hynny, ond mae pobl wedi llwyddo, hyd yn oed o fewn y teulu a phriodas. Jac Forster o Sir Benfro oedd enillydd Dysgwr y Flwyddyn Canolfan Cymraeg i Oedolion Canolbarth Cymru 2011, a thystia ei thiwtor Philippa Gibson ei bod 'wedi llwyddo i gael ei gŵr a'i phlant i siarad Cymraeg gyda hi'n gyson, ac mae wedi magu digon o hyder i fynnu bod Cymry Cymraeg eraill yn siarad Cymraeg gyda hi.' (Y Ddraig Werdd, 2012). Mae cynlluniau pontio (gweler isod) yn galluogi dysgwyr i ddod i adnabod siaradwyr Cymraeg drwy gyfrwng y Gymraeg o'r cychwyn. Mae'r arfer yn cael ei sefydlu o'r cychwyn.

- Gall plant fod yn ddidostur at eu rhieni! Mae plant sy'n derbyn addysg Gymraeg yn gweld digrifwch mawr yn ymdrechion cloff eu rhieini, ac maent yn barod iawn i gywiro, ac yn tueddu i fod yn amharod i siarad Cymraeg â'u rhieni. Mae cyrsiau Cymraeg o'r Crud i rieni gyda'u babanod, a chyrsiau Cymraeg i'r Teulu yn ceisio arfogi rhieni i ddefnyddio'r Gymraeg oddi mewn i'r teulu. Mae gwerth amlwg i weithgareddau dysgu anffurfiol i deuluoedd er mwyn hybu a meithrin y defnydd o'r Gymraeg oddi mewn i'r teulu.

- Mae ffactorau ymarferol hefyd yn peri rhwystrau. Gan fod cynnal sgwrs â dysgwyr yn gofyn am ymdrech ac amser i wrando ac ymateb, mae blinder a diffyg amynedd siaradwyr rhugl yn peri bod y sgwrs yn troi i'r Saesneg.

- Mae clust siaradwyr brodorol yn effro iawn i acenion, goslef ac ynganiad dysgwyr, a gall hyd yn oed mân wahaniaethau ddynodi mai ail iaith yw'r Gymraeg i'r dysgwyr. Rwy'n adnabod cyn-ddysgwyr cwbl rugl, a gymhwysodd ar y lefelau uchaf un, a ddaw o Loegr yn wreiddiol, ac y gellir eu hadnabod fel siaradwyr ail-iaith oherwydd eu hynganiad. Gall ymateb rhai siaradwyr Cymraeg i'r dysgwyr hyn fod yn boenus a nawddoglyd, er eu bod yn gwneud pob ymdrech i gymhathu. Gall hyn arwain weithiau at yr ymdeimlad nad ydynt cael eu derbyn yn llwyr fel pobl sy'n perthyn i'r gymuned Gymraeg. Mae gofyn i ddysgwyr fod yn wydn, a chanfod y siaradwyr a'r rhwydweithiau lle gallant gymysgu'n naturiol â siaradwyr Cymraeg eraill. Mae gofyn hefyd i diwtoriaid roi sylw i ynganiad cywir gan ddysgwyr o'r cychwyn.

- Ystyriwch sut y siaredir Cymraeg ar dafod leferydd yn naturiol. Caiff geiriau eu cywasgu a'u cyfuno, a chollir rhai sillafau yn gyfangwbl, e.e. *'mbo'* (dw i ddim gwybod), *'sneb'* (nid oes neb), *'dw i'di bod'* (dw i wedi bod)', *'mae nhad yn...'* (mae fy nhad yn...). Bydd dysgwyr yn ei chael yn anodd iawn i ddeall yr arferion hyn, ac ni fydd siaradwyr rhugl fel arfer yn addasu'r ffordd y maent yn siarad er mwyn ei gwneud yn haws i ddysgwyr eu dilyn. Er mwyn ymateb i hynny, cyhoeddwyd llyfryn *Rhannwch eich Cymraeg* er mwyn rhoi canllaw i siaradwyr rhugl ar y math o batrymau a fyddai'n gyfarwydd i ddysgwyr ar wahanol lefelau, ac awgrymu pethau y dylid eu gwneud a pheidio eu gwneud er mwyn cefnogi dysgwyr. Mae lle hefyd i'r tiwtor arfogi dysgwyr i ddeall a defnyddio'r patrymau llafar hyn mor gynnar ag sy'n bosib. Un ffordd o wneud hynny yw ymarfer deialogau sy'n efelychu patrymau mewn sgwrs naturiol. Dyma ddeialogau enghreifftiol yr wyf i wedi eu defnyddio gyda dosbarth Canolradd.

Gogledd
S'mae heddiw?
Iawn sti! Tithe?
Go lew sti.
Ei di i'r Steddfod?
Mbo. Sneb isho dod efo fi.
Ti'm yn deud, biti de!

De
Bore da!
Bachan! Shw'mae?
Dw 'di blino heddi, t'bod.
'Sdim rhyfedd! O't ti ar dy dra'd yn hwyr iawn neithiwr.
O! Sa'in bo! 'Sdim llawer o fynd yn'o i heddi.
Paid becso. Fe ddoi di.

• Roedd ymateb y dysgwyr i'r deialogau hyn yn amrywio. Roedd pob un yn eu gweld yn heriol iawn. Roedd un neu ddau yn amheus, gan fod y patrymau mor wahanol i'r patrymau llafar safonol yr oeddent wedi eu dysgu ar y cwrs. Roedd y mwyafrif yn ei ystyried yn brofiad gwerthfawr, a oedd yn eu harfogi i ddeall a defnyddio'r Gymraeg yn y byd go iawn y tu hwnt i'r dosbarth. Fel tiwtor, ystyriwch gyflwyno deialogau fel hyn sy'n adlewyrchu'r patrymau llafar a glywir amlaf yn lleol. Beth am ddod â recordiadau byrion iawn o iaith lafar go iawn i'r dosbarth, er mwyn cynnal ymarfer gwrando a deall? Gellir gosod tasg i ddysgwyr mwy profiadol i recordio pytiau byrion o sgwrs gyda siaradwyr rhugl, neu rhwng siaradwyr iaith gyntaf â'i gilydd. Drwy hynny, gellir dod â iaith lafar go iawn i'r dosbarth, a chynnal ymarferion gwrando a deall. Wrth ymgyfarwyddo â phatrymau llafar lleol, daw dysgwyr yn fwy hyderus i fentro defnyddio'r Gymraeg y tu allan i'r dosbarth. Rhaid cofio hefyd nad oes tafodiaith leol mor amlwg mewn rhai ardaloedd. Mae siaradwyr iaith gyntaf yn brinach yn y dwyrain a'r de-ddwyrain, a cheir nifer uchel o siaradwyr Cymraeg o bob rhan o Gymru yng Nghaerdydd. Bydd gofyn paratoi dysgwyr yn yr ardaloedd hyn i ymgyfarwyddo â gwahanol batrymau a thafodieithoedd.

• Mae siaradwyr brodorol yn aml yn defnyddio geiriau neu ymadroddion Saesneg yng nghanol brawddegau Cymraeg, e.e. '*Anyway*, es i *fourty miles* ar y *motorway* i Gaerdydd i'w weld e.' Mae hon yn ffenomen gyffredin iawn ymhlith siaradwyr dwyieithog yng Nghymru a gwledydd eraill, arferiad a adnabyddir fel cod-groesi (*code-switching*). Mae rhai, yn enwedig yn y genhedlaeth hŷn, wedi arfer defnyddio termau Saesneg ar gyfer pethau fel arian, rhifau, misoedd a mesuriadau. Bydd nifer yn defnyddio geiriau Saesneg i ddisgrifio datblygiadau mwy cyfoes, fel byd cyfrifiaduron. Ar y naill law, gall yr arfer hwn gynorthwyo dysgwyr i ddeall iaith lafar yn well, gan fod yr ymadroddion Saesneg yn rhoi mwy o gliwiau i drywydd y sgwrs. Ar y llaw arall, bydd rhai dysgwyr yn gweld hyn fel rhwystr, ac yn feirniadol o siaradwyr brodorol am beidio â 'siarad Cymraeg yn iawn'. Gall anoddefgarwch dysgwyr tuag at yr arfer hwn godi rhwystrau rhyngddynt â siaradwyr brodorol. Ystyriwch hefyd nad ydym yn dysgu pobl i siarad fel hyn. Rydym yn paratoi dysgwyr i siarad brawddegau cyfan heb air o Saesneg. Gall hynny yn ei dro greu cymhlethdod i rai siaradwyr brodorol sy'n ystyried bod y dysgwyr yn siarad *proper Welsh*. Dylai'r tiwtor gynorthwyo dysgwyr i ddeall bod cod-groesi yn arferiad cwbl naturiol ymhlith siaradwyr brodorol dwyieithog, a meithrin goddefgarwch gan ddysgwyr. Ni fydd siaradwyr brodorol yn addasu. Rhaid i ddysgwyr arfer gwneud hynny.

• Gall pryder a diffyg hyder beri rhwystr mawr i ddysgwyr roi cynnig ar ddefnyddio'r Gymraeg y tu hwnt i ddiogelwch y dosbarth. Meddai Newcombe (2007: 137) *'Of recent years many scholars have stressed the place of anxiety as a hindrance in language learners' progress, and some would argue that anxiety plays an even bigger role when learners practise and use their second language in the community than in a class.'* Mae Gruffudd a Morris (2012: 37–8) yn cefnogi'r casgliad hwn, ac maent yn argymell y dylid 'ystyried strategaethau priodol i fagu hyder ymysg dysgwyr gan ystyried o bosibl pendantrwydd ieithyddol'. Mae Newcombe (2007: 146) hefyd yn dod i'r casgliad bod cadw dyddiadur dysgu yn ddull i ddysgwyr adnabod sefyllfaoedd sy'n achosi pryder, a datblygu strategaethau i oresgyn y pryderon hynny.

Rydym wedi sylwi ar nifer o ffactorau a all rwystro dysgwyr rhag defnyddio'r Gymraeg yn llwyddiannus y tu allan i'r dosbarth. Wrth ddeall y rhwystrau hyn, gallwn weithio gyda dysgwyr i'w cynorthwyo i oresgyn y rhwystrau. Gall y tiwtor gefnogi, arfogi a dal llaw y dysgwyr i ryw raddau, ond bydd angen i ddysgwyr ganfod eu ffyrdd eu hunain o ymdopi. Gellir dysgu pobl sut i nofio, ond rhaid iddynt fod yn barod i fentro i mewn i'r dŵr eu hunain. Mae Newcombe (2007: 57) yn dadlau mai ewyllys a pharodrwydd i gyfathrebu sy'n nodweddu dysgwyr llwyddiannus. Dadleuir bod *willingness to communicate* (WTC) yn tyfu fel term cyffredin ymhlith y rhai sydd â diddordeb yn y ffordd y daw oedolion yn siaradwyr rhugl. Mae Newcombe yn dyfynnu'r athletwraig bara-olympaidd Tanni Grey-Thompson, sy'n dadlau bod cymhelliant cryf yn allweddol ar gyfer llwyddo ym mhob maes: '*But at the highest level in any walk of life, natural talent is not enough... You need the ability to push yourself as hard as you can, and need to be able to pick yourself up from disasters.*' Fel tiwtor, ystyriwch sut y gallwch feithrin gwaith tîm a chyd-gefnogaeth yn y dosbarth i alluogi dysgwyr i godi ar eu traed eto ar ôl y profiadau trychinebus. Wrth adolygu cynnydd ar y cynlluniau dysgu unigol, a oes modd i'r dysgwyr gynorthwyo ei gilydd i ganfod strategaethau ymdopi?

Fel arfer bydd y cymhelliant cychwynnol yn tarddu o'r dysgwyr eu hunain. Gall y tiwtor hefyd ysgogi cymhelliant drwy gefnogi'r dysgwyr i ymdopi'n llwyddiannus â sefyllfaoedd go-iawn mewn cyd-destunau cymdeithasol. Gall tiwtor hefyd ysbrydoli, a newid ffordd pobl o weld pethau.

Dyma'r prif strategaethau a ystyriwyd yn yr adran hon:

- Dylid cynorthwyo dysgwyr i ymarfer sefyllfaoedd cymdeithasol go-iawn yn gynnar iawn ar y daith ddysgu, a defnyddio testunau llafar naturiol fel adnodd dysgu;

- Gall gweithgareddau anffurfiol ar gyfer y teulu cyfan feithrin yr arfer o ddefnyddio'r Gymraeg oddi mewn i'r teulu;

- Dylid cynorthwyo dysgwyr i ddeall agweddau, cymhellion ac arferion siaradwyr Cymraeg, a meithrin goddefgarwch tuag at arferion siaradwyr brodorol;

- Mae angen meithrin hyder dysgwyr i fentro arni ac annog dysgwyr i gefnogi ei gilydd a chydweithio i ganfod strategaethau ymdopi. Mae cadw dyddiadur yn un dull cydnabyddedig i gynorthwyo dysgwyr i adnabod ffyrdd i oresgyn y rhwystrau sydd yn eu herbyn.

4. Sut mae cynllunio gweithgareddau i ddysgwyr i ddefnyddio'r Gymraeg?

Symbylwyd 'cynlluniau pontio' yn y lle cyntaf gan fudiad CYD yn Aberystwyth yn 1999, ac erbyn hyn mae'r gweithgaredd wedi cydio mewn rhannau eraill o Gymru. Pwrpas y cynllun pontio yw 'cynnig cyfle i ddysgwyr ryngweithio â siaradwyr Cymraeg o fewn yr ystafell ddosbarth, er mwyn iddynt gael y profiad o siarad yr iaith mewn ffordd/sefyllfa weddol naturiol.' (Gruffudd, Meek a Miller, 2006: 28). Mae cynnal y gweithgaredd hwn yn ystod y wers yn ffordd o sicrhau bod pob un o'r dysgwyr yn cael cyfle i gymryd rhan, gan fod prinder amser yn aml yn rhwystro dysgwyr rhag mynychu gweithgareddau allgyrsiol. Fel arfer, bydd siaradwyr Cymraeg rhugl yn dod i mewn fel gwirfoddolwyr yn ystod hanner awr olaf y wers er mwyn sgwrsio gyda dysgwyr mewn grwpiau bach. Mae cynnal gweithgaredd sgwrsio rhydd yn llawer haws gyda dysgwyr Canolradd ac Uwch, ond mae cynlluniau pontio hefyd yn cael eu cynnal ar gyfer dysgwyr lefel Mynediad a Sylfaen.

Dylai'r tiwtor gynllunio'n ofalus sut i wneud y gorau o'r cyfle i ddysgwyr siarad â siaradwyr rhugl. Mewn dosbarthiadau i ddysgwyr ar lefelau is, bydd angen gweithgareddau strwythuredig er mwyn galluogi'r dysgwyr i ymarfer y patrymau a'r eirfa y maent wedi eu dysgu yn barod, boed yn y wers honno neu yn y gwersi blaenorol. Fe all fod angen paratoi'r gwirfoddolwyr yn fwy gofalus hefyd i sgwrsio â dysgwyr ar lefelau is, er mwyn iddynt ddeall pa batrymau y mae'r dysgwyr yn gyfarwydd â hwy, ac er mwyn iddynt fod yn barod i siarad yn arafach os bydd angen. Mae'r llyfryn pwrpasol *Rhannwch eich Cymraeg* (Canolfan Cymraeg i Oedolion Caerdydd a'r Fro) yn rhoi canllawiau ac arweiniad clir i siaradwyr ar gyfer sefyllfaoedd fel hyn. Dylid rhannu'r dosbarth yn grwpiau bach, gydag o leiaf un gwirfoddolwr ym mhob grŵp. Fel tiwtor, fe allech chi osod cwestiynau trafod i bob grŵp er mwyn i'r dysgwyr holi neu ateb cwestiynau. Gall y rhain fod yn gwestiynau elfennol iawn i ddysgwyr ar lefel is, er enghraifft holi ynghylch y teulu, diddordebau a digwyddiadau pob dydd. Mae modd cynnal gweithgaredd llawer mwy estynedig ar gyfer dysgwyr ar lefelau uwch, megis cwestiynau i fynegi barn ar faterion cyfoes, neu drafod erthygl mewn cylchgrawn neu bapur newydd. Gellir defnyddio gemau neu weithgareddau pwrpasol a geir yn nghanllawiau'r tiwtor sydd yn cyd-fynd â'r cwrslyfr yn y sesiynau pontio, a hynny gyda dysgwyr ar bob lefel.

Mae nifer o fanteision i gynlluniau pontio fel hyn. Mae dysgwyr yn clywed lleisiau Cymraeg gwahanol i'r tiwtor, ac maent yn cael cyfle i ddod yn gyfarwydd ag acenion lleol; mae cyfle i ddysgwyr sgwrsio â siaradwyr mewn lle 'diogel' sydd wedi ei reoleiddio gan y tiwtor, ac felly'n goresgyn nifer o'r rhwystrau a welwyd yn adran 3 uchod; mae dysgwyr yn ymarfer ac adolygu patrymau y maent wedi eu dysgu yn barod, gan wneud hynny mewn sefyllfa gyfathrebol sy'n cyfateb yn agos i sefyllfa y tu allan i'r dosbarth; caiff dysgwyr ymdeimlad o foddhad mawr a hwb mawr i'w hyder os ydynt wedi llwyddo i gynnal sgwrs, wedi cael eu deall, ac wedi deall y siaradwyr rhugl – a gall y profiad hwn roi ysgogiad mawr iawn i ddysgwyr lefel is (Gruffudd, Meek a Miller, 2006: 30); caiff dysgwyr gyfle i ddod i adnabod siaradwyr rhugl drwy gyfrwng y Gymraeg, a gall hynny arwain at gyswllt pellach gyda'r siaradwyr rhugl y tu allan i'r dosbarth, a hwythau wedi sefydlu'r arfer o siarad Cymraeg â'i gilydd o'r dechrau. Caiff y gwirfoddolwyr foddhad hefyd, ac os oes digon o wirfoddolwyr ar y rota, nid yw'r gwaith yn feichus, oherwydd ni fydd disgwyl i unrhyw unigolyn gyfrannu gormod o'i amser mewn tymor neu flwyddyn.

Mae nifer o heriau hefyd yn perthyn i'r cynlluniau pontio. Mae trefnu rota o wirfoddolwyr yn llafur-ddwys. Gweithiodd hynny'n dda iawn ar gynllun pontio Aberystwyth gan fod cronfa dda o siaradwyr Cymraeg rhugl ar gael yn lleol, a chan fod gwirfoddolwr yn trefnu'r rota. O ganlyniad, roedd modd i wirfoddolwyr fynychu'r dosbarth bob wythnos, ac ni olygai fwy nag unwaith neu ddwy y tymor i bob gwirfoddolwr. Mewn ardaloedd eraill, y tiwtor sy'n gwneud y trefnu ac mae siaradwyr Cymraeg yn brinnach. Gall hyn effeithio ar ba mor aml y mae modd cynnal yr ymweliadau. Gall canfyddiadau dysgwyr amrywio hefyd. Nododd rhai dysgwyr 'ei bod weithiau'n anodd deall pobl yn siarad os oeddynt yn siarad yn rhy gyflym... Pan nad oedd digon o wirfoddolwyr ar gael i rannu'r dysgwyr yn grwpiau, a'r gweithgaredd yn un dosbarth cyfan, dywedwyd bod tuedd i rai dysgwyr holi mwy o'r cwestiynau ac i eraill aros yn dawel. Mewn ambell i ardal lle roedd dysgwyr yn dod o ardal eang, nid oedd cyfle i ddysgwyr weld gwirfoddolwyr y cynllun yn y gymuned. Gan fod pobl newydd yn dod i'r dosbarth o hyd, roedd hi'n anodd meithrin perthynas ac roedd tuedd i ail-ddweud yr un pethau wrth gwrdd â gwahanol bobl' (Gruffudd, Meek a Miller, 2006: 30). Nododd un tiwtor hefyd fod rhai gwirfoddolwyr eisiau bod yn diwtoriaid eu hunain a'i bod yn gorfod torri ar draws pan fyddai hynny'n digwydd. Mae gofyn i'r dysgwyr hefyd ddeall nad yw'r gwirfoddolwyr yn dod i'r dosbarth i drafod gramadeg yn Saesneg.

Mae canolfannau Cymraeg i Oedolion wedi arbrofi gyda ffyrdd eraill o ddod â siaradwyr Cymraeg a dysgwyr at ei gilydd mewn sefyllfaoedd rheoledig, neu led-ffurfiol. Arbrofodd Canolfan Caerdydd a'r Fro â model 'sesiwn siarad ar wib' mewn Sadwrn Siarad cyn yr Eisteddfod Genedlaethol yn 2009. Yn dilyn y sesiynau ffurfiol yn y bore, daeth naw o siaradwyr rhugl i mewn yn y prynhawn, a rhannwyd y dysgwyr yn grwpiau yn ôl eu lefelau, gan osod tasg 15 munud i bob grŵp ar thema'r Eisteddfod. Roedd gofyn i'r siaradwyr rhugl symud i'r grŵp nesaf bob chwarter awr. Ar gyfer y grwpiau lefel is, trefnwyd bod y siaradwr rhugl yn chwarae rhan Mr neu Mrs X tra bo'r dysgwyr yn holi cwestiynau elfennol, megis 'o ble dych chi'n dod yn wreiddiol?' a 'beth yw eich hoff beth am yr Eisteddfod?' Paratowyd cardiau fflach ar gyfer y dysgwyr Canolradd i sbarduno sgwrs ac ymestyn geirfa ynghylch yr Eisteddfod, megis y pafiliwn, gorsedd y beirdd a'r stondinau. Paratowyd cwestiynau ymestynnol i'r dysgwyr lefel uwch, megis 'ydych chi'n meddwl y dylai cwrw gael ei werthu ar y maes?' ac 'a ddylai'r Eisteddfod fod yn y De a'r Gogledd am yn ail, ynteu a ddylai hi fod yn yr un lle bob blwyddyn?'

Gweithiodd y sesiwn siarad ar wib orau pan nad oedd mwy na phedwar dysgwr i bob siaradwr rhugl (Campbell, 2012: 12), a barnwyd bod maint y grwpiau Mynediad a'r gymhareb isel o siaradwyr rhugl i ddysgwyr yn ei gwneud yn anodd i reoli deinameg y grŵp. Dywedodd y dysgwyr eu bod wedi elwa o glywed gwahanol acenion, ac roedd y dysgwyr lefel uwch yn awchu i ymestyn y sgwrsio. Dyma enghraifft dda hefyd o weithgaredd sy'n cyflwyno dysgwyr i fywyd a diwylliant Cymru.

Un o'r gweithgareddau allgyrsiol mwyaf poblogaidd ar Gwrs Haf Awst Aberystwyth bob blwyddyn yw'r sesiwn pontio a gynhelir fin nos. Mae hon yn sesiwn awr o hyd, a chedwir yn llym at yr amser er mwyn torri'r sesiwn yn ei blas. Bydd gwirfoddolwyr a thiwtoriaid yn cynnal sgwrs pum neu ddeg munud gyda dysgwr neu bâr o ddysgwyr gan symud ar alwad yr arweinydd at y dysgwr nesaf. Fel arfer, ni roddir unrhyw adnoddau i ysgogi sgwrs, ac eto mae'r ystafell yn fwrlwm o sgwrsio. Mae dysgwyr ar y lefelau is yn cymryd rhan ac yn cael cymaint o fudd ohono â siaradwyr rhugl. Cyn pen yr awr, bydd pob dysgwr wedi cael sgwrs fer â phob siaradwr rhugl yn yr ystafell.

Estynwyd yr arfer hwn, ar Gwrs Haf Awst 2014, i sesiynau pontio bob prynhawn Mercher, fel gweithgaredd a oedd yn greiddiol i'r cwrs. Daethai siaradwyr rhugl i'r dosbarthiadau lefel is a chanolradd i sgwrsio gyda'r dysgwyr, a chai'r sgyrsiau eu llywio gan y tiwtoriaid drwy ddilyn cwestiynau neu gwisiau a oedd yn seiliedig ar y gwaith cwrs ffurfiol. Roedd ymateb y rhan fwyaf o ddysgwyr i'r sesiynau hyn yn frwd. 'The Wednesday afternoon session of chatting with local Welsh people was extremely useful and enjoyable', meddai Alison McCann.

Cynhaliwyd gweithgareddau mwy ymestynnol i'r dysgwyr ar y lefelau uwch, er enghraifft gwrando ar sgwrs fer ar bynciau amrywiol gan staff y Brifysgol ac ysgrifennu adolygiad o'r sgwrs. Rhoddodd hynny gyfle i'r dysgwyr profiadol i glywed lleisiau Cymraeg gwahanol, a thrin a thrafod amrywiol themâu drwy gyfrwng y Gymraeg.

Adnabu Gruffudd a Morris (2012: 102) y duedd gan ddysgwyr lefel uwch i gymdeithasu gyda'i gilydd yn niogelwch cyd-ddysgwyr, yn hytrach na mentro i gymysgu gyda siaradwyr Cymraeg brodorol, ac fe all y rhwystrau a ddisgrifir yn adran 3 uchod egluro pam y byddai dysgwyr yn petruso rhag defnyddio'r Gymraeg yn amlach gyda siaradwyr iaith gyntaf. Mae ymchwil Gruffudd a Morris (2012: 19) hefyd yn dangos bod prinder cyfle i ddefnyddio'r Gymraeg, yn enwedig mewn ardaloedd lle mae canran isel o siaradwyr, ac maent yn galw am sefydlu rhagor o ganolfannau dysgu a chymdeithasu, gan dynnu sylw at ganolfan Tŷ Tawe yn Abertawe fel model llwyddiannus lle y gall dysgwyr ganfod cymuned ystyrlon o siaradwyr Cymraeg.

Mae'r canolfannau Cymraeg i Oedolion wedi rhoi cynnig ar wahanol ddulliau i ysgogi a chefnogi dysgwyr i gymryd rhan mewn gweithgareddau gyda siaradwyr Cymraeg.

- Bu tiwtoriaid yn hebrwng dysgwyr i weithgareddau Cymraeg, e.e. cyfarfodydd Merched y Wawr, nosweithiau adloniant, neu ddramâu, ac yn aml maent yn paratoi dysgwyr ar gyfer y gweithgareddau hynny. Mae cwmnïau theatr yn barod i gynnal gweithdai i ddysgwyr, neu baratoi nodiadau cefndir, er mwyn galluogi dysgwyr i wneud y mwyaf o'r profiad.

• Bu cynllun CEG (Cymraeg efo'n Gilydd) ar waith yng ngogledd a chanolbarth Cymru, lle rhoddwyd grant bychan i fudiadau Cymraeg, Merched y Wawr yn bennaf, i gynnal nosweithiau arbennig i groesawu dysgwyr Canolradd ac Uwch, gyda'r nod o gymhathu'r dysgwyr hynny yng ngweithgareddau rheolaidd y gymdeithas.

• Yn y de-orllewin ac yng Nghaerdydd, cynhaliwyd ffeiriau cymdeithasol er mwyn i ddysgwyr wneud cysylltiadau â mudiadau a chymdeithasau sy'n defnyddio'r Gymraeg.

• Mae cynllun profiad gwaith yn y Canolbarth yn cefnogi dysgwyr Canolradd ac Uwch drwy drefnu iddynt wirfoddoli mewn gweithle Cymraeg am wythnos, er enghraifft siopau llyfrau Cymraeg a llyfrgelloedd. Manteisiodd un dysgwr ar y cyfle i wirfoddoli mewn llyfrgell leol fel prosiect ymarferol ar gyfer yr arholiad uwch. 'Mwynheais y profiad yn fawr iawn', meddai 'gan fy mod wedi cael cyfle i ddefnyddio'r Gymraeg yn gyson drwy'r diwrnod, a dwi'n meddwl fy mod i wedi dod yn fwy hyderus wrth siarad gyda phobl, ar y ffôn a wyneb yn wyneb.'

Bu'r Canolfannau Cymraeg i Oedolion hefyd yn cynnal gweithgareddau a phrosiectau penodol i ddysgwyr ddefnyddio'r Gymraeg.

• Trefnwyd teithiau i lefydd o ddiddordeb Cymreig arbennig, e.e. Sain Ffagan a Llyfrgell Genedlaethol Cymru. Er mwyn gwneud y mwyaf o'r teithiau hyn i roi profiad cymdeithasol a diwylliannol da i ddysgwyr, bu tiwtoriaid yn paratoi dysgwyr ymlaen llaw, drwy waith cefndir yn y dosbarth, yn ogystal â thrin a thrafod y profiad yn y dosbarth yn dilyn yr ymweliad.

- Cynhaliwyd eisteddfodau poblogaidd iawn i ddysgwyr er mwyn rhoi'r profiad iddynt o weithgaredd diwylliannol sy'n unigryw Gymreig, rhoi cyfle i ymarfer y Gymraeg – mae dysgu caneuon yn hwyl ac yn ffordd ragorol i ddysgu geirfa a gwella ynganiad – a'u hysgogi drwy hynny i gymryd rhan yn yr Eisteddfod Genedlaethol neu mewn eisteddfodau lleol.

- Gwnaed ymdrech i gynnal gweithgareddau rheolaidd i ddysgwyr er mwyn sefydlu'r patrwm a'r arfer i ddefnyddio'r Gymraeg yn gyson y tu allan i'r dosbarth. Sesiynau sgwrsio neu foreau coffi neu 'baned a sgwrs' yw'r mwyaf poblogaidd, gyda siaradwyr brodorol yn cymryd rhan yn aml. Aed ati hefyd i gynnal corau i ddysgwyr. Mae o leiaf hanner aelodau Côr CYD Aberystwyth yn siaradwyr brodorol neu yn gynddysgwyr, ac maent yn canu ar hyd y flwyddyn mewn gwasanaethau plygain a nosweithiau adloniant. Bu twf hefyd ym mhoblogrwydd clybiau darllen i ddysgwyr, a bu Canolfan y Canolbarth yn ysgogi dysgwyr i gymryd rhan yn Her Darllen Chwech. Cwblhaodd dros 150 o ddysgwyr y canolbarth yr her i ddarllen chwech llyfr neu gylchgrawn yn 2013.

Bellach mae technoleg yn cynnig llu o gyfleoedd i ddysgwyr gael profiad o'r defnydd o Gymraeg anffurfiol. Bu radio a theledu yn gyfryngau cydnabyddedig i ddysgwyr wrando a gwylio, ac mae'r we yn ehangu'r profiadau hynny yn ddi-ben-draw. Mae gan Radio Cymru bodlediad wythnosol i ddysgwyr lefel Uwch. Datblygwyd apiau i gynorthwyo dysgwyr i ddysgu Cymraeg ac i ganfod gwybodaeth am weithgareddau lleol. Crëwyd adnoddau arbennig i wrando a gwylio, ac mae podlediadau neu gyfleustra gwylio neu wrando eto yn rhoi cyfle i ddysgwyr ail-wylio neu ailwrando er mwyn cadarnhau ac adolygu. Yn 2013 sefydlwyd cynllun *Ffrindiaith* ar y we (www.ffrindiaith.org), sy'n galluogi dysgwyr a siaradwyr Cymraeg i wneud cysylltiad â'i gilydd dros y we, a threfnu i sgwrsio â'i gilydd yn rheolaidd, boed wyneb yn wyneb neu ar y we. Gwneir defnydd helaeth hefyd o'r rhwydweithiau cymdeithasol i rannu gwybodaeth â dysgwyr am y cyfleoedd i ddefnyddio'r Gymraeg, ac i greu rhwydweithiau neu gymunedau ymhlith dysgwyr a siaradwyr rhugl.

Yn yr adran hon, rydym wedi sylwi ar y materion canlynol wrth ystyried sut i gynllunio i gefnogi dysgwyr i ddefnyddio'r Gymraeg:

- Mae cynlluniau pontio a 'sesiynau siarad ar wib' a drefnir yn effeithiol yn rhoi cyfle i ddysgwyr ar bob lefel i feithrin yr arfer o ddefnyddio'r Gymraeg â siaradwyr rhugl, a dod i adnabod siaradwyr rhugl;

- Dylid ysgogi a chefnogi dysgwyr i ddefnyddio'r Gymraeg y tu hwnt i ddiogelwch y dosbarth, a chyflwyno dysgwyr i ganolfannau a chymdeithasau lle defnyddir y Gymraeg yn naturiol;

- Mae tiwtoriaid a darparwyr yn darparu amrywiaeth eang o gyfleoedd i ddysgwyr i ddefnyddio'r Gymraeg, a chael profiadau i ddysgu am fywyd a diwylliant Cymru, gyda phwyslais cynyddol ar weithgareddau rheolaidd ar y cyd â siaradwyr rhugl;

- Mae technoleg yn esgor ar gyfleoedd di-ben-draw i ddysgwyr ddefnyddio'r Gymraeg a sefydlu grwpiau neu gymunedau rhithiol.

5. Casgliadau

Mae maes Cymraeg i Oedolion ar drothwy cyfnod o newid sylweddol, ac mae sawl her i'w goresgyn. Sut y mae denu, a chadw, rhagor o ddysgwyr? Sut y mae sicrhau bod rhagor o ddysgwyr yn dod yn rhugl yn y Gymraeg? Sut y mae cryfhau'r berthynas rhwng dysgwyr a siaradwyr Cymraeg rhugl, a galluogi dysgwyr i ddefnyddio'r Gymraeg yn eu bywyd pob dydd? Mae pob argoel y bydd y cwricwlwm yn cael ei gynllunio i ateb yr heriau hyn, a dw i'n mentro awgrymu bod dysgu anffurfiol yn allweddol i ateb yr heriau hyn i gyd. Os byddwn yn cynnig llwybr clir a chyfleoedd da i ddysgwyr i ddefnyddio'r Gymraeg yn anffurfiol, gallwn gynyddu'r oriau cyswllt hollbwysig sy'n gallu arwain ar rugledd. Gallwn ysgogi cymhelliant dysgwyr i ddal ati gan y byddant yn gweld y Gymraeg yn berthnasol a defnyddiol. A gallwn arfogi a magu hyder dysgwyr i ddefnyddio'r Gymraeg y tu hwnt i ddiogelwch yr ystafell ddosbarth. Mae cyfraniad y tiwtor yn allweddol i wireddu'r amcanion hyn.

Llyfryddiaeth

C. Campbell, *Adroddiad ar Ddatblygu Cynlluniau Dysgu Unigol Effeithiol a Phwrpasol i Faes Cymraeg i Oedolion* (Ymgynghoriaeth Sbectrwm: 2009).

C. Campbell, *Datblygu Mentora a Gweithgareddau Dysgu Anffurfiol: Adroddiad Gwerthuso* (Ymgynghoriaeth Sbectrwm: 2012).

H. Gruffudd, E. Meek ac A. Miller, *Gwerthusiad o Cyd i Fwrdd yr Iaith Gymraeg* (Abertawe: Cyngor Iaith Llais y Lli, 2006).

H. Gruffudd ac S. Morris, *Canolfannau Cymraeg a Rhwydweithiau Cymdeithasol Oedolion sy'n Dysgu'r Gymraeg:Ymdrechion i Wrthdroi Shifft Ieithyddol mewn Cymunedau cymharol ddi-Gymraeg* (Canolfan Cymraeg i Oedolion De-orllewin Cymru / Academi Hywel Teifi: Prifysgol Abertawe, 2012).

Gweriniaith, *Adroddiad Arolwg Ymadawyr Cynnar* (Canolfan Cymraeg i Oedolion Canolbarth Cymru, Prifysgol Aberystwyth: 2013).

J. Harmer, *The Practice of English Language Teaching*, 3rd. edn (Longman, 2001).

D. Mac Giolla Chríost, gyda P. Carlin, S. Davies, T. Fitzpatrick, A. P. Jones, J. Marshall, S. Morris, A. Price, R. Vanderplank, C. Walter, ac A. Wray,
    Adnoddau, dulliau ac ymagweddau dysgu ac addysgu ym maes Cymraeg i Oedolion: astudiaeth ymchwil gynhwysfawr ac adolygiad beirniadol o'r ffordd ymlaen (Prifysgol Caerdydd: Llywodraeth Cymru, 2012) http://www.caerdydd.ac.uk/cymraeg/subsites/welshforadultsresearch/ reports/130416-research-study-cy.pdf [Cyrchwyd 3 Awst 2015].

L. P. Newcombe, *Social Context and Fluency in L2 Learners: The Case of Wales* (Clevedon: Multilingual Matters, 2007)

L. P. Newcombe, *Think Without Limits: You Can Speak Welsh* (Llanrwst: Gwasg Carreg Gwalch, 2009).

E-ddysgu a rôl yr e-diwtor
Christine Jones

Hyd yma, nid yw e-ddysgu wedi chwarae rhan allweddol ym mhrofiad y rhan fwyaf o'r rheiny sy'n dysgu'r Gymraeg fel oedolion. A dweud hynny, ceir cyrsiau cyfunol neu gyrsiau *fflip / combi* wrth gwrs mewn rhai ardaloedd, gyda'r dysgwyr yn dysgu'r prif batrymau y tu allan i'r dosbarth ac yna'n eu hymarfer o fewn dosbarth traddodiadol yng nghwmni eraill. Cynigia rhai prifysgolion gyrsiau ar-lein neu ddysgu o bell ac mae cwmnïoedd preifat hefyd wedi manteisio ar y cyfleoedd sydd ar gael i ddenu marchnadoedd newydd i'r iaith drwy amrywiaeth o ddulliau electronig.

Mae datblygiadau o'r fath wedi profi'n boblogaidd ac yn llwyddiannus ac yn aml maent yn denu unigolion sy'n awyddus iawn i ddysgu'r iaith yn gyflym. Mae adnoddau ychwanegol ar-lein, megis y rheiny ar y Bont neu Hwb, wedi bod yn fodd effeithiol o gryfhau hyder a rhuglder eraill. Da felly yw gweld yr adroddiad diweddar ar Gymraeg i Oedolion, *Codi Golygon* (2013: 69), yn pwysleisio'r angen i'r Ganolfan Dysgu Iaith Genedlaethol newydd ddatblygu strategaeth e-ddysgu a fydd yn 'rhan allweddol o brofiad y dysgwr ar bob lefel ac yn ganolog i'r holl faes'. Fel rhan o'r argymhelliad hwn, rhoddir pwyslais ar agweddau pedagogaidd e-ddysgu yn ogystal ag anghenion technegol dysgwyr a thiwtoriaid fel ei gilydd ac mae hyn i'w groesawu. Mae rôl yr e-diwtor a rôl y tiwtor iaith mewn dosbarth wyneb yn wyneb yn bur wahanol i'w gilydd; fel y nodir gan Hampel a Stickler, 'Online teachers need different skills than those normally employed by tutors trained to teach languages in a face-to-face classroom and they also require different skills to online teachers of other subjects' (2006: 1). Mae eraill megis White et al. yn gwneud sylw tebyg: 'Tutors who work within distance education differ markedly from their classroom counterparts in terms of the roles they assume, the ways in which they interact with students, and the attributes and expertise required of them' (2005: 83).

Diben yr erthygl hon felly yw dechrau ystyried rôl yr e-diwtor, er mwyn sicrhau bod gan diwtoriaid y dyfodol y sgiliau angenrheidiol ar gyfer addysgu ar gyrsiau sydd naill ai'n gyfan gwbl ar-lein neu sy'n gyfuniad o'r ddau gyfrwng.

O safbwynt pedagogaidd, un o'r prif wahaniaethau rhwng addysgu dosbarth iaith traddodiadol ac addysgu ar-lein yw bod y ffocws ar-lein ar yr unigolyn ac nid y grŵp yn yr achos cyntaf, er ei bod hi'n bwysig cynnal rhai agweddau o'r addysgu gyda'r grŵp cyfan os yn ymarferol bosib, megis sesiwn ddrilio ar *Skype*. Yn gyffredinol, wrth diwtora grŵp traddodiadol, esbonnir agweddau penodol o'r cwrs i bawb gyda'i gilydd, ond ar-lein disgwylir i'r e-diwtor addasu ei ddull o diwtora lawer mwy yn unol ag anghenion y myfyriwr unigol, gan fod pawb yn dysgu mewn ffordd wahanol. Er enghraifft, wrth esbonio rhyw batrwm gramadegol gellir darparu cyngor ar wahanol lefelau'n fwy i unigolion ar-lein nag mewn dosbarth traddodiadol. Gellir darparu tasgau iaith ychwanegol ar fyr rybudd os bydd eisiau, gan fod modd newid neu ychwanegu deunyddiau yn gyflym iawn. O safbwynt y dysgwr unigol, caiff y sylw sydd ei angen arno heb iddo deimlo ei fod yn gwastraffu amser y dosbarth. Wrth i'r ffocws fod yn fwy ar ddeall anghenion dysgwyr unigol ac ar ddeall lle maen nhw arni o safbwynt eu dysgu, mae rôl y tiwtor ar-lein yn fwy allweddol i lwyddiant y dysgwr unigol ac yn fwy dwys o ganlyniad.

Er bod y ffocws yn fwy ar anghenion dysgwyr unigol, mae'n hollbwysig hefyd fod yr e-diwtor yn llwyddo i greu cymuned o ddysgwyr yn union yr un ffordd y mae'r tiwtor yn ceisio ei wneud mewn dosbarth traddodiadol. Mae creu cymuned ar-lein o grŵp o ddysgwyr amrywiol, sy'n byw o bosib dros y byd i gyd ac sydd efallai ar-lein ar adegau gwahanol, yn medru bod yn anodd. Wrth reswm, rhaid parchu diwylliannau a chredoau'r myfyrwyr a'u trin yn gyfartal – rhywbeth sy'n swnio'n amlwg, ond sy'n medru bod yn fwy anodd ar-lein. Rhaid i'r tiwtor eu harwain ar hyd eu taith iaith gyda'i gilydd a datblygu ffyrdd newydd o annog cyfranogiad gan y gymuned gyfan. Ar yr un pryd dylai geisio eu cynorthwyo i ddod i adnabod ei gilydd – a dod yn ffrindiau, gobeithio. Mae hyn yn bwysig o ran cynnal y myfyrwyr drwy gydol eu hastudiaethau ac er mwyn datblygu cyfleoedd iddynt ymarfer eu sgiliau llafar ac ysgrifenedig ar y cyd heb deimlo'n nerfus ym mhresenoldeb eraill. Rhaid i'r dysgwr unigol ymddiried yn y tiwtor ac yn ei gyd-ddysgwyr er mwyn ymarfer yr iaith. Mae natur y cyfrwng a'r ffaith nad yw iaith y corff, sy'n rhan naturiol a phwysig o ddosbarthiadau wyneb yn wyneb, yn bod yn achos nifer helaeth o'r gweithgareddau ar-lein, yn ffactorau ychwanegol i'r tiwtor i'w hystyried yma. I raddau, ar adegau, mae pwy sydd mewn 'awdurdod' yn medru bod yn llai eglur ar-lein ac mae'r berthynas rhwng y dysgwr unigol a'r rheiny sydd yn ei gefnogi yn fwy agored a chyfnewidiol. Weithiau mae ffocws y tiwtor yn fwy ar gefnogi dysgwyr unigol yn hytrach na'u haddysgu ac o ganlyniad mae'n fwy o e-fentor yn hytrach nag e-diwtor, yn enwedig wrth annog a chefnogi rhyngweithio a'r ymdeimlad o gymuned o ddysgwyr.

Dengys natur y berthynas a'r cyfrwng felly fod gan y rheiny sy'n cefnogi dysgwyr ar-lein fwy nag un rôl. Mae'r tiwtoriaid yr un mor bwysig â'r rheiny sydd wedi cynllunio ac ysgrifennu'r cwrs. Mae ganddynt rôl bedagogaidd yn cynorthwyo'r dysgwyr unigol gyda chynnwys academaidd y cwrs, ac yn ail rôl fentora yn cynorthwyo dysgwyr unigol ac yn creu cymuned o ddysgwyr er mwyn cryfhau eu hymrwymiad cyffredinol i'r cwrs. Ar ben y rhain, mae ganddynt rôl drefniadol ac i raddau llai rôl dechnegol. Ar yr un pryd, dylid cofio bod dysgwyr ar-lein weithiau yn amrywio yn y ffordd maen nhw'n gweld rôl y tiwtor a'r cwrs ei hun. Ceir rhai dysgwyr sy'n gweld cwrs iaith ar-lein fel ffordd haws o ddysgu siarad Cymraeg, yn enwedig os bod ganddynt ofn methu, tra bod eraill yn dewis cwrs ar-lein er mwyn deall mwy am dechnoleg neu er mwyn gwella eu dealltwriaeth o ramadeg neu'r iaith ysgrifenedig. Mae rhai dysgwyr wrth gwrs yn dewis cwrs o'r fath am resymau ymarferol, er enghraifft efallai nad yw'n bosib iddynt fynychu dosbarth wyneb yn wyneb oblegid ymrwymiadau eraill neu eu lleoliad.

Bwriad gweddill yr erthygl hon yw ystyried y rolau uchod mewn mwy o fanylder, gan ddechrau gyda rhai agweddau ymarferol sylfaenol sy'n ymwneud â rheoli'r ddarpariaeth a disgwyliadau'r dysgwyr. Gall rhai dysgwyr, megis rhai sy'n gyfarwydd â dysgu'r iaith mewn dosbarth nos, ddisgwyl bod yr e-diwtor ar gael drwy'r amser i'w cynorthwyo yn union yr un ffordd mae tiwtor ar gael iddynt mewn dosbarth traddodiadol. Dylai'r tiwtor ddarganfod ar ddechrau'r cwrs pa fath o gymorth sydd ei angen ar bob myfyriwr a phryd maent yn debygol o fod ar-lein. Ni ddylai fod ar gael ar-lein drwy'r amser ei hun. Mae'n bwysig bod y dysgwyr yn gwybod o'r cychwyn cyntaf faint o amser fydd yr e-diwtor ar-lein yn ystod yr wythnos ac yn ddelfrydol ar ba ddyddiau. Mae oriau swyddfa rhithiol yn ffordd effeithiol o reoli amser a phrofiad y myfyriwr. Er gwaethaf y ffocws ar yr unigolyn, mae'n bwysig nad yw'r dysgwyr ar-lein yn dod yn or-ddibynnol ar eu tiwtor personol drwy e-bostio negeseuon hir ato'n ddyddiol, ond yn hytrach yn datblygu'n ddysgwyr annibynnol gyda'i gymorth a'i arweiniad.

Mae cysondeb yn elfen drefniadol arall sy'n bwysig iawn i'w chofio wrth ddiwtora ar gwrs ar-lein, gan fod dysgu ar-lein yn medru bod yn brofiad unig i'r dysgwr ac felly ni ddylid addo rhywbeth nad oes modd ei gyflawni. Er enghraifft, os yw'r e-diwtor yn addo ymateb i bob e-bost o fewn pedair awr ar hugain, yna dylai gadw at hyn drwy gydol y cwrs. Mae'n bwysig cyfleu brwdfrydedd a bod yn awyddus i helpu'r dysgwyr wrth reswm, ond ar yr un pryd, nid yw'n deg i'r myfyrwyr os yw'r tiwtor yn ymestyn lefel y gefnogaeth o'r hyn a gytunwyd ar y dechrau gan fod disgwyliadau'r dysgwyr yn medru newid o ganlyniad. Mae'n hawdd iddynt gael eu siomi wedyn os yw e-diwtor arall yn cymryd drosodd ac yn dychwelyd at yr hen drefn neu os nad oes modd parhau â'r trefniant newydd. Mae sut mae cwrs yn cael ei reoli a'i weinyddu yn medru effeithio ar ganfyddiadau'r dysgwyr am ansawdd yr addysgu.

Ar ddechrau cwrs electronig mae nifer o gwestiynau technegol siŵr o godi gan y dysgwyr. Wrth gwrs mae'n bwysig i'r tiwtor ateb unrhyw ymholiadau gan y dysgwyr yn brydlon a datrys rhai o'u problemau hefyd, gobeithio. A dweud hynny, er y dylai fod yn gyfforddus yn defnyddio'r dechnoleg, dylai'r tiwtor ei wneud yn glir ar ddechrau'r cwrs mai arbenigwr pwnc ydyw nid arbenigwr ar faterion technegol. Yr hyn sy'n allweddol yw ei fod e neu hi'n gallu cyfeirio myfyrwyr at gymorth technegol, boed yn llyfrynnau ar y wefan, neu unigolion penodol neu ddesg gymorth o ryw fath. Dau awdur sydd wedi ysgrifennu tipyn am ddysgu ieithoedd ar-lein yw Hauck a Haezewindt ac, yn eu barn nhw, o safbwynt pedagogaidd mae defnyddio'r iaith darged wrth drafod a datrys mân broblemau technegol yn helpu rhoi hyder i'r dysgwyr ac yn cryfhau eu hymdeimlad o lwyddiant (1999: 54). Nid yw hyn yn ymarferol bob tro efallai, ond mae'n bwynt i'w ystyried, yn enwedig yn achos y dysgwyr hynny sydd wedi cyrraedd lefel Canolradd eisoes.

Mae rôl bedagogaidd y tiwtor yn cynnwys gosod deilliannau dysgu clir a strwythur pendant ar gyfer y gweithgareddau dysgu. Dylai'r e-diwtor gymryd rhan weithredol mewn helpu'r myfyrwyr i feddwl a datblygu eu sgiliau drwy strwythuro'r tasgau'n ofalus a thrwy dynnu ar eu gwybodaeth flaenorol os yn berthnasol. Mae'n bwysig ei fod yn defnyddio ystod o ddulliau dysgu ac addysgu er mwyn eu cynorthwyo i berchenogi eu dysgu. Rhaid cofio y bydd y dysgwyr ond yn defnyddio'r safle rhithiol a'r adnoddau os ydynt yn gweld eu bod yn ddefnyddiol ac yn berthnasol i'w hanghenion nhw. Dylai'r e-diwtor fod yn rhagweithiol ac ychwanegu adnoddau fesul tipyn at y safle er mwyn cynnal diddordeb y dysgwyr. A dweud hynny, ni ddylid cynnwys gormod o sianeli cyfathrebu gwahanol ar y dechrau gan ei bod hi'n hawdd drysu'r dysgwyr, yn enwedig os nad ydynt wedi gweithio ar-lein o'r blaen. Dylid datblygu'r rhain yn unol ag anghenion y dysgwyr, gan ddechrau er enghraifft gydag un fforwm drafod.

Fel yr awgrymwyd eisoes, dylai'r e-diwtor geisio sicrhau nad yw'r dysgwyr o dan ei ofal yn dod yn rhy ddibynnol arno. Nid yw myfyrwyr mewn dosbarth traddodiadol yn cael y cyfle i gael cymaint o sylw personol ag ar-lein ac mae perygl y gallant fonopoleiddio amser y tiwtor ar-lein os yw pob cwestiwn gan bob unigolyn yn cael ei ateb mewn gormod o fanylder. Wrth gwrs mae esboniadau clir o'r deunyddiau addysgu neu'r meini prawf asesu yn bwysig, ond dylai'r e-diwtor hefyd hwyluso'r broses ddysgu drwy gyfeirio'r dysgwyr at ffynonellau eraill megis llyfrau neu wefannau perthnasol. Erbyn hyn mae llawer o adnoddau ar bapur ac ar-lein i gynorthwyo dysgwyr y Gymraeg ar bob lefel, ac mewn gwirionedd, nid yw'r arbenigwr pwnc yn gyfeirlyfr ar gyfer y dysgwr diog; y nod yw cynorthwyo'r dysgwyr i ddatblygu eu sgiliau a'u ddealltwriaeth eu hunain. Nid yw dysgwyr sy'n gofyn i'r e-diwtor am gymorth gyda phob dim yn datblygu'n ddysgwyr effeithiol ac maent yn llai tebygol yn aml iawn o feistroli'r iaith yn llwyddiannus ar ddiwedd y dydd. Yr hyn sydd angen i'r e-diwtor ei wneud yw calonogi'r dysgwyr i gymryd cyfrifoldeb dros eu dysgu eu hunain ac i arbrofi gyda'u hiaith newydd. Mae torri'r gwaith i lawr i bytiau bach yn ddefnyddiol ar gyfer y rheiny sy'n dysgu ar-lein ac mae'n bwysig bod y dysgwyr yn gwybod faint o amser y bydd y gwahanol agweddau ar y cwrs yn eu cymryd. Rhaid i'r tiwtor fod yn amyneddgar, yn ddiffuant ac yn onest; er enghraifft, dylai'r dysgwyr fod yn ymwybodol o'r ffaith bod rhai agweddau ar y cwrs yn medru bod yn fwy heriol na'i gilydd.

Mae tueddiad i feddwl am gyrsiau ar-lein fel cyrsiau sy'n rhoi mwy o ryddid i'r myfyrwyr ddysgu wrth eu pwysau eu hunain, ond mewn gwirionedd y cyrsiau mwyaf effeithiol ar-lein a'r rhai sy'n fwyaf tebygol o gynnal cymhelliant y dysgwyr yw'r rhai sydd â strwythur clir a disgwyliadau pendant o wythnos i wythnos ar y ddwy ochr. Mae'n syniad da, er enghraifft, gyflwyno wythnos newydd ar y fforwm gyda throsolwg o'r hyn fydd yn digwydd yn ystod yr wythnos, yn union yr un ffordd y byddai tiwtor mewn dosbarth traddodiadol yn egluro nod y wers ar ddechrau sesiwn. Yn yr un modd, mae anfon neges gyffredinol at bawb yn crynhoi'r prif bwyntiau addysgiadol a astudiwyd yn ystod yr wythnos flaenorol yn enghraifft arall o arfer dda. Mae modelu gweithgareddau'n rhan hollbwysig o ddosbarthiadau traddodiadol ac mae'r un peth yn wir mewn dosbarthiadau ar-lein, naill ai drwy bodlediadau yn defnyddio meddalwedd megis *Panopto*, neu drwy gynnal sesiynau grŵp yn fyw ar-lein. Mae tueddiad weithiau i anghofio bod modd llunio gweithgareddau ar-lein sy'n gofyn i ddysgwyr gydweithio â'i gilydd yn union yr un dull y maent yn ei wneud mewn dosbarthiadau wyneb yn wyneb. Mae gweithgareddau o'r fath yn fodd effeithiol o greu cymuned ar-lein ac yn fforrdd lwyddiannus o symud i ffwrdd o addysgeg sy'n rhy diwtor canolog. Yn ôl Davis a Rose, mae angen i'r e-diwtor feddu ar ystod o sgiliau yn ogystal â sgiliau pedagogaidd traddodiadol. Mae'r rhain yn cynnwys 'an understanding of how and when to provide student support, how and when to provide opportunities for interaction, the appropriate selection and use of resources and the development of resources to serve specific instructional purposes' (2007: 9).

Mae hefyd dueddiad i feddwl nad oes modd dysgu ieithoedd ar-lein yn llwyddiannus ac mai cyswllt wyneb yn wyneb neu ryw fath o ddysgu cyfunol sydd orau. Mae hyn yn wir o bosib er mwyn meithrin hyder i siarad iaith newydd, ond mae ymchwil hefyd wedi dangos bod grwpiau bach, sy'n gweithio gyda'i gilydd yn gyson yn wythnosol, yn medru dysgu'n effeithiol iawn o bell. Mae Wilson ac Stacey, er enghraifft, yn cyfeirio at ymchwil a wnaethpwyd gan Stacey (1999) a ddangosodd fod myfyrwyr yn dysgu'n effeithiol ar-lein drwy deimlo'n rhan o grŵp neu gymuned:

> The students' process of learning was achieved through collaborative behaviours, from their sharing the diverse perspectives of the other group members, to being able to seek feedback and clarify ideas through the group's communication, either electronic or through other forms of communication stimulated by the electronic group communication. (2004: 34)

Cyfeiriwyd ar ddechrau'r erthygl hon at y pwysigrwydd o greu cymuned ar-lein ac mae hyn yn dod â ni unwaith yn rhagor at rôl arall yr addysgwr ar-lein, sef ei rôl fel e-fentor. Gyda systemau rhithiol megis *Moodle*, mae modd monitro cynnydd myfyrwyr a gwybod pryd yn union maent wedi mewngofnodi i gwrs. Mae'n bwysig cysylltu â dysgwyr nad ydynt wedi mewngofnodi am dros wythnos rhag ofn eu bod nhw'n profi problemau technegol neu anawsterau gyda chynnwys y cwrs. Dylid hefyd eu ffonio neu eu he-bostio'n syth os nad ydynt wedi cyflwyno aseiniadau ar amser.

Mae rôl yr e-fentor yn un bwysig iawn, gan fod y myfyrwyr wrth reswm yn treulio llawer o amser yn gweithio ar eu liwt eu hunain. Mae'r e-fentor yn helpu'r dysgwyr i reoli eu profiad dysgu, yn enwedig y rheiny sy'n ei chael hi'n anodd disgyblu eu hunain i ganolbwyntio ar eu hastudiaethau neu i ymuno â'r gymuned. Yn aml, rhan bwysig o rôl yr e-fentor yw ysbrydoli'r myfyrwyr er mwyn eu cynorthwyo i barhau gyda'u hastudiaethau. Mae'n bwysig bod yr e-fentor yn medru darllen rhwng y llinellau fel petai er mwyn ceisio datrys problemau cyn iddynt godi, er mwyn datblygu a meithrin hyder y dysgwyr a thawelu unrhyw bryderon sydd ganddynt. Agwedd arall ar rôl yr e-fentor yw rhoi cymorth a chyngor i'r dysgwyr ar faterion bugeiliol. Heb amheuaeth, mae e-fentor sy'n sensitif i anghenion y dysgwyr unigol o dan ei ofal yn medru helpu creu cymuned gref o ddysgwyr a fydd yn fwy tebygol o lwyddo'n academaidd gyda chymorth arbenigwr pwnc effeithiol i'w harwain a'u cynghori.

Gwelwn rolau gwahanol yr e-diwtor ar waith yng nghyd-destun fforymau trafod. Mae modd defnyddio fforymau trafod ar gyfer ystod o ddibenion gwahanol. Er enghraifft ar ddechrau cwrs, maent yn ffordd dda o rannu gwybodaeth gyda'r myfyrwyr i gyd yn ogystal â rhwng y myfyrwyr, er mwyn iddynt ddod i adnabod y tiwtor a'i gilydd yn well. Drwy'r fforwm, mae'r tiwtor yn medru cael gwell dealltwriaeth o'u nodau personol er mwyn ymateb i'w hanghenion ieithyddol unigol maes o law. Mae rhai ysgolheigion megis Pelz (2004) o'r farn bod myfyrwyr ar-lein ar y cyfan yn cyd-dynnu fel grŵp yn gynt ac yn well na chriw o ddysgwyr mewn dosbarth traddodiadol. Mae hyn wrth gwrs yn dibynnu ar ansawdd yr e-diwtor /e-fentor a'r defnydd o weithgareddau pwrpasol i dorri'r garw. A dweud hynny, dylai'r agweddau cymdeithasol o ddysgu bod yr un mor bwysig ar-lein ag o fewn grŵp wyneb yn wyneb ac mae gwneud defnydd o brofiadau blaenorol neu ddiddordebau'r dysgwyr yn un ffordd o hybu trafodaethau cychwynnol.

Yn hwyrach yn y cwrs gellid defnyddio fforymau trafod er mwyn cyflwyno gwybodaeth bwysig i'r myfyrwyr neu er mwyn rhoi adborth cyffredinol iddynt ar un o'u tasgau asesu. Ar lefelau Canolradd ac Uwch gellid defnyddio fforymau trafod hefyd er mwyn trafod pynciau penodol neu bwyntiau gramadegol arbenigol yn Gymraeg. Mae rhai cyrsiau ar-lein yn cynnwys trafodaeth ar y fforwm fel elfen o'r asesu, ond mae'n bwysig nad yw'r e-diwtor yn defnyddio'r fforwm i ddarlithio neu i bregethu fel y cyfryw ond i arwain ac i hybu trafodaeth. Er enghraifft, gellir trafod erthygl o *Golwg 360* neu glip *YouTube* ar bwnc cyfoes yn union yr un ffordd y byddai dysgwyr mewn dosbarth traddodiadol yn ei wneud.

Os mai'r bwriad yw defnyddio'r fforwm ar gyfer trafodaeth o ryw fath, yna dylid ei wneud yn glir beth fydd nod y drafodaeth ac unrhyw ddisgwyliadau o ran cyfranogiad cyn cychwyn. Mae hefyd yn ddefnyddiol nodi am ba hyd y bwriedir trafod y pwnc dan sylw ar y fforwm. Awgrymaf newid y pwnc bob pythefnos. Mae rôl yr e-diwtor yn y drafodaeth yn ffactor pwysig arall i'w ystyried. Os yw'r e-diwtor yn ymateb i bob sylw neu gwestiwn, wedyn ni fydd y dysgwyr yn gweld unrhyw ddiben mewn cyfrannu. Dylai'r e-diwtor anelu at lunio sylwadau a fydd yn sicrhau bod y dysgwyr yn awyddus i fynegi barn a thrafod ymhlith ei gilydd. Yn ddelfrydol, dylai fod llai a llai o fewnbwn gan yr e-diwtor wrth i'r drafodaeth fynd yn ei blaen a mwyfwy gan y dysgwyr. Mae'n bwysig oedi a gadael i'r myfyrwyr drafod gyda'i gilydd ac ateb cwestiynau ei gilydd er mwyn adeiladu'r ymdeimlad o gymuned yn cydweithio ac yn cyd-drafod. Ar yr un pryd, rhaid parchu dymuniad y rhai nad ydynt yn dymuno cymryd rhan. O'm profiad i, tua thraean i hanner o'r dysgwyr ar gwrs sy'n dewis cymryd rhan, oni bai bod y trafod yn rhan o'r asesu. Dylai'r e-diwtor ddefnyddio cwestiynau agored wrth ymateb i'r dysgwyr a pheidio â disgwyl gormod. Efallai y bydd ychydig ddyddiau'n mynd heibio cyn bod unrhyw sylw ar y fforwm.

Fel y nodwyd yn gynharach, mae'r berthynas rhwng yr addysgwr a'r dysgwr yn medru bod yn fwy hyblyg ar-lein nag yw mewn dosbarth traddodiadol ac mae'n newid yn fwy aml yn dibynnu ar natur y gweithgareddau addysgu. Serch hynny, yn achos fforymau trafod mae elfen o reoli'n bwysig; er enghraifft, os yw'r drafodaeth yn dechrau mynd i wahanol gyfeiriadau sy'n amherthnasol neu'n amhriodol, mae'n bwysig bod yr e-diwtor yn rhoi terfyn arni. Mae myfyrwyr angen gwybod bod rhywun yn gyfrifol o hyd a bod rhywun yn medru gweithredu'n gyflym os bydd problem. Ar yr un pryd, mae i fyny i'r tiwtor yn ei rôl fel e-fentor geisio annog pob unigolyn i gyfrannu ac i sicrhau nad yw rhai yn dominyddu'r trafodaethau.

Yn aml iawn nid yw fforymau trafod ar gyrsiau iaith yn arbennig o boblogaidd, gyda rhai dysgwyr yn cyfaddef eu bod yn teimlo'n anghyfforddus yn eu defnyddio, oblegid nad ydynt yn teimlo'n gwbl hyderus yn ysgrifennu yn eu hiaith newydd o flaen pawb. Mae myfyrwyr yn disgwyl ymateb personol i'w sylwadau gan yr e-diwtor yn aml hefyd, ond nid yw hynny'n ymarferol bob tro. Dylid ymateb yn bersonol yn yr achos cyntaf ond o hynny ymlaen mae'n well i'r e-diwtor ganolbwyntio ar ymestyn y drafodaeth i lefel fwy soffistigedig a dadansoddol, os yn berthnasol. Mae defnyddio fforymau trafod yn medru helpu datblygu rhuglder a hyder yn yr ail iaith ac mae gofyn i fyfyrwyr unigol arwain trafodaethau penodol hefyd yn fodd o'u hysbrydoli i gymryd cyfrifoldeb dros eu dysgu eu hunain a dros ddatblygiad y grŵp.

Enghraifft arall o rôl yr arbenigwr pwnc a rôl yr e-fentor ar waith yw wrth gyflwyno adborth ar aseiniadau, boed yn aseiniadau llafar neu aseiniadau ymarferol neu rai ysgrifenedig, megis cyfres o dasgau i'w cyflwyno ar ebost. Er mwyn cryfhau'r syniad o weithio fel grŵp neu dîm, gellid cyflwyno adborth cyffredinol i'r dosbarth cyfan ar y fforwm yn gyntaf, yn union yr un ffordd y byddai tiwtor mewn dosbarth traddodiadol yn ei wneud yn ôl pob tebyg. Mae crynodeb o'r prif bwyntiau i'w hystyried gan bawb fel hyn yn ffordd effeithiol o helpu ffocysu'r dysgu ar gyfer yr wythnos nesaf. Hefyd wrth gwrs dylid rhoi adborth manwl a phwrpasol i'r dysgwyr unigol er mwyn eu hannog a'u cefnogi ac er mwyn eu helpu i ddeall unrhyw wendidau ieithyddol yn eu gwaith. Mae dysgwyr ar-lein, yn rhannol oherwydd natur y cyfrwng sy'n naturiol yn canolbwyntio ychydig yn fwy ar yr iaith ysgrifenedig, yn disgwyl adborth manwl ar eu gwaith. Mae rhoi adborth arbenigol felly yn rhan bwysig o waith yr e-diwtor yn achos cyrsiau ffurfiol sy'n cynnwys aseiniadau adolygol (*summative*) a chyrsiau llai strwythuredig sy'n canolbwyntio ar aseiniadau ffurfiannol (*formative*) yn bennaf. Mae sut i roi adborth a pha fath o adborth i'w roi'n sgìl sy'n bwysig i bob tiwtor ei meithrin ond mae'n arbennig o bwysig yng nghyd-destun yr unigolyn sy'n dysgu wrth ei hunan ar-lein.

Fel y nodwyd eisoes, wrth addysgu mewn dosbarth traddodiadol mae iaith y corff yn chwarae rhan allweddol, ac felly wrth gyflwyno adborth i unigolion ar-lein rhaid ystyried ffyrdd o gyfleu'r un teimladau heb y cliwiau gweledol amlwg hyn. Golyga'r sefyllfa fod y berthynas rhwng yr e-diwtor a'r dysgwr yn medru bod yn un sensitif. Mae hiwmor yn medru bod yn arf ddefnyddiol iawn mewn sefyllfa wyneb yn wyneb ac yn fodd o leihau tensiynau, ond ac eithrio mewn sefyllfaoedd gweledol megis sesiynau *Skype*, rhaid bod yn ofalus iawn wrth ei ddefnyddio hiwmor ar-lein, rhag ofn iddo gael ei gamddehongli.

Rhaid wrth reswm roi adborth sy'n onest ac yn adeiladol ac sy'n seiliedig ar ffeithiau penodol yn hytrach na barn gyffredinol. Nid yw ymateb ar lefel arwynebol gyda sylwadau megis da iawn yn ddigon! Yn enwedig mewn cwrs iaith ar-lein fydd yn cynnwys nifer o aseiniadau bach o bosib, dylai'r e-diwtor ymateb yn gyflym er mwyn sicrhau bod y dysgwr yn medru gwneud defnydd o sylwadau'r tiwtor wrth gyflwyno'r dasg nesaf. Mae prydlondeb yr ymateb yn medru effeithio ar agwedd y dysgwyr tuag at sylwadau'r tiwtor. Rhaid sicrhau bod y dysgwr yn deall y rhesymau y tu cefn i'r sylwadau a'r marc neu radd, os oes un. Un ffordd effeithiol o wneud hyn yw drwy lunio meini prawf clir. Dylai'r dysgwyr fod yn ymwybodol o'r rhain ac unrhyw system farcio cyn cyflwyno eu tasgau asesu. Fel y nodwyd gan White et al., ceir tensiynau weithiau rhwng yr angen i roi adborth cadarnhaol a chefnogol i helpu annog cywirdeb ieithyddol a'r angen i fod yn onest ynghylch rhuglder neu allu dysgwr:

> While this tension may exist in all subjects, it is particularly acute in languages since language learning involves the mastery of complex skills and making mistakes is inevitable. In addition, anxiety about performance can have a detrimental effect on learners' fluency and accuracy and it is necessary to keep the threshold of debilitating anxiety as low as possible. (2005: 93)

Ymddengys fod gwaith i'w wneud o hyd ar ddeall a gwerthfawrogi natur cyfathrebu ar-lein, yn enwedig yng nghyd-destun rhoi adborth a chefnogaeth i'r rheiny sy'n dysgu iaith newydd ar-lein. Wrth i ni yng Nghymru ystyried ehangu'r ddarpariaeth fydd ar gael naill ai'n gyfan gwbl ar-lein neu drwy ddulliau dysgu cyfunol, mae'n bwysig cofio y bydd hyfforddiant pedagogaidd yn ogystal â hyfforddiant technegol rheolaidd yn hanfodol ar gyfer tiwtoriaid iaith fydd yn gweithio yn y maes hwn. Bydd angen cymorth hyd yn oed ar diwtoriaid profiadol i addasu a gwella eu sgiliau wrth i dechnoleg ddatblygu a byddai'n braf gweld cyfleoedd yn ymddangos i diwtoriaid rannu profiadau a mentora ei gilydd, er mwyn datblygu arfer dda yn y maes.

Pan ddatblygwyd e-ddysgu'n wreiddiol ar ddiwedd y ganrif ddiwethaf fel modd o gyflwyno cyrsiau mewn prifysgolion ledled y byd, y teimlad cyffredinol oedd efallai na fyddai angen cymaint o staff academaidd o dan y drefn newydd. Sut bynnag, er bod rôl y tiwtor wedi newid drwy gyflwyno cyrsiau drwy'r cyfrwng hwn, mae'r tiwtor wedi profi mor bwysig a dylanwadol ag erioed. Serch hynny, mae diffiniad Duggleby (2000: 118) o rôl yr e-diwtor dros ben llestri braidd: 'If you think of your role as part teacher, part party host and part sheepdog, then you will have more or less the right approach!' Mae diffiniad Lentell ar y llaw arall yn fwy cytbwys ac mewn gwirionedd mae'n crynhoi prif nodweddion yr e-diwtor iaith i'r dim:

> Tutors need to have knowledge and a broad conceptual understanding of their field. They have to be effective listeners and communicators, to be a coach, facilitator, mentor, supporter and resource. They have to listen, to shape, to give feedback, to motivate, to direct, to appreciate – broadly to be developmental and problem solving. (2003: 74)

Gellwch ddiffinio rôl yr addysgwr ar-lein mewn sawl ffordd wahanol felly, fel yr awgrymir yma, ond pa bynnag enw a ddefnyddir, mae'n amlwg bod y rôl yn un gymhleth ac ni ddylai'r heriau a'r gwahaniaethau i rôl y tiwtor mewn dosbarth wyneb yn wyneb gael eu tanbrisio. Dylai pob e-diwtor ystyried dilyn cwrs ar-lein ei hun os yn ymarferol bosib; byddai'n ddatblygiad proffesiynol parhaus defnyddiol ac yn ffordd effeithiol o gryfhau gwybodaeth a dealltwriaeth o brofiadau'r dysgwr ar-lein.

Rhaid pwysleisio hefyd y bydd ehangu'r ddarpariaeth ar-lein yn cynnig cyfle i ymestyn ffiniau a chyrraedd y nifer sylweddol o unigolion y tu allan i Gymru sydd â diddordeb yn yr iaith, heb sôn am y rheiny o fewn Cymru ei hun sy'n methu mynychu dosbarthiadau traddodiadol. Mae'n adeg gyffrous i'r maes yn gyffredinol a'r gobaith yw y bydd gan yr e-diwtor rôl allweddol i'w chwarae yn natblygiad y ddarpariaeth Cymraeg i Oedolion yn y blynyddoedd sydd i ddod.

Llyfryddiaeth

N. E. Davis a R. Rose, *Report on Professional Development for Virtual Schooling and Online Learning* (NACOL, 2007). Ar gael o http://files.eric.ed.gov/fulltext/ED509632.pdf [Cyrchwyd 22 Ebrill 2015].

J. Duggleby, *How to be an Online Tutor* (Hampshire: Grower Publishing Limited, 2000).

R. Hampel a U. Stickler, 'Online Teaching Skills for Language Tutors' (2006). Ar gael o https://www.llas.ac.uk/resources/gpg/2530 [Cyrchwyd 18 Ebrill 2015]

M. Hauck a B. Haezewindt, 'Adding a New Perspective to Distance (Language) Learning and Teaching – the Tutor's Perspective', *ReCALL,* 11/2 (1999), 46–54.

H. Lentell, 'The importance of the tutor', yn A. Tait a R. Mills (goln), *Rethinking learner support in distance education* (Llundain: Routledge, 2003), tt. 64–76.

Llywodraeth Cymru, *Codi Golygon: adolygiad o Gymraeg i Oedolion* (Caerdydd: Llywodraeth Cymru, 2013).

B. Pelz, '(My) Three Principles of Effective Online Pedagogy', *JALN*, 8/3, 33–46. Ar gael o *https://www.ccri.edu/distancefaculty/pdfs/Online-Pedagogy-Pelz.pdf* [Cyrchwyd 19 Ebrill 2015].

E. Stacey, 'Collaborative Learning in an Online Environment', *Journal of Distance Education*, 14/2 (1999), 14–33.

Cynthia White et al., 'Towards an understanding of attributes and expertise in distance language teaching: tutor maxims', yn T. Evans, P. Smith ac E. Stacey (goln), *Research in Distance Education (RIDE)*, vol. 6 (Geelong: Prifysgol Deakin, 2005), tt. 83–97. Ar gael o *http://www.researchgate.net/* [Cyrchwyd 20 Ebrill 2015].

G. Wilson ac E. Stacey, 'Online Interaction Impacts on Learning: Teaching the Teachers to Teach Online', *Australasian Journal of Educational Technology*, 20/1 (2004), 33–48. Ar gael o *http://ajet.org.au/index.php/AJET/article/view/1366* [Cyrchwyd 18 Ebrill 2015].

Polisi ac Ymchwil ym Maes Cymraeg i Oedolion

Steve Morris

Hyd at ddechrau'r 1990au, mae'n deg dweud nad polisi na chynllunio bwriadus manwl o ran unrhyw gorff penodol oedd wedi bod yn gyrru datblygiad maes Cymraeg i Oedolion. Dengys Rees (2000) yn glir mai Bwrdd Estyn Prifysgol Cymru ynghyd â Choleg Addysg y Barri a ysgogwyd (trwy Adran 21 Deddf Addysg 1980) i sefydlu'r rhwydwaith cyntaf o gyrsiau dwys a'r awdurdodau addysg lleol i raddau helaeth yn gyfrifol am y ddarpariaeth ddarnynol. Maes wedi'i wreiddio yn y sector addysg uwch oedd Cymraeg i Oedolion ar y pryd felly ac yn y sector hwnnw y gwelwyd datblygu ymchwil i ddulliau dysgu dwys a'u haddasu at anghenion cyrsiau Wlpan yn y Gymraeg (Rees, 2000). Nod y bennod hon yw bwrw golwg ar ddatblygiad Cymraeg i Oedolion yng nghyd-destun polisi (gyda phwyslais arbennig ar y cyfnod ar ôl sefydlu Llywodraeth Cymru) ynghyd ag ymchwil, gan fod y berthynas rhwng y ddau yn gwbl greiddiol i effeithiolrwydd a llwyddiant y maes o ran cynhyrchu siaradwyr Cymraeg newydd.

Polisi

Mae modd ystyried polisi sy'n ymwneud â Chymraeg i Oedolion yn cael ei lunio mewn dau faes penodol, (i) addysg a (ii) cyfuniad o addysg a meysydd o dan ofal cyrff eraill. Sefydlwyd Cyngor Cyllido Addysg Uwch Cymru (CCAUC) a Chyngor Cyllido Addysg Bellach Cymru (CCABC) yn sgil pasio Deddf Addysg Bellach ac Uwch 1992 a throsglwyddwyd y cyfrifoldeb am ariannu Cymraeg i Oedolion (CiO) i'r cynghorau hynny yn mis Ebrill 1993. Sefydlwyd 'Cyd-grŵp Adolygu' dan gadeiryddiaeth Emrys Wynn Jones i adolygu'r ddarpariaeth a gofynnwyd iddo ganolbwyntio ar:

   i)   y gweithgaredd yr oedd ei angen i sicrhau cynnal a datblygu CiO;

ii)   y ffordd y gellid cyllido'r gweithgaredd hwnnw; a

iii) sut y gellid sianelu cyllido CiO yn y dyfodol.

(Cynghorau Cyllido Cymru, 1994a: 11)

Cydnabu'r cynghorau cyllido (Cynghorau Cyllido Cymru, 1994b: 2) nad oedd 'cynllunio strategol' yn rhan o'u maes gorchwyl, gan gyfeirio at Fwrdd yr Iaith Gymraeg oedd newydd ei sefydlu fel y corff priodol i ymgymryd â'r swyddogaeth honno. Anwybyddwyd felly argymhelliad Panel Cymraeg i Oedolion CBAC (panel o ymarferwyr profiadol ym maes Cymraeg i Oedolion a luniodd adroddiad cynhwysfawr, 'Y Ffordd Ymlaen', gyda strategaeth uchelgeisiol i'w ddatblygu) i 'sicrhau corff cydlynu cenedlaethol a fydd yn parchu arbenigedd gweithwyr proffesiynol maes Cymraeg i Oedolion' (CBAC, 1992: 28) ond cytunwyd i barhau i ariannu swydd y Swyddog Cenedlaethol Cymraeg i Oedolion[1] yn CBAC am flwyddyn ychwanegol. Prif fyrdwn ymateb y cynghorau cyllido o ran llunio polisi i'r maes oedd canolbwyntio ar sut câi'r ddarpariaeth ei chyllido yn hytrach na sut y gallai fod yn rhan o strategaeth ehangach i gyfrannu at adfer y Gymraeg a chollwyd cyfle i ymgysylltu â'r agenda gwrthdroi shifft ieithyddol yng Nghymru. Mynegwyd pryder ar y pryd (Morris, 2000a: 245) am y bwriad i roi cyfrifoldeb am lunio strategaeth ar gyfer Cymraeg i Oedolion i Fwrdd yr Iaith Gymraeg gan nad oedd ganddo strategaeth genedlaethol ar gyfer yr iaith Gymraeg ar y pryd ac y dylid felly roi'r cyfrifoldeb hwnnw i'r swyddog cenedlaethol yn CBAC.

Gwelwyd lleihad yn y cyllid a roddid gan CCABC (y cyngor cyllido a oedd yn gyfrifol am gyllido'r ddarpariaeth Cymraeg i Oedolion erbyn canol y nawdegau) i'r Uned Gydlynu yn CBAC a phenderfynwyd yn 1998 symud y swyddog cenedlaethol o CBAC i Fwrdd yr Iaith Gymraeg. Rhan o'r sail resymegol am wneud hynny oedd rhoi mwy o bwyslais ar 'gynllunio strategol ar gyfer y maes ar lefel genedlaethol' (Bwrdd yr Iaith Gymraeg, 1999: 6). O safbwynt polisi a chynllunio cydlynus, roedd hyn yn benderfyniad rhyfedd gan fod y swydd yn cael ei chyllido gan CCABC ond ei lleoli yn Adran Addysg a Hyfforddiant Bwrdd yr Iaith Gymraeg. Cyhoeddwyd Strategaeth Cymraeg i Oedolion y Bwrdd yn 1999 ac un o'i phrif argymhellion oedd sefydlu Uned Gydlynu Ganolog ar gyfer y maes wedi'i lleoli o fewn y Bwrdd (Bwrdd yr Iaith Gymraeg, 1999: 10–14). Pennwyd nifer o brif orchwylion i'r Uned Gydlynu arfaethedig a cheisiwyd lleoli'r strategaeth o fewn cyd-destun polisïau addysg y llywodraeth ar y pryd – papur gwyrdd y llywodraeth 'Rhywbeth i Bawb yw Dysgu' (1998) yn benodol – ac adlewyrchir hynny yn ieithwedd y strategaeth ar adegau:

> Byddai'r uned hon yn atebol i'r Cynulliad Cenedlaethol ac yn gyfrifol am arwain, cydlynu a chynghori gwaith y Consortia CiO yng Nghymru[2]. Yn hyn o beth, byddid yn adlewyrchu bwriad y Llywodraeth i annog partneriaethau rhwng sefydliadau addysgol ac o weithio drwy gonsortia er mwyn sicrhau cydweithio effeithiol ac effeithlon, datblygu darpariaeth ehangach a chynyddu llythrennedd a chyfranogiad.
>
> (Bwrdd yr Iaith Gymraeg, 1999: 12)

I raddau, gellid dadlau bod y strategaeth hon yn atgynhyrchu llawer o'r argymhellion a welwyd yn 'Y Ffordd Ymlaen' (CBAC, 1992) ond heb lwyddo i'r un graddau i wreiddio'r weledigaeth yn gadarn ym maes gwrthdroi shifft ieithyddol Fishman (1991). Noda Evas (1999: 201) fod gwrthwynebiad cryf gan lawer o ymarferwyr yn y maes i'r 'symud cyfrifoldeb' yma o CBAC i Fwrdd yr Iaith ac mae'n siŵr mai un o fwriadau'r strategaeth ddiweddaraf hon oedd ceisio cyflwyno cyfeiriad newydd i CiO a fyddai'n fwy cydnaws â dymuniadau'r ymarferwyr hyn.

Erbyn blynyddoedd cyntaf y mileniwm newydd, roedd Llywodraeth Cynulliad Cymru'n dechrau llunio polisi penodol ar gyfer y Gymraeg ac ar gyfer creu Cymru ddwyieithog. Erbyn hynny, hefyd, roedd CCABC wedi'i drawsffurfio yn ELWa a phan gyhoeddwyd cynllun gweithredu cenedlaethol Llywodraeth Cynulliad Cymru ar gyfer Cymru Ddwyieithog 'Iaith Pawb' yn 2003, cafwyd ynddo gam gweithredu penodol a oedd yn ymwneud â Chymraeg i Oedolion:

> Disgrifiad: Ymchwilio i'r cyfleuon [*sic*] ar gyfer sefydlu canolfannau Cymraeg i Oedolion pwrpasol

Diben: Rhoi cyfleon i oedolion sy'n siarad Cymraeg i gael
mynediad i gyrsiau dysgu Cymraeg effeithiol a chyson
Corff Arwain: Llywodraeth y Cynulliad gydag ELWA CC

(Llywodraeth Cynulliad Cymru, 2003: 46)

Daw'r cam gweithredu hwn yn sgil adran 4.34 'Iaith Pawb', sef:

Datblygir dull cydlynus o ddarparu **Cymraeg i Oedolion**. Bydd
y Cyngor Cenedlaethol yn adolygu'r gwaith cynllunio a
chyflenwi, i ddwyn y gwaith i'r brif ffrwd gynllunio a chodi
proffil Cymraeg i Oedolion a gwella safonau.

(Llywodraeth Cynulliad Cymru, 2003: 44)

Dyma'r tro cyntaf i ddogfen bolisi sy'n ymwneud â'r Gymraeg
gynnwys maes Cymraeg i Oedolion fel arf i wireddu'r nod o
gynyddu nifer y siaradwyr Cymraeg. Aethpwyd ati o dan
gyfarwyddyd ELWa i ailstrwythuro'r maes a sefydlu chwe chanolfan
ranbarthol (gan ddefnyddio rhanbarthau ELWa yn sail) yn 2006
gyda'r cyfrifoldeb am gynllunio a chyllido'r ddarpariaeth. O dan y
model newydd hwn, byddai'r llywodraeth (trwy'r Adran Addysg a
Sgiliau – AdAS – ac Uned y Gymraeg mewn Addysg) yn gosod
blaenoriaethau o ran polisi. Yn sgil cyhoeddi'r Strategaeth Addysg
Cyfrwng Cymraeg (Llywodraeth Cynulliad Cymru, 2010), dyma
oedd yn rhoi cyfeiriad polisi i'r maes gydag amcanion strategol
megis AS3.6, 'Parhau i wella'r cyfleoedd i oedolion sydd am ddysgu
Cymraeg' yn rhoi cyfeiriad iddo. Y llywodraeth fyddai'n cyllido'r
seilwaith yn ogystal â nifer o brosiectau a gweithgarwch ar lefel
genedlaethol ac yn ogystal â hynny, AdAS fyddai'n gyfrifol am
fonitro cynnydd, yn enwedig o 2010 ymlaen yng nghyd-destun y
Strategaeth Addysg Cyfrwng Cymraeg. Prif arf y llywodraeth o ran
gwireddu'r polisi hwn fyddai'r Canolfannau Cymraeg i Oedolion
rhanbarthol a gwnaed hynny trwy greu canllawiau blynyddol a
monitro'r cynlluniau strategol a luniwyd ganddynt.

Un o wendidau'r model hwn oedd peidio â manteisio ar y cyfle
ar y pryd i fynd i'r afael â her cydlynu'r ddarpariaeth yn ystyrlon ar
y lefel ranbarthol, her a nodwyd yn y gorffennol (e.e. Cynghorau

Cyllido Cymru, 1994b) ac yn fwy diweddar (*Golwg*: 2015). Nodir erbyn 2013 fod un ar hugain o is-ddarparwyr (Llywodraeth Cymru: 2013, 46) ac er bod nifer yr is-ddarparwyr wedi gostwng ers sefydlu'r Canolfannau Cymraeg i Oedolion rhanbarthol, collwyd ar y cyfle yn 2006 i greu model mwy cadarn trwy fynnu mai'r canolfannau eu hunain fyddai'r unig ddarparwyr a thrwy hynny, ddileu'r haen ychwanegol yma.

Beirniadwyd cyfundrefn y Canolfannau Cymraeg i Oedolion gan rai (e.e. Gruffudd, 2012; *Golwg*, 2012) am beidio â chynhyrchu digon o siaradwyr newydd ac ar 9 Gorffennaf 2012, cyhoeddwyd datganiad ysgrifenedig gan Leighton Andrews, y gweinidog addysg a sgiliau ar y pryd, yn sefydlu grŵp adolygu i 'ystyried sut y gellir gwella darpariaeth a strwythurau Cymraeg i Oedolion. Y prif nod fydd adolygu darpariaeth Cymraeg i Oedolion yn nhermau cyrhaeddiad dysgwyr, cynnwys cwricwlaidd, strwythurau darparu a gwerth am arian'. Ymhlith y cwestiynau y disgwylid i'r grŵp hwn edrych arnynt o fewn eu cylch gorchwyl ceir:

> Beth yw'r opsiynau o ran y strwythur a ddefnyddir i ddatblygu a darparu Cymraeg i Oedolion yn y dyfodol gan gynnwys:
>
> - A yw'r model presennol yn cyflawni amcanion Llywodraeth Cymru?
> - A yw cydbwysedd y ddarpariaeth yn iawn?
> - A fyddai'n bosibl defnyddio'r adnoddau mewn modd mwy effeithiol?
>
> (Llywodraeth Cymru 2013: 74)

Cyhoeddwyd adroddiad y grŵp 'Codi Golygon' ym mis Gorffennaf 2013 ac mewn datganiad ysgrifenedig yn ymateb iddo, cyhoeddodd Carwyn Jones, y prif weinidog a Huw Lewis, y gweinidog addysg a sgiliau, fod y llywodraeth yn derbyn y rhan fwyaf o'r 24 o argymhellion a wnaed. O safbwynt polisi, efallai, yr argymhelliad pwysicaf oedd Argymhelliad 1:

> Llywodraeth Cymru i osod polisi clir ar gyfer y maes [*sic*] Cymraeg i Oedolion a:

- sefydlu Endid Cenedlaethol i fod yn gyfrifol am roi arweiniad strategol i'r Darparwyr ac i ymgymryd â dyletswyddau datblygol ar lefel genedlaethol o ran y cwricwlwm, hyfforddiant tiwtoriaid, ymchwil, marchnata ac e-ddysgu ymhlith pethau eraill; a

- sefydlu proses glir ac effeithiol ar gyfer symud cyfrifoldebau a chyllid i'r Endid Cenedlaethol newydd er mwyn cyllido datblygiadau ar lefel genedlaethol a fydd yn osgoi dyblygu ac yn sicrhau arweiniad cryf a chadarn a chysondeb i'r maes.

(Llywodraeth Cymru, 2013: 67)

O ran y broses gynllunio ac yn enwedig 'gosod polisi', gwelir yma barhad o ran y drefn 'tair haen', gyda Llywodraeth Cymru'n gosod cyfeiriad y polisi a'r Endid Cenedlaethol yn rhoi'r polisi ar waith[3] gyda'r darparwyr (rhwng 10 a 14 ohonynt ar ôl proses o resymoli) yn cynllunio a darparu cyrsiau mewn ardal ddaearyddol neu leoliad penodol. Nid yw'r gyfundrefn newydd hon yn rhy annhebyg i argymhelliad yr Uned Gydlynu Ganolog a ddaeth gan Fwrdd yr Iaith Gymraeg yn ei strategaeth yn 1999 (1999: 14).

Gwahoddwyd sefydliadau i ymgeisio i fod yn Endid Cenedlaethol annibynnol ar gyfer Cymraeg i Oedolion i 'bennu'r cyfeiriad strategol ar gyfer y rhaglen Cymraeg i Oedolion hyd 2022', yng ngeiriau'r prif weinidog, Carwyn Jones, wrth gyhoeddi grant cychwynnol o £780,000 i gychwyn ar y gwaith yn ystod y flwyddyn gyntaf (2015–16). Cyhoeddwyd ym mis Mai 2015 mai Prifysgol Cymru y Drindod Dewi Sant yng Nghaerfyrddin oedd wedi ennill y cytundeb. Rhagwelir y bydd yn 'gorff hyd braich wrth y Llywodraeth' (Prifysgol Cymru y Drindod Dewi Sant, 2015) a cheir yma gadarnhad o'r bwriad i osod cynyddu'r niferoedd sy'n dewis dysgu Cymraeg a chyrraedd rhuglder yn 'brif flaenoriaeth gan anelu at gwrdd â phrif strategaethau'r Llywodraeth yn ei nod o greu Cymru ddwyieithog.' Mae'n galonogol gweld, o'r diwedd, ymgais i asio cyfeiriad strategol maes Cymraeg i Oedolion â pholisïau iaith y llywodraeth. O safbwynt polisi penodol yn y maes, gwelwyd yn y bennod hon mai'r duedd yn gyffredinol ac yn hanesyddol oedd (i) ysgogiad/trafodaeth yn galw am newid (e.e. cyhoeddi'r 'Ffordd Ymlaen' yn 1992); (ii) y llywodraeth yn galw am adolygiad; (iii) newidiadau yn y gyfundrefn Gymraeg i Oedolion ar sail argymhellion yr adolygiad, heb fawr o ymgais hyd yn gymharol ddiweddar i leoli'r rhain oddi mewn i bolisi iaith ehangach Cymru. Ar ben hynny, prin yw'r dystiolaeth fod penderfyniadau polisi yn y maes hwn yn cael eu seilio ar ymchwil academaidd gadarn.

Ymchwil

Cyhoeddwyd y strategaeth ymchwil gyntaf – ar lefel genedlaethol – ym maes Cymraeg i Oedolion yn 2006 ar gyfer y cyfnod 2006–9.[4] Lluniwyd y strategaeth gan aelodau'r Gweithgor Ymchwil Cymraeg i Oedolion (GYCiO)[5] a sefydlwyd ar ôl ffurfio'r Canolfannau Cymraeg i Oedolion rhanbarthol, pan roddwyd cyfrifoldeb am ddatblygu a chydlynu ymchwil yn y maes i Ganolfan Cymraeg i Oedolion y De-orllewin ym Mhrifysgol Abertawe. Yn yr 1980au, gwelwyd gweithgaredd pwysig ym maes ymchwil yn sgil gweledigaeth ac ymrwymiad yr Athro Bobi Jones yn Adran y Gymraeg, Prifysgol Aberystwyth, pan sefydlwyd Canolfan Ymchwil Cymraeg i Oedolion. Llwyddodd y ganolfan i ddenu cyllid i anfon ymchwilydd, Richard Crowe, i wneud astudiaeth o ddulliau'r gyfundrefn *Ulpan* yn Israel ac roedd gwaith Crowe, (1988) yn gyfraniad pwysig i ymchwil a pholisi Cymraeg i Oedolion lle mae'n codi cwestiynau'n ymwneud â chymhellion (1988: 87) a chymathu dysgwyr (1988: 88), a gâi eu trafod eto maes o law gan ymchwilwyr eraill.

Yn aml iawn yn y gorffennol, cynnyrch ymchwilwyr unigol mewn nifer o ddisgyblaethau amrywiol fu unrhyw waith ym maes Cymraeg i Oedolion a hynny'n destun gradd uwch yn rhannol neu'n gyfan gwbl. Yr hyn sy'n wir am y cyfnod cyn 2006 yw mai prin fu'r ymdrechion (ar wahân i'r Athro Bobi Jones a'i dîm yn Aberystwyth) i wneud gwaith cydlynus, wedi'i gyd-drefnu, a fyddai'n pontio rhwng y math o gwestiynau yr oedd ymarferwyr yn y maes yn dymuno cael atebion iddynt. Fel rhan o raglen Canolfan Ymchwil Cymraeg i Oedolion Aberystwyth, cynhyrchodd Prosser

(1985) lyfryddiaeth gyflawn o'r holl waith ymchwil a'r adnoddau a gynhyrchwyd rhwng 1961–81 sy'n ymwneud â Chymraeg i Oedolion. Maes o law, comisiynwyd a diweddarwyd llyfryddiaeth fwy cyfoes o ymchwil Cymraeg i Oedolion (gan Fwrdd yr Iaith Gymraeg yn wreiddiol) sydd bellach dan ofal GYCiO (2010). Dyma ateb un o argymhellion 'Y Ffordd Ymlaen' (CBAC, 1992: 29), dogfen wedi'i seilio ar weledigaeth ar gyfer y maes a nododd fod 'angen strategaeth ymchwil yn yr un modd ag y mae angen strategaeth llunio deunyddiau'. Tynnwyd sylw priodol hefyd at y ffaith fod y rhan fwyaf o'r ddarpariaeth ddwys wedi'i lleoli mewn sefydliadau Addysg Uwch sydd â chylch gwaith a swyddogaeth i gyflawni ymchwil yn ogystal ag addysgu.

Ar ôl trosglwyddo'r cyfrifoldeb am gydlynu'r maes i Fwrdd yr Iaith Gymraeg yn 1998, sefydlwyd is-bwyllgor ymchwil a chanddo dair blaenoriaeth:

1.   archwilio a chasglu gwybodaeth am y gwaith ymchwil a wnaed yn y maes yn barod;

2.   cydlynu a nodi meysydd ymchwil newydd a llunio strategaeth ymchwil i Gymraeg i Oedolion ar gyfer y dyfodol yng nghyd-destun anghenion y maes ei hunan;

3.   darparu cyfle i ymchwilwyr rannu ffrwyth eu hymchwil.

(Morris, 2000b: 3)

O ran blaenoriaeth 3, cynhaliwyd cynhadledd ymchwil yn 2000 ar y thema 'Agweddau ar eirfa dysgwyr Cymraeg i Oedolion' a fynychwyd gan dros chwe deg o ymarferwyr yn y maes a chyda chyfraniadau gan ymchwilwyr a oedd newydd gwblhau traethodau ymchwil yn y maes (Evas, 1999 a Price, 1997), yn ogystal ag arbenigwr cydnabyddedig ym maes profi datblygiad caffael geirfa ymysg siaradwyr ail iaith, yr Athro Paul Meara. Dyma ddechrau cyfnod newydd o ran ymchwil ym maes Cymraeg i Oedolion gydag ymchwilwyr yn ymwneud fwyfwy ag ateb y cwestiynau sydd o bwys i ymarferwyr CiO, rhannu gwybodaeth â'r ymarferwyr hynny am eu hymchwil a cheisio sicrhau bod canlyniadau'r ymchwil yn sail i ymarfer, cynllunio a pholisi. Mae'n nodi hefyd gyfnod o ymestyn gorwelion ac ymwneud ag ymchwilwyr sy'n arbenigwyr mewn disgyblaethau a meysydd y tu allan i faes Cymraeg i Oedolion a'r Gymraeg fel pwnc a all gyfrannu at ehangu eu gwybodaeth a hyfforddi ymchwilwyr Cymraeg eu hiaith. Trafodir isod rai o'r prif themâu ymchwil y mae ymchwilwyr wedi ymhél â nhw ers dechrau'r cyfnod hwn gan roi sylw penodol i'w traweffaith.

Y cyd-destun cymdeithasol: 'Croesi'r Bont'

Mae Hughes (2003) yn edrych yn benodol ar heriau cymathu'r dysgwyr â'r Gymdeithas Gymraeg. Ceir yma adlais o sylw Crowe: 'I lawer o ddysgwyr y Gymraeg, nid boddi yn y Gymraeg yw'r broblem ond chwilio am bwllyn ohoni i drochi'u traed ynddo' (1988: 88). I Hughes, mae'n her addysgiadol yn ogystal â her gymdeithasol lle honnir nad yw'r ddarpariaeth fel y cyfryw yn paratoi dysgwyr ar gyfer 'y byd Cymraeg' a bod angen strategaethau penodol i wrthbwyso rhai o'r agweddau negyddol y gall dysgwyr ddod ar eu traws wrth geisio defnyddio'r Gymraeg yn y gymdeithas. Mae Newcombe (2007) yn cyffwrdd â'r un thema a chyhoeddodd gyfrol (Newcombe, 2009) i geisio mynd i'r afael â'r her. Mae hi'n eiriolwr cryf o blaid sicrhau bod oedolion sy'n dysgu'r Gymraeg yn cael digon o gyfle i ryngweithio trwy gyfrwng yr iaith a hynny mewn lleoliad neu sefyllfa lle maent yn teimlo'n gartrefol (2007: 109). Comisiynodd y llywodraeth waith Gruffudd a Morris (2011) ar integreiddio dysgwyr mewn cymunedau cymharol ddi-Gymraeg yn benodol. Cynhwyswyd tua thraean o'r holl ddysgwyr ar gyrsiau lefel 3 yn yr ymchwil a daethpwyd i'r casgliad fod model y 'Ganolfan Gymraeg'[6] yn hynod o bwysig wrth sicrhau cyfleoedd i ddysgwyr integreiddio â chymuned Gymraeg ei hiaith lle nad oedd modd ei defnyddio yn y gymdeithas ehangach. Dadleuir bod goblygiadau ehangach i'r argymhelliad hwn trwy gynnig gofod 'diogel' (gw. eto Newcombe, 2007: 109) i'r dysgwyr yn ogystal â chynnig cyfleoedd i siaradwyr Cymraeg eraill, ynghyd â siaradwyr Cymraeg a dderbyniodd eu haddysg ysgol yn y Gymraeg, greu rhwydweithiau cymdeithasol newydd yn yr iaith. Erbyn 2015–16, roedd Llywodraeth Cymru wedi rhoi £2.25 miliwn tuag at ddatblygu canolfannau o'r fath gyda'r prif weinidog, Carwyn Jones, yn cefnogi'r egwyddor: 'Dw i bob amser wedi dweud mai'r allwedd i hybu'r defnydd o'r Gymraeg yw sicrhau bod pobl yn cael y cyfle i'w defnyddio'n gymdeithasol ar lawr gwlad, yn y gymuned' (*Golwg*, 2014).[7] Ceir yma enghraifft o'r cysylltiad rhwng ymchwil ym maes Cymraeg i Oedolion a pholisi iaith yng Nghymru.

Polisi iaith

Nodwyd eisoes fod Cymraeg i Oedolion bellach yn cael ei ystyried yn faes i'w gynnwys mewn polisïau sy'n ymwneud â'r Gymraeg (Llywodraeth Cynulliad, 2003; Llywodraeth Cynulliad Cymru, 2010; Llywodraeth Cymru, 2012). Rhoddwyd sylw i bwysigrwydd hyn gan Jones (1992) a ddadleuodd yn frwd y dylid lleoli Cymraeg i Oedolion o fewn ymdrechion i wrthdroi'r shifft ieithyddol yng Nghymru. Ategwyd hyn gan Morris (2000c) a bwysleisiodd botensial Cymraeg i Oedolion i gyfrannu at adfer y Gymraeg yn iaith gymunedol yng Nghymru gan rybuddio (2003: 215) y byddai methu ag integreiddio'r siaradwyr newydd hyn yn ei gwneud hi'n anodd gweithredu polisïau iaith ystyrlon yng Nghymru. Mae gwaith ymchwil arall wedi cyfrannu at bolisi ar lefel feicro hefyd (er enghraifft ar lefel y Canolfannau CiO). Cynhaliwyd yr astudiaeth hydredol gyntaf o gynnydd a dilyniant dysgwyr Cymraeg gan Ganolfan Cymraeg i Oedolion Gogledd Cymru a'r Ganolfan ESRC dros Ymchwil i Ddwyieithrwydd ym Mhrifysgol Bangor (Andrews, 2011) gyda thros 1,000 o ddysgwyr yn cymryd rhan. Ysgogodd yr astudiaeth nifer o newidiadau yn y modd y caiff cyrsiau eu hyrwyddo gan esgor, am y tro cyntaf erioed, ar elfen o reoli disgwyliadau dysgwyr ar ddechrau'r broses addysgu.

Cymhelliant

Ymdriniwyd â chymhellion oedolion sy'n dysgu'r Gymraeg mewn nifer o astudiaethau – Newcombe (2002, 2007), Morris (2000c, 2005), Reynolds (2004) – ac mae'n rhan bwysig o waith eraill – Andrews (2011), Baker et al. (2011) a Mac Giolla Chríost at al. (2012). Ar y cyfan, mae'r astudiaethau i gyd yn dod i gasgliadau tebyg, sef bod cymhellion integreiddiol yn amlycach o lawer ymysg oedolion sy'n dysgu'r Gymraeg. Mae'r dicotomi hwn rhwng yr awydd i integreiddio a realiti sefyllfa'r iaith Gymraeg fel iaith gymunedol mewn llawer iawn o ardaloedd yn rhoi un o'r prif heriau i ymchwilwyr ac i gynllunwyr ym maes Cymraeg i Oedolion. Yn gysylltiedig â hynny, mae gwaith Morris (2005: 171) wedi dangos bod diffinio 'llwyddiant' neu 'ruglder' yn dasg anodd dros ben ac nad yw'r dysgwyr eu hunain yn gallu 'dweud beth yn union yw rhuglder yn yr iaith.' Mae Newcombe (2007: 110–11) yn gweld bod diffyg hyder a phryder yn ystyriaethau pwysig i'r dysgwyr yn ei hymchwil hi. Daeth Baker at al. (2011) i'r casgliad y byddai ymyrraeth i reoli disgwyliadau dysgwyr yn gymorth o ran cydweddu cymhellion a chyrhaeddiad.

Dadansoddi gwallau

Y cyfraniad sylweddol cyntaf i'r maes hwn yng nghyd-destun Cymraeg i Oedolion yw gwaith Price (1997). Ei brif ragdybiaeth oedd y byddai dadansoddiad hydredol o wallau (ysgrifenedig) yn amlygu patrwm datblygol yn y gwallau a wnaed a cheir nifer o gasgliadau defnyddiol ganddo y dylid eu cymhwyso wrth baratoi cynlluniau addysgu ar y lefelau uchaf. Mae Brake (2012) wedi canolbwyntio ar ddadansoddi gwallau iaith llafar dysgwyr (eto, ar y lefelau uchaf o ran cyrhaeddiad). Er bod y gwaith hwn yn parhau, mae'n ategu casgliadau Price o ran creu mwy o wallau lleol na gwallau 'global'. Gwêl Brake (2012: 34) botensial clir iddo o ran cynorthwyo 'ysgrifenwyr cyrsiau, ymarferwyr a threfnwyr gweithgareddau anffurfiol a lled ffurfiol' trwy amlygu'r ffactorau allieithyddol sy'n ymyrryd yn natblygiad ieithyddol y dysgwyr.

Cwricwlwm a dulliau addysgu/asesu

Er bod Rees (2000) ac Evas (1999) yn trafod dulliau addysgu yng nghyd-destun Cymraeg i Oedolion, mae'n syndod cyn lleied o waith a wnaed yn y maes hwn cyn i Lywodraeth Cymru gomisiynu ymchwil Mac Giolla Chríost et al. (2012). Mae'r ymchwil gynhwysfawr hon yn cyflwyno adolygiad trylwyr o'r llenyddiaeth ymchwil ryngwladol ac yn ceisio lleoli arferion a deunyddiau

Cymraeg i Oedolion o fewn y cyd-destun hwnnw gyda'r nod o ystyried a ellir gwella dysgu ac addysgu yn y maes. Penderfynodd Llywodraeth Cymru gomisiynu'r ymchwil hon er mwyn iddi fod yn gynsail ar gyfer creu cwrs cenedlaethol newydd ac yn hyn o beth, mae'n enghraifft nodedig o seilio polisi neu weithgaredd (adnodd addysgiadol yn yr achos yma) ar gasgliadau ymchwil gyfoes. Nodir yn Llywodraeth Cymru (2013: 26) fod yr adroddiad yn cynnwys 'cyfres o argymhellion i'w hystyried ymhellach fel sail gadarn ar gyfer datblygu'r maes yn y dyfodol'. Ymhlith prif argymhellion ymchwil Mac Giolla Chríost et al. ceir:

- Comisiynu un cwrs cenedlaethol ar gyfer CiO yn seiliedig ar fanyleb manwl [*sic*]
- Canllawiau gramadeg i (i) ddysgwyr ac i (ii) diwtoriaid
- Creu corpws Cymraeg i Oedolion
- Llyfrau darllen graddedig
- Gweithgareddau dysgu anffurfiol a lled-ffurfiol
- Cynlluniau hyfforddiant i (i) awduron, (ii) tiwtoriaid a (iii) dysgwyr

(Mac Giolla Chríost et al., 2012: 205–14)

Awgrymir yn gryf yn Llywodraeth Cymru (2013: 26–7) y dylid mynd ati i 'wireddu argymhellion Prifysgol Caerdydd ar gyfer maes Cymraeg i Oedolion' a bod yr argymhellion hyn yn cynnwys 'rhai newidiadau pell-gyrhaeddol'. Yn sicr, dyma un o'r darnau o ymchwil yn y maes sydd â'r potensial o fod â chryn ddylanwad ar gwricwlwm a pholisi ym maes Cymraeg i Oedolion dros y blynyddoedd nesaf.

Ymchwil arall sy'n cael effaith ar y cwricwlwm yn ogystal â'r asesu yw gwaith Morris a Meara ar greu geirfa graidd i lefelau A1 ac A2 y gyfundrefn Gymraeg i Oedolion. Seiliwyd y gwaith (yn absenoldeb corpws o Gymraeg llafar cyfoes) ar fethodoleg *français fondamental* (Morris, 2011) ac erbyn hyn, mae rhestri geirfa graidd wedi eu creu ar gyfer lefelau Mynediad a Sylfaen a'r rhain wedi eu hymgorffori ym manylebau'r arholiadau perthnasol. Fel Mac Giolla Chríost et al., mae'r ymchwil yn ffrwyth cydweithredu ag arbenigwyr ym maes ieithyddiaeth gymhwysol yn benodol ac mae'r gwaith yn parhau i lefel B1, gan gymhwyso dulliau ymchwil 'cysylltu geiriau' yr Athro Tess Fitzpatrick o Brifysgol Caerdydd.

Ymchwil gydweithredol o fath arall oedd prosiect meincnodi'r CEFR (Fframwaith Cyfeirio Cyffredin Ewrop). Nod y prosiect oedd perthynu tri o arholiadau Cymraeg i Oedolion CBAC â'r CEFR dan arweiniad Dr Tony Green o Ganolfan CRELLA (*Centre for Research into English Language Learning and Assessment*). Dilynodd y prosiect ganllawiau Cyngor Ewrop a chwblhawyd y gwaith yn 2014.

Y Ffordd Ymlaen

Nid oes amheuaeth nad yw maint yr ymchwil sy'n digwydd ym maes Cymraeg i Oedolion erbyn hyn wedi cynyddu'n sylweddol. I raddau helaeth iawn, mae ymchwilwyr yn y maes hwn yn ymdrechu i ymwneud â materion sydd naill ai'n ceisio mynd i'r afael ag ateb problemau ymarferol neu'n cynnig tystiolaeth sy'n rhoi modd i gyrff lunio polisi ar sail ymchwil. O ran hynny hefyd mae ymchwilwyr Cymraeg i Oedolion yn ymwneud yn gryf ag agenda ymchwil â thraweffaith cynghorau cyllid ymchwil y Deyrnas Unedig a Llywodraeth Cymru. Yr hyn sy'n gyrru ymchwil – ac a ddylai yrru ymchwil yma – yw'r angen i barhau â'r duedd ddiweddar i wneud gwaith academaidd safonol sydd hefyd yn hysbysu anghenion y maes. Bu hynny'n ystyriaeth greiddiol i waith GYCiO ers ei sefydlu ac i raddau helaeth, llwyddwyd i sicrhau hynny.

Mae modd 'mapio' nifer o'r testunau ymchwil diweddar, e.e. llunio cwricwlwm, dadansoddi gwallau, creu geirfa graidd, yn hawdd i faes ehangach ieithyddiaeth gymhwysol. Dengys Schmitt (2010: 3–8) sut mae cysylltiad agos rhwng datblygiad ieithyddiaeth gymhwysol fel disgyblaeth a thrafodaethau a theorïau ynglŷn â methodolegau caffael iaith yn y Saesneg. Yn ddiarwybod i ni, o bosibl, dyma'r math o waith rydym ni wedi bod yn ymwneud ag ef – yn ei ystyr fwyaf eang – yma yng Nghymru. Dyma ddadl gref iawn hefyd dros barhau i leoli elfen helaeth o'r ddarpariaeth o fewn y sector Addysg Uwch, gan asio traddodiad hir y sefydliadau hyn o ddatblygu'r ddarpariaeth ddwys â'u rôl i ymgymryd ag ymchwil – ymchwil sy'n creu traweffaith. Mae'n debygol o fod yn ystyriaeth bwysig hefyd i'r Ganolfan Dysgu Cymraeg Genedlaethol (yr enw a ddewiswyd ar gyfer yr Endid) wrth iddi ddatblygu ei strategaeth genedlaethol. Gwelir y duedd i gydweithio gydag arbenigwyr mewn meysydd fel caffael geirfa, caffael iaith ac asesu yn arfer dda sy'n gwbl hanfodol er mwyn creu cenhedlaeth newydd o ymchwilwyr Cymraeg eu hiaith wedi'u trwytho yn egwyddorion a methodolegau ieithyddiaeth gymhwysol. Byddai hynny'n gyfraniad sylweddol tuag at chwyldroi ymchwil ym maes Cymraeg i Oedolion, caffael y Gymraeg fel ail iaith ac yn yr iaith yn gyffredinol, yn ogystal â bod yn hwb i'r ymdrechion i broffesiynoli'r maes trwy ddatblygu arbenigedd ymchwil cynhenid. Yn graidd i hyn i gyd, mae'n rhaid cofio mai prif swyddogaeth y gweithgaredd ymchwil hwn yw cynorthwyo maes Cymraeg i Oedolion trwy ateb ei ofynion ac ar yr un pryd, darparu sail gadarn i seilio polisi'r dyfodol arni.

Llyfryddiaeth

H. Andrews, 'Llais y Dysgwr: Profiadau oedolion sydd yn dysgu Cymraeg yng ngogledd Cymru', *Gwerddon*, 9 (2011), 37–58.

C. Baker, H. Andrews, I. Gruffydd a G. Lewis, 'Adult language learning: a survey of Welsh for Adults in the context of language planning', *Evaluation and Research in Education*, 24/1 (2011), 41–59.

P. Brake, 'Adnabod Gwallau Iaith Lafar Dysgwyr Cymraeg Profiadol', *Gwerddon*, 12 (2012), 24–52.

Bwrdd yr Iaith Gymraeg, *Strategaeth Cymraeg i Oedolion* (Caerdydd: BIG, 1999).

CBAC, *Cymraeg i Oedolion: Y Ffordd Ymlaen* (Caerdydd: CBAC, 1992).

R. M. Crowe, *Yr Wlpan yn Israel* (Aberystwyth: Canolfan Ymchwil Cymraeg i Oedolion, 1988).

Cynghorau Cyllido Cymru, *Cylchlythyr W94/48HE: Cymraeg i Oedolion* (Caerdydd: CCC, 1994a).

Cynghorau Cyllido Cymru, *Adroddiad y Cyd-Grŵp Adolygu Cymraeg i Oedolion* (Caerdydd: CCC, 1994b).

Dyfodol i'r Iaith, *Creu Dyfodol i'r Gymraeg* (Dyfodol i'r Iaith, 2015).

J. Evas, 'Rhwystrau ar lwybr dwyieithrwydd' (traethawd PhD heb ei gyhoeddi, Prifysgol Caerdydd, 1999).

J. A. Fishman, *Reversing Language Shift* (Clevedon: Multilingual Matters, 1991).

Dylan Iorwerth, 'Colofn Yr Wythnos', *Golwg*, 27 Medi ac ymatebion 4 a 25 Hydref 2012.

Golwg, '£1 ar gyfer canolfannau i hybu'r defnydd o'r Gymraeg', Gwefan Golwg 360, 14 Tachwedd 2014
http://golwg360.cymru/newyddion/cymru/167119-1m-ar-gyfer-canolfannau-i-hybu-r-defnydd-o-r-gymraeg [Cyrchwyd 3 Awst 2015].

Golwg (2015) 'Galw am ymchwiliad ym maes dysgwyr y gogledd', 27/34 (7 Mai 2015), 10.

H. Gruffudd, *Tynged yr Iaith*, rhaglen a darlledwyd ar S4C, 13 Chwefror 2012.

H. Gruffudd ac S. Morris, *Canolfannau Cymraeg a Rhwydweithiau Cymdeithasol Oedolion sy'n Dysgu'r Gymraeg: Ymdrechion i wrthdroi shifft ieithyddol mewn cymunedau cymharol ddi-Gymraeg* (Abertawe: Academi Hywel Teifi, 2011).

H. Hughes, 'Cymathu'r dysgwyr â'r gymdeithas Gymraeg a rôl yr addysgwyr yn y broses' (traethawd MA heb ei gyhoeddi, Prifysgol Caerdydd, 2003).

C. Jones (gol.), *Cyflwyno'r Gymraeg: Llawlyfr i Diwtoriaid* (Llandysul: Gwasg Gomer, 2000).

K. Jones, 'Creating new identities and new language functions: the implications of the language values and practices of adult Welsh learners for reversing language shift in Wales (traethawd MA heb ei gyhoeddi, Prifysgol Caerhirfryn, 1992).

R. O. Jones, L. P. Newcombe ac S. Morris, S., *Llyfryddiaeth Cymraeg i Oedolion, 1960–2009* (2010).
http://www.swansea.ac.uk/media/Llyfryddiaeth%20-%20Prif%20Ddogfen% 20hyd%20at%202010%20(2).pdf [Cyrchwyd 3 Awst 2015]

Llywodraeth Cymru, *Iaith fyw: iaith byw – Strategaeth y Gymraeg 2012–17* (Caerdydd: Llywodraeth Cymru, 2012).

Llywodraeth Cymru, *Codi Golygon: adolygiad o Gymraeg i Oedolion* (Caerdydd: Llywodraeth Cymru, 2013).

Llywodraeth Cynulliad Cymru, *Iaith Pawb: Cynllun Gweithredu Cenedlaethol ar gyfer Creu Cymru Ddwyieithog* (Caerdydd: Llywodraeth Cynulliad Cymru, 2003).

Llywodraeth Cynulliad Cymru, *Strategaeth Addysg Cyfrwng Cymraeg.* (Caerdydd: Llywodraeth Cynulliad Cymru, 2010).

D. Mac Giolla Chríost, gyda P. Carlin, S. Davies, T. Fitzpatrick, A. P. Jones, J. Marshall, S. Morris, A. Price, R. Vanderplank, C. Walter ac A. Wray, *Adnoddau,*

Dulliau ac Ymagweddau Dysgu ac Addysgu ym Maes Cymraeg i Oedolion: astudiaeth ymchwil gynhwysfawr ac adolygiad beirniadol o'r ffordd ymlaen (Prifysgol Caerdydd: Llywodraeth Cymru, 2012).
http://www.caerdydd.ac.uk/cymraeg/subsites/welshforadultsresearch/reports/130 416-research-study-cy.pdf [Cyrchwyd 3 Awst 2015]

S. Morris, 'Welsh for adults: a policy for a bilingual Wales?, yn R. Daugherty, R. Phillips a G. Rees (goln), *Education Policy-making in Wales:*

Explorations in Devolved Governance (Caerdydd: Gwasg Prifysgol Cymru, 2000a), tt. 239–55.

S. Morris, 'Rhannu gwybodaeth am waith ymchwil Cymraeg i Oedolion: Hybu a Hwyluso Ymchwil i'r Maes' (2000b). *@dborth Cylchgrawn Ymchwil Cymraeg i Oedolion,* Rhifyn 1: 2000, 3–6, Bwrdd yr Iaith Gymraeg:
http://www.swansea.ac.uk/media/@dborth.pdf [Cyrchwyd 3 Awst 2015]

S. Morris, 'Adult education, language revival and language planning', yn C. H. Williams (gol.), *Language Revitalization: Policy and Planning in Wales* (Caerdydd: Gwasg Prifysgol Cymru, 2000c), tt. 208–20.

S. Morris, (2003) 'Language planning strategies for integrating adult learners: crossing the bridge between Yish and Xish', yn *Actes del 2n Congrés Europeu sobre Planificació Lingüística* (Barcelona: Generalitat de Catalunya, 2003), tt. 204–16.

S. Morris, 'Cymhellion a llwyddiant oedolion sy'n dysgu Cymraeg: astudiaeth o gyrsiau dwys yn ninas Abertawe' (traethawd MPhil heb ei gyhoeddi, Prifysgol Abertawe, 2005).

S. Morris, 'Geirfa Graidd i'r Gymraeg: Creating an A1 and A2 core vocabulary for adult learners of Welsh – a Celtic template?', *Journal of Celtic Language Learning,* 15/16, (2011), 27–43.

L. P. Newcombe, 'The relevance of social context in the education of adult learners with special reference to Cardiff (traethawd PhD heb ei gyhoeddi, Prifysgol Caerdydd, 2002).

L. P. Newcombe, *Social Context and Fluency in L2 Learners: The Case of Wales* (Clevedon: Multilingual Matters, 2007).

L. P. Newcombe (2009) *Think without limits: you CAN speak Welsh.* Llanrwst: Gwasg Carreg Gwalch.

A. Price, 'Dadansoddiad o wallau ysgrifenedig a wneir mewn arholiadau Cymraeg i Oedolion' (traethawd PhD heb ei gyhoeddi, Prifysgol Morgannwg, 1997).

Prifysgol Cymru y Drindod Dewi Sant, 'Yr Endid: Beth a ble bydd yr Endid?' (2015) *http://maescymraegioedolion.cymru/yr-endid* [Cyrchwyd 3 Awst 2015]

H. Prosser, *Llyfryddiaeth Dysgu'r Gymraeg yn Ail Iaith: 1961–1981* (Aberystwyth: Canolfan Ymchwil Cymraeg i Oedolion, 1985).

C. Rees, 'Datblygiad yr Wlpan', yn C. Jones (gol.), *Cyflwyno'r Gymraeg: Llawlyfr i Diwtoriaid* (Llandysul: Gwasg Gomer, 2000), tt. 27–44.

C. Reynolds, 'Dysgwyr Cymraeg i Oedolion: Cymhelliant ac agwedd' (traethawd MPhil heb ei gyhoeddi, Prifysgol Abertawe, 2004).

N. Schmitt, *An Introduction to Applied Linguistics*, 2il argraffiad (Llundain: Hodder and Stoughton, 2010).

Swyddfa Gymreig, *Rhywbeth i bawb yw dysgu: Papur Gwyrdd ar Ddysgu Gydol Oes* (Caerdydd: Swyddfa Gymreig, 1998).

Nodiadau

1. Prif waith y Swyddog Cenedlaethol oedd cydlynu'r maes a chyllidwyd y swydd yn wreiddiol gan y Swyddfa Gymreig trwy Adran 21 Deddf Addysg 1980.

2. Ffurfiolwyd y Consortia Cymraeg i Oedolion gan CCABC yn 1994 gan greu wyth Consortiwm (wedi'u seilio ar yr wyth sir ar y pryd). Nod y consortia oedd cydlynu a datblygu'r ddarpariaeth CiO o fewn yr wyth sir, ac oni bai bod darparwr yn aelod o gonsortiwm CiO, ni fyddai yn derbyn cyllid gan CCABC.

3. Mewn Cylchlythyr gan yr Adran Addysg a Sgiliau yn Rhagfyr 2014 (diweddariad i ddiwtoriaid a gweithlu maes Cymraeg i Oedolion), nodir mai rôl yr Endid fydd 'llywio datblygiad strategol y maes yn unol ag argymhellion y Grŵp Adolygu ac amcanion Strategaeth Addysg Cyfrwng Cymraeg a Strategaeth *Iaith Fyw: Iaith Byw* Llywodraeth Cymru'. Y tair elfen honno, felly, sy'n hysbysu cyfeiriad strategol yr Endid.

4. Gellir cyrchu'r strategaeth ddiweddaraf ar:
   http://www.swansea.ac.uk/media/strategaeth.pdf

5. Mae aelodaeth GYCiO yn cynnwys ymchwilwyr a chynrychiolwyr o'r Canolfannau Cymraeg i Oedolion rhanbarthol yn osgystal ag ymchwilwyr annibynnol a chyrff fel CBAC sy'n rhanddeiliaid pwysig ym maes ymchwil CiO.

6. Mae'r term 'Canolfan Gymraeg' yn cyfeirio'n benodol at ganolfan lle y cyfunir dosbarthiadau i ddysgwyr â gweithgareddau i siaradwyr Cymraeg o fewn y gymuned yn ogystal â chyfleusterau amrywiol eraill (e.e. siopau llyfrau Cymraeg).

7. Dyfodol i'r Iaith oedd y mudiad ymgyrchu cyntaf i nodi yn ei raglen weithredu bod angen 'sefydlu mwy o Ganolfannau Cymraeg ar draws Cymru'(Dyfodol i'r Iaith,2015: 16–17) a dyma'r tro cyntaf i fudiad o'r fath gynnwys eu sefydlu mewn rhaglen i sbarduno bywyd Cymraeg ardaloedd ar draws y wlad.

Cymhwyster Cenedlaethol Dysgu – Cyfunol i Diwtoriaid Cymraeg i Oedolion

Mair Evans

Mae'r Cymhwyster yn unigryw ac yn arloesol, wedi ei greu gyda'r bwriad o broffesiynoli'r maes. Rhoddir y pwyslais ar ddatblygu sgiliau dosbarth ymarferol. Dechreuodd y Cymhwyster ym Medi 2009 ym Mhrifysgol Caerdydd. Cwrs rhan-amser ydyw, yn rhedeg dros ddwy flynedd, wedi ei weinyddu gan Ganolfan Cymraeg i Oedolion Caerdydd a Bro Morgannwg, gyda myfyrwyr hefyd yn dilyn y cwrs mewn canolfannau eraill dros Gymru drwy ddysgu o hirbell. Mae'r cwrs yn arwain at y dyfarniad terfynol Cymhwyster Cenedlaethol Tiwtoriaid CiO, a'r sefydliad dyfarnu yw Prifysgol Caerdydd.

Prif nodau'r rhaglen yw:

- paratoi myfyrwyr i weithio fel tiwtoriaid Cymraeg i Oedolion mewn amryw o gyd-destunau i gynnwys dosbarthiadau mewn lleoliadau a chymunedau amrywiol, yn y gweithle a chyrsiau Cymraeg i'r Teulu
- Galluogi myfyrwyr i ymuno ag ail ran cyrsiau TAR (Addysg a Hyfforddiant Ôl-Orfodol).

Cwrs o 60 credyd ydyw, gyda phedwar modiwl. Cwrs dysgu-cyfunol yw hwn, ac mae holl ddogfennaeth y cwrs ar gael i'r myfyrwyr ar-lein. Disgwylir iddynt weithio yn annibynnol ar-lein cyn mynychu sesiynau wyneb yn wyneb yn eu canolfannau.

Modiwl 1 – Paratoi i Addysgu Cymraeg i Oedolion

- cefnogi myfyrwyr i ddatblygu sgiliau addysgu ac asesu sylfaenol

- datblygu gwybodaeth a dealltwriaeth y myfyrwyr am gymhelliant
- annog myfyrwyr i ystyried eu rhagdybiaethau a'u hagweddau eu hunain ynglŷn ag amrywiaeth y dysgwyr
- cyflwyno materion dysgu cynhwysol a chydraddoldeb.

Modiwl 2 – Cymraeg i Oedolion: Dysgu ac Addysgu

- cyflwyno cynllunio ar gyfer addysgu cynhwysol
- annog myfyrwyr i ddewis, addasu a datblygu dulliau, gweithgareddau ac adnoddau dysgu iaith
- galluogi myfyrwyr i ddatblygu dulliau priodol o ddysgu ac addysgu'r pedair sgil iaith
- galluogi myfyrwyr i ddatblygu eu dealltwriaeth o gyrch-ddulliau asesu
- hybu adfyfyrio a hunanwerthuso.

Modiwl 3 – Arfer ac Adnoddau

- datblygu medrau cynllunio, trafod a chofnodi cynlluniau dysgu unigol gyda dysgwyr
- ystyried cysylltiadau rhwng iaith a phrosesau cymdeithasol
- ystyried materion dysgu cynhwysol a chydraddoldeb
- datblygu gwybodaeth a dealltwriaeth o'r Lleiafswm Craidd mewn perthynas ag arfer
- ystyried a gwerthuso medrau cyfathrebu yng nghyd-destun rhoi a derbyn adborth

Modiwl 4 – Damcaniaethau ac Egwyddorion

- annog myfyrwyr i ystyried damcaniaethau dysgu a chaffael iaith a'u perthnasedd i faes Cymraeg i Oedolion

- annog myfywyr i ystyried damcaniaethau llythrennedd a'u perthnasedd i faes Cymraeg i Oedolion
- datblygu gwybodaeth a dealltwriaeth o ramadeg, geirfa ac ynganiad a sut mae eu trin yn y dosbarth
- trafod sut mae iaith yn amrywio a newid
- trafod perthynas datblygiad iaith â chymdeithas.

Dulliau Dysgu ac Addysgu

Rhaid i'r myfyrwyr:

- fynychu sesiynau mewnbwn rhyngweithiol, gwethdai a seminarau (cyfanswm o 60 awr dros ddwy flynedd)
- astudio'n annibynnol
- arsylwi tiwtoriaid profiadol
- ymarfer dysgu.

Asesu

Rhaid i'r myfyrwyr:

- gwblhau pedwar aseiniad ysgrifenedig (un i bob modiwl). Cyflwynir yr asesiadau yn gyfunol.
- gwblhau cyfres o ymarferion iaith (Modiwl 4)
- arsylwi tiwtoriaid profiadol, cofnodi a dadansoddi'r profiad (Modiwl 1, 2 a 3)
- ddysgu am 75 awr (yn ystod y cwrs i gyd) gan gynnwys o leiaf 6 awr o ymarfer dysgu asesedig (Modiwl 2)

I gael manylion pellach, cysylltwch â Mair Evans ym Mhrifysgol Caerdydd ar 029 2087 0484 neu evansem6@caerdydd.ac.uk

Mynegai